U0552471

# 转化生命的对话

ICF新版核心能力详解

乔丽艳 著
（Maggie）

华夏出版社
HUAXIA PUBLISHING HOUSE

图书在版编目（CIP）数据

转化生命的对话：ICF 新版核心能力详解/ 乔丽艳著. -- 北京：华夏出版社有限公司，2023.6（2023.7重印）
ISBN 978-7-5222-0486-4

Ⅰ．①转… Ⅱ．①乔… Ⅲ．①教练员－资格认证－研究 Ⅳ．①G811.34

中国国家版本馆 CIP 数据核字(2023)第 036420 号

版权所有 翻印必究

转化生命的对话：ICF 新版核心能力详解

作　　者	乔丽艳
责任编辑	马　颖
责任印制	刘　洋

出版发行	华夏出版社有限公司
经　　销	新华书店
印　　刷	三河市少明印务有限公司
装　　订	三河市少明印务有限公司
版　　次	2023 年 6 月北京第 1 版　2023 年 7 月北京第 2 次印刷
开　　本	710×1000　1/16 开
印　　张	15.5
字　　数	210 千字
定　　价	59.80 元

华夏出版社有限公司　地址：北京市东直门外香河园北里 4 号　邮编：100028
网址：www.hxph.com.cn　电话：(010)64663331（转）
若发现本版图书有印装质量问题，请与我社营销中心联系调换。

来自各方的推荐！

祝贺 Maggie 新书出版！相信这本书能够帮助更多教练朋友理解 ICF 各项专业教练能力，支持他们在专业教练之路上的精进与成长！同时，相信这本书也能够帮助更多朋友了解"什么是教练"，助力他们更加轻松地开启教练学习的大门。

——孙溪镁，ICF 认证 MCC

Maggie 教练多年来一直专注于教练领域的进修和实践，今天终于得以把这些钻研心得与 ICF 核心能力要求相结合，使用丰富的实践案例和深入浅出的语言描述了教练能力的精妙。对于对教练修证有极高要求的朋友们来说，本书是非常值得期待的著作。

——丁伟博士，高管教练、组织发展实践者

Maggie 老师是我见过的最专注的教练了。她在一米宽一公里深的专业教练领域，十年未变地向下钻研。期待更多人读到 Maggie 老师对教练的专业解读，从而可以更好地走上教练之路。

——范赢（Anna），未来呈现师、企业变革管理顾问、团队教练

Maggie 在我眼中是相当低调的 MCC，她身上有着很多我非常欣赏的品质：轻松、幽默、安静、专注、坚毅、清透。在学习教练和成为大师级教练的道路上，她的每一步都走得很扎实。作为中国的 PCC 口试考官，Maggie 对不同层级教练的能力划分标准有着非常清晰的界定，我相信本书对所有想走在专业教练成长之路上的人来说，都会是一个巨大的福音。

——陈妍凝（Abby），ICF 认证 PCC

听闻乔老师的书即将成稿，我为她感到由衷的高兴。感觉乔丽艳老师就像海滩上一粒快乐的沙砾，一头扎进她热爱的教练世界贝母中，下定决心对抗一切困难，把一切困难都当作磨砺的机会，渐渐培养出了属于她自己的精神修炼的珍珠。这个过程中一定有许多见性明心的闪光时刻，让这颗珍珠变得熠熠生辉。决心要在教练行业通过不断实践获得成功的你，一定要购买此书，它将极大地促进你对教练工作的理解，更好地支持你将各项核心能力融会贯通。

——刘茵，荔枝派公众号博主，ICF 认证 PCC

作为一名教练实践者，在我的专业成长过程中，我一直期待有一本详尽且权威的指南——它能够深入浅出地诠释 ICF 官方文件和能力要求，充分整合本土的落地实践，为教练们给出清晰而明确的专业诠释、具体且实用的方法和路径。我特别开心能在 Maggie 老师的新书中得到所有的答案。

更神奇的是，这本书融合了 Maggie 老师本人多年的历练与修为，闪烁着东方智慧的光芒。当你在平实、简单的文字里领会到自然深邃的转化力量后，你便会在那个不可言说的空间与虚极静笃的 Maggie 老师相遇。

——刘静，高管教练，系统性团队教练，教练型商业讲师作为持证的教练督导和辅导导师，我的工作是支持你成为生命中的那道光！相信本书对 ICF 相关文件的解读和理解一定会支持你更好地成为你想成为的人！

——魏海燕，AQAL 整合教练，ICF 认证 MCC

2016 年 10 月，在上海"教练的艺术与科学 5 模块"课堂中，我鼓动乔老师去学习团队协作方面的课程，她告诉我"教练领域是我想要的方向"。这句话听起来很平常，但是乔老师在讲这句话时的那份"坚定"震撼了我，我当下心生敬佩。本书是乔老师在教练这条路上坚持十年的心得，是她用生命的体验写成的，我坚信这本中国自己的导师所写的书一定会对业内人士有非常大的帮助，也一定会让更多学习教练的人受益。

——杨智钧，领导班子协作教练

乔丽艳老师给我的印象是一位学习者、思考者和修行者。在本书中，她对 ICF 的核心能力进行了通俗易懂的解释，并以其十年来深耕教练行业的亲身实践来诠释每项能力的实际应用以及给客户带来的价值，非常生动、具体。对于初学教练的朋友和不断精进的教练们，本书都不失为一本值得随身携带、随时翻阅的实用的教练"操作手册"。

——姜天剑（Tina），资深人力资源和组织发展专家，PCC 教练和教练培训师

乔丽艳教练是我在教练行业十五年里见过的既钻研业务以精进自己的能力和状态，又保持与国际标准同步，不断扩展自身视野和可能性的教练。同时，她也是我见过的从职场人华丽转型到商业教练、成功展开事业下半程的楷模。

在教练核心能力的提升方面，除了字面上理解ICF的描述，跟随导师学习是最重要的，因为外在技能和状态的提升离不开内在的体验、感受和领悟，而深刻的领悟来自对专业的精研、丰富的实践和不断的学习。乔教练是我非常佩服和推荐的人选，相信大家能从她的书中领悟到教练能力的精髓。

——杨兰，专业教练，埃里克森培训师，创业者

目 录

推荐序一	001
推荐序二	002
推荐序三	004
致　谢	005
引　言	007
核心能力1　展示道德规范实践	001
核心能力2　体现教练心态	025
核心能力3　建立并维持教练合约	045
核心能力4　培养信任和安全感	079
核心能力5　教练同在	107
核心能力6　积极聆听	135
核心能力7　唤起觉察	169
核心能力8　促进客户成长	201
后　记	229

推荐序一

首先，这是一本非常重要的书。在过去十年里，对于大型企业中的许多高管来说，展现高水平的教练领导风格已经成为一种全新的"前进方向"。如果你也属于这一行列，那么本书就是你的"必读"书目。

其次，所有致力于成为专业的商业教练或生命教练的人都会不断地认真探索：你想真正了解人们是如何成长和发展他们自己的！你想探索教练驱动、激发和精通的本质。这本书将为你打开这道探索之门。

最后，如果你希望获得既实用又具战略性，同时富有意义的重要的生命技能，那么你也会兴致盎然地开始阅读本书。

作为享誉全球的教练学院——埃里克森国际教练中心（Erickson Coaching International）——的院长，我衷心地祝贺Maggie在MCC级教练的各个能力上收获了自己的教学方法。本书深刻揭示了教练驱动、激发和精通的核心要素，而这些是所有优秀教练都需要深度理解才能发挥最高教练技能水平的必备品质。

你将能从她的描述中深入探索和汲取优秀教练的真正含义。优秀的教练能够活学活用，精准地在你的意识之流中激起巨大的涟漪。

准备好充分汲取本书精华吧！

玛丽莲·阿特金森（Marilyn Atkinson）
埃里克森国际教练中心创始人

推荐序二

十年磨一剑，出鞘必锋芒

本书是由温润如玉的大师级（MCC）教练乔丽艳（Maggie）女士集结其整整十年教练学习与实践心得，整合教授埃里克森教练体系课程的经验，深入研究、探讨、践行ICF八项核心能力，再结合自身多年企业高管经验所提炼出的精心之作。在书中，乔丽艳教练现身说法，娓娓道出她自己在教练学习中的自我转化与成长，以及她如何运用教练技术来赋能被教练者的意识提升，使其能看清他们自己的强项与潜能，进而成就更美好的自己这一过程。同时，她也深入浅出地列举了实际案例，以描述她如何协助企业客户培养出教练型领导，使团队成员能提升自驱力、勇于面对挑战、积极正向、释放潜能，从而提升个人绩效及组织竞争力。此书是作者十年来在教练这块土地上持续耕耘后的成果回顾，不仅可以给志在教练能力上精进的朋友们一个指引，也是现今数字化时代中企业职业经理人必读的一本好书。

乔丽艳教练是我在2017年11月底参加的埃里克森教练招牌课"教练的艺术与科学"模块一中文班复训时的老师之一。四年来，我们亦师亦友，共同为推广教练而努力。期待此书的出版可以让更多的人受益，点燃读者的初心，使他们找到自己的方向与资源，寻得更美好的人生；可以在这BANI[①]的时代中协

[①] BANI：Brittle、Anxious、Nonlinear和Incomprehensible的首字母缩写，分别指脆弱性、焦虑感、非线性和不可知。这个概念由美国人类学家、作家和未来学家贾迈斯·卡西欧（Jamais Cascio）于2016年提出。它清楚地描绘了我们对当今世界的真实感受和看法，并且使每个方面都更加具体。

助企业的朋友调动员工的自驱力，开发员工潜能，群策群力地将危机视为转机，并且得以获取商机。

教练是一个陪伴个人自我探索、协同团队建立共识的历程，相信读者在阅读乔丽艳教练的这本书后都能得到启发并得以受益。

再次恭贺乔丽艳教练成功地完成了她教练学习与实践第一个十年的里程碑！期望她在迈向人生另一个里程碑的道路上可以更丰盛、更精进，同时可以赋能、培养更多在教练学习路上的践行者。

施铭津
埃里克森国际教练中心亚太区总经理

推荐序三

我真诚地邀请你阅读这本自带光芒的书。

我与 Maggie 相识 5 年，亦师亦友，感觉认识了一辈子。她犹如一汪清泉，宁静、甘甜，浑身散发着迷人的光辉。

Maggie 在任人力资源高管多年后，开始习得并钻研教练技术。在成为大师级教练后，她仍孜孜不倦，将累积了十年的专业知识、实践经验以及自己的领悟汇集成册，为读者提供了珍贵的智慧。

我能时时体会到她"身心合一"的自由和灵感的迸发。无论是从事教练学习、希望在自己领域中发光发热的人，还是追求内心自由和心灵成长的人，都能从中得到积极正向的学问。

我真心喜欢它，也希望你从中受益。

浦红兵（Caroline）

专业教练，插画作者

致　谢

　　回顾这十年的旅程，我最想感谢的是玛丽莲老师，经由她创建的埃里克森国际教练中心及其经典的教练课程，我的人生开启了崭新的篇章。直到今天，我依然能够清晰地回忆起自己走进埃里克森课堂、在此经历种种感动的瞬间。

　　带给我最大激发的就是玛丽莲老师讲的"Larry"的故事。Larry 儿时曾经有过一个伟大的梦想，那就是成为一名飞行员，但是生活中的意外让他没有实现这个梦想。多年以后，步入中年的 Larry 又想起了自己儿时的梦想，于是通过很多气球实现了自己的飞行梦。这就是电影《飞屋环游记》的故事原型。玛丽莲讲完这个故事，充满好奇地看着大家，用魔法师般的语音、语调向大家提出了一个问题："你们将会度过怎样狂野（wild）的一生呢？"

　　听到这个问题，我瞬间被打动了：人的生命可以是狂野的，我们是有选择的。于是我选择了听从自己内心的声音，选择了自己想走的路，而且一路走来幸福无比。感恩玛丽莲带到这个世界的这门课程，它使我有机会可以把教练传递给更多的人。

　　特别感谢乔安老师和 Kim 老师。他们对所授课程清晰的架构、对专业教练核心能力深刻的解读，都为我的成长打下了坚实的基础。

　　特别感谢在这条路上和我一起成长、共同努力的埃里克森国际教练中心的老师和同学们。一路走来，每个人都在各自的领域不断精进，并且有所成就。

　　特别感谢朋友们以及老师们对这本书的祝福和推荐。

　　感谢 Christine 带领的埃里克森国际教练中心的伙伴们，他们让埃里克森这个平台不断发展壮大，支持我们更好地发挥自己的价值，传播教练，让更多的人受益。

同时，特别感谢 Caroline 的精彩插画，他让我们可以通过不同的维度去理解这些专业能力。Sarah 带来的格言为这本书注入了智慧，让每一个字都熠熠发光。

最后要感谢我的家人一直以来的支持和陪伴。感谢所有的人，感恩一切的发生！

引　言

不知不觉间，我在教练的领域里已经探索了十年。回顾这十年的时光，心中尽是成长的快乐和收获的感恩。记得在我刚刚开始接触教练的时候，教练行业在中国的发展还处在起步的阶段，并没有太多人了解真正的教练是什么。经过这么多年的发展，越来越多的人开始走近教练，了解教练，学习教练。特别是最近几年，教练行业在中国迅速发展，尤其是在企业应用领域，越来越多的企业开始引入教练的理念和方法，并且获得了非常好的效果。这与当下我们所面临的时代特征是息息相关的，从 VUCA[①] 到 BANI，这个时代充满了不确定性与复杂性。面对不确定的未来，面对这样的环境，我们应该立足每一个当下，整合内在资源，与更大的系统连接，做出当下最好的选择。这样的教练思维是支持我们与这个时代共舞最好的方式，也是很多对生命充满热情的人投入教练的原因。

身处这样的时代，通过教练的方式不断充实自己，同时也影响着身边的人，这让我感受到从未有过的满足感。也是因为这份满足感，我在这个领域不断地深入探索，终于在自己深耕教练行业的第十个年头，把自己对教练领域的理解和感悟，通过教练的专业能力这个管道呈现出来，一方面希望送给自己一份礼物，作为人生的一个重要阶段的总结；另一方面希望能够带给那些同样在这个领域里探索的伙伴一些支持的力量。

---

① VUCA：Volatile、Uncertain、Complex 和 Ambiguous 的首字母缩写。它是一种描述或隐喻方式，有助于简化描述我们今天生活的不稳定、不确定、复杂、模棱两可的现实。

这本书的内容是围绕着 ICF 国际教练联盟最新发布的四个定义专业教练能力的核心文件展开的。ICF 国际教练联盟是一个全球性的教练组织，在促进专业教练职业化的发展中起到了非常重要的作用。在 ICF 的认证体系中，认证教练分为三个等级：助理级教练（Associate Certified Coach，ACC），专业级教练（Professional Certified Coach，PCC），大师级教练（Master Certified Coach，MCC）。三个级别的认证路径为专业教练的发展设置了成长的阶梯，同时，ICF 对专业教练能力的定义提供了详细的说明，以支持每个阶段的认证。

"核心能力定义"——界定了每个能力的内涵、作用与价值。

"PCC 行为标识"——通过行为描述的方式，在行为的层面界定 PCC 水平的教练的具体表现与能力评估标准。

"ACC 最低技能要求"——界定了 ACC 水平的教练对话需要呈现的能力水平要求。

"MCC 最低技能要求"——界定了 MCC 水平的教练对话需要呈现的能力水平要求。

这些说明文件不仅为认证评估提供了详尽的标准，同时也为教练的能力发展提供了明确的路径和方向。2019 年 10 月，基于全球工作调研，ICF 发布了最新版的核心能力的定义，并且于 2020 年 11 月和 2022 年 6 月陆续更新了"PCC 行为标识"以及"ACC/MCC 最低技能要求"。

这本书就是基于这四个最新版核心文件来解读专业教练的核心能力的。希望这些解读能够帮助教练们更深入和系统地理解每个核心能力的具体含义，了解在不同的教练水平上如何展现出这些核心能力，希望这些核心能力能让教练过程更加有效，能够为被教练者带来真正的价值。当然，这些核心能力的具体要求也可以更好地帮我们准备专业教练的认证过程。

这四个核心文件是一个非常系统的理解专业教练的框架，但同时，我也希望和大家一起超越这个框架，真正地与教练连接，通过这些核心文件搭起的桥梁理解专业教练的内涵，这个内涵关乎人类最深的智慧、人与人之间本源的连接。

在解读这些文件的过程中，我希望通过简单而平实的语言，结合具体的案例，让大家能够比较容易地理解文件中抽象的概念化的文字。同时，我也会结合我的理解，对文字中的内涵进行更深入的剖析和连接。只有"知其所以然"，我们才能够在具体的实践中更灵活地应用；只有理解了教练的本质和内涵，我们才能真正发挥教练的价值，并且可以面对不同的人，在不同的情境中都发挥教练的作用。如果大家觉得文件的内容太抽象，可以选择先阅读文件解读的部分，再阅读文件的内容，这样会比较容易理解。

在解读这些文件的时候，我还会连接一些埃里克森教练体系中的相关内容来拓展这部分的理解。埃里克森教练体系是我特别钟爱的，它以成果导向为特色，整合了NLP[①]、米尔顿·埃里克森的理论以及脑神经科学的一些重要发现，达到了艺术与科学的平衡，既有扎实的理论基础、实用的流程框架，同时具备流动的艺术性，能探索人类意识发展的潜能。在学习和钻研教练的过程中，埃里克森教练体系为我奠定了稳固的基础，相信这部分内容也一定会让大家受益。

另外，Caroline为这本书绘制了精美的插画，希望这些插画能够成为一个通道，带我们进入潜意识的海洋，去整合这些文字背后每一个核心能力映射出来的教练之光，让我们可以在一个更深的层面进行吸收和理解。

好了，让我们开始吧。

---

① NLP：Neuro Linguistic Programming 的首字母缩写，指神经语言程序学。NLP 从破解成功人士的语言及思维模式入手，将他们的思维模式进行解码，从而发现人类思想、情绪和行为背后的规律，并将其归结为一套可模仿的程式。

核心能力 1
展示道德规范实践

有两件事物我越思考越觉得神奇,心中也越充满敬畏,那就是头顶上的星空与内心的道德准则。

——伊曼努尔·康德

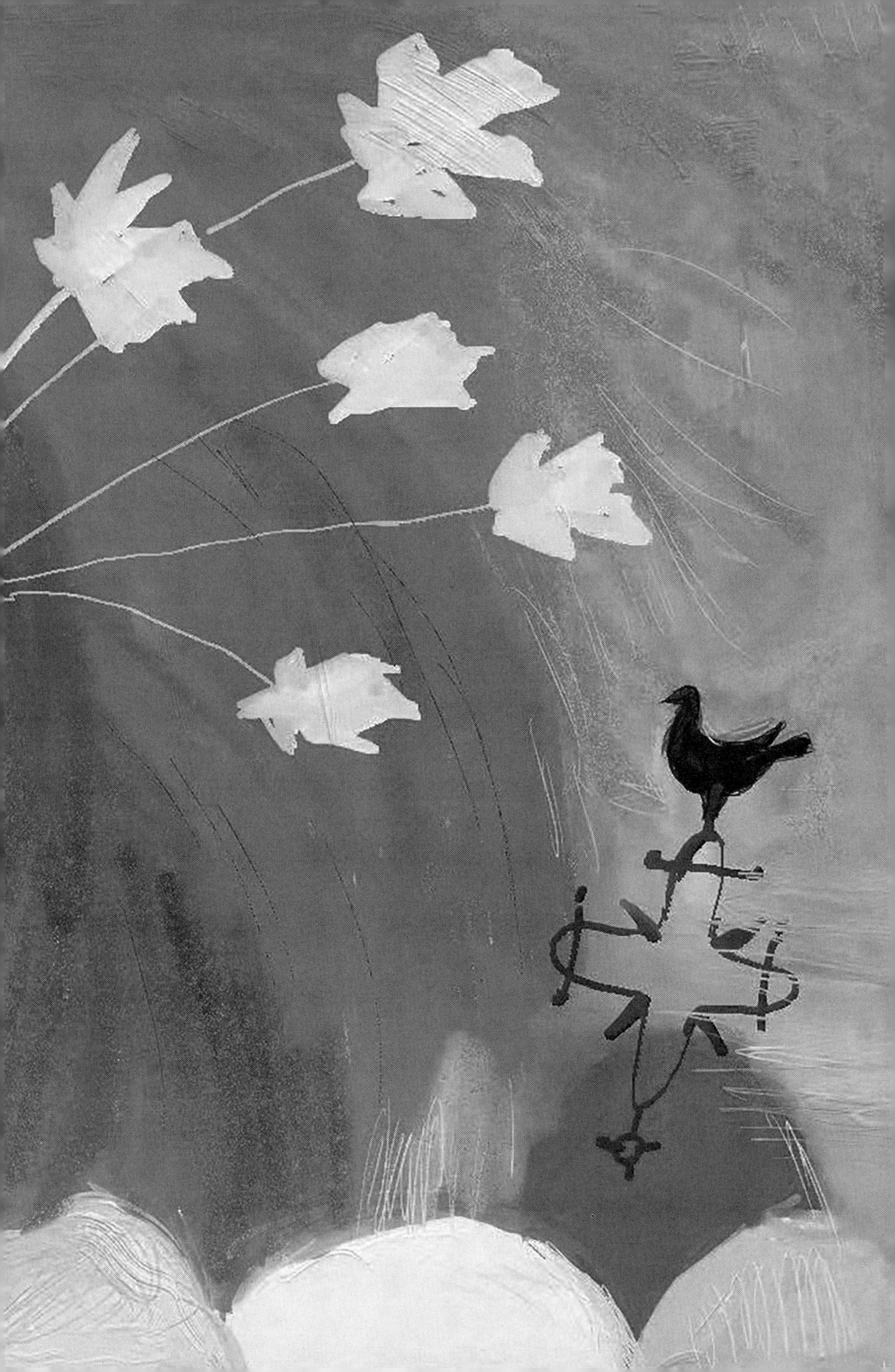

定 义

理解并持续应用教练道德准则和教练标准。
1. 在与客户、组织方和利益相关方的互动中表现个人的正直和诚实；
2. 对客户的身份、环境、经历、价值观和信念很敏感；
3. 对客户、组织方和利益相关方使用适当的语言，表达尊重；
4. 遵守 ICF 道德准则，坚持核心价值观；
5. 根据利益相关方协议和相关法律，对客户信息保密；
6. 明晰教练、咨询、心理咨询和其他提供支持的职业之间的区别；
7. 在合适的情况下，将客户推荐给其他提供支持的专业人士。

我们平时在讲核心能力的时候，对"展示道德规范实践"这个能力讲得并不多，因为它和实际的教练对话相关性没有那么大。然而实际上，这是一个非常重要的核心能力，是这个行业最基础的框架，定义了这个行业最基本的要求和标准。这个核心能力定义了很多内容，这些内容与教练在实际操作过程中遇到的很多问题相关性非常大，所以这个能力非常值得花一些时间讨论。

ICF 的道德规范每三年会更新一次，同时还有一个保持实时更新的解释说明文件，这个文件能帮助教练更好地理解道德规范的相关内容。

因为这个核心能力的定义里所提到的内容在道德规范的文件中都有说明，所以关于这个核心能力的解读，我会基于 ICF 在 2020 年 1 月更新的道德规范的内容来进行。这个版本的更新有两个主要的变化：一是把所有的道德规范标准按照不同对象的责任进行了分类，共分成四类，第一类是对客户的责任，第二类是对行为和表现的责任，第三类是对专业精神的责任，第四类是对社会的责任；二是增加了两条道德标准，第 11 条和第 28 条，这个部分会在后面详细介绍。

ICF 道德规范四类责任

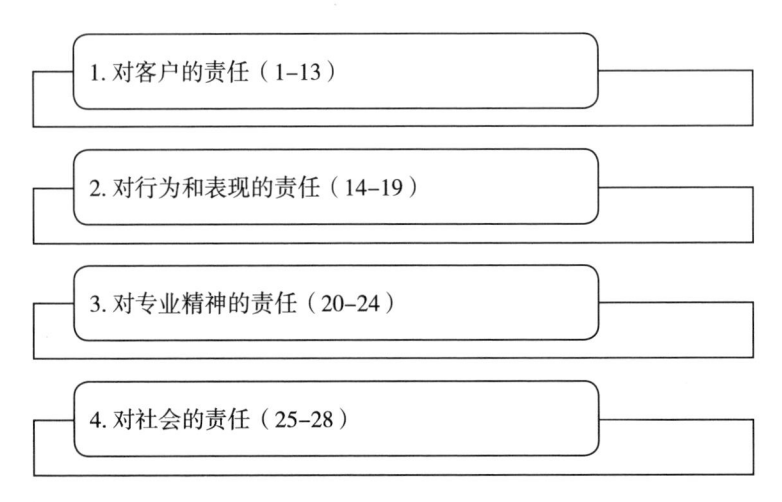

1. 对客户的责任（1–13）

2. 对行为和表现的责任（14–19）

3. 对专业精神的责任（20–24）

4. 对社会的责任（25–28）

对客户的责任

1. 解释并确保在初次见面前或见面时，我的教练客户和组织方理解教练的本质和潜在价值、保密性的本质和限制、财务安排以及其他教练合约中的术语。

2. 在服务开始之前，与我的客户和组织方就相关各方的角色、职责和权利订立协议／合约。

客户是教练关系中的最重要的部分，这个部分包含了 13 条道德规范。第 1 条和第 2 条强调了"定义清楚教练关系"的重要性，特别是要求教练在进入实际的教练过程之前，也就是在初次见面或见面前就要明确地向客户解释和说明，并且确保客户和组织方都能理解教练的本质价值以及相关保密性的内容，包括财务以及教练合约中出现的一些术语以及各方的角色、职责、权利等等。这一点非常重要，对实际操作过程的影响也非常大。

在实际操作过程中，我们慢慢地会意识到，在教练对话开始之前，双方对于教练关系建立共同认知基础极其重要。否则，如果双方期待的内容不同，就会对接下来的教练过程产生一些不利的影响，这也是最容易出现问题的地方。

我们经常遇到的问题是，客户往往会期待教练给出建议，而教练最本质的特点在于他与客户是一个平等的伙伴关系，这也是为什么教练这样的工作能够产生价值、发挥作用、真正把客户的潜能激发出来的关键。但是没有学习过教练或是对教练这个工作的特点不是很了解的客户或组织，可能会产生不一样的期待。如果双方在教练之前没有达成清晰的共识，就可能在教练过程中出现一些不必要的问题。

我曾经教练过的一位客户是一个创业者。他的公司进入了比较快的发展阶段后，之前的一些管理方式已不再适用，特别是在人员的"选、用、育、留"上遇到了一些挑战，这导致公司的继续发展遇到了一些障碍。这个时候，他来找我做他的教练，但其实他主要是认为我的人力资源背景可以支持他，希望我能够在公司的人力资源发展上给他一些建议。当时我并没有意识到这一点，而是在开始了教练对话以后才发现他有这个期待。而作为一个教练，我是按照我对教练角色的理解和认知进入这段教练关系的。教练最大的特点就是不给建议，而是更多地问问题，激发他思考，但这个方式与他的期待是完全不一致的。所以，整个教练对话进展得并不是很顺利，特别是他对于教练过程带给他的价值不是特别认可，最终这个教练项目的结果不十分理想也是可以预料的。这种情况在组织中引入教练项目时也会发生。

现在，越来越多的组织开始对教练有所了解，尝试用教练这种方式解决组织中遇到的一些问题。然而，他们对于教练的角色以及教练的工作方式等方面了解得并不充分，所以，在这个过程中，他们可能会带着一些期待，希望教练能够帮助组织解决一些关于人的问题。

我们碰到的比较典型的情况是，有时候，组织可能对于某个人的绩效表现、能力或某些行为表现不是很满意，就会寄希望于教练改善这个人的绩效或行为表现。如果教练对这种期待没有觉察，整个教练过程的效果就不会太理想。

还有一种情况是，有一些组织会期待教练对被教练者进行评估，以此作为被教练者晋升的证据。如果教练在这个过程中没有觉察到这种期待，甚至没有坚定地站在中立的教练位置，混淆了教练和评估者的角色关系，就会破坏被教练者——真实客户——和教练之间的信任关系，从而很难真正体现教练工作的价值，也很难取得非常理想的成果。

所以，在教练对话开始之前，双方应该就教练关系的特质、原则进行沟通，以确保在这方面达成共识。在实际操作过程中，如果是个人客户的一对一教练，双方往往会在开始正式的对话之前进行一次初始对话，主要介绍教练的工作特点、价值、工作方式，以及需要被教练者做什么准备才能让这个过程的价值最大化。如果是在组织中进行教练项目，则可能会有一批人要参与这样的对话，那就需要提前开一个准备会议。在这个准备会议中，教练可以分享教练工作的基本概念、基本原理，让即将投入教练过程的被教练者能够理解教练的工作方式，从而能够真正地从中获益。

这就是道德规范中第1条和第2条强调的，双方一定要在对话之前达成认知上的共识，必须理解一致。同时，第2条特别强调了订立协议的重要性。在建立教练关系之前，我们需要有这样的协议，可以明确相关原则。当然，双方进行一些沟通，确保对方能够真正理解也是同样重要的。ICF的网站上有标准的教练协议，其中就包含了相关内容，大家可以参考。

3. 根据协议，各方需保持最严格的保密性。我了解并同意遵守所有与个人数据和信息相关的适用法律。

4. 清楚地了解，在所有教练互动过程中，信息是如何在相关各方之间交换的。

5. 让客户和组织方或利益相关方都清楚地了解，在哪些情况下信息不会被保密（比如：客户涉嫌违法行为、法律要求提供证据的，则需依据有效的法院命令或传票；客户很有可能即将对自己或他人造成危险；等等）。如果有上述任何情形发生，教练需要通知相关机构。

第3条、第4条和第5条是关于教练过程中的信息如何保密的内容。其中，第4条提到了在教练过程中信息共享的情况。如果对信息的共享处理不当，很可能会影响到教练的成果。特别是在组织中，不同的利益相关方需要知道哪些信息、信息如何在各方之间交换，这些都需要提前明确，并且需要被考虑到。

第 5 条界定了保密原则的一些特殊情况。如果教练在对话期间了解到客户可能会对自己或他人构成危险，如自杀、伤害他人或者策划一些严重的犯罪等，教练作为专业人士有义务采取相关行动。这同时要求教练对相关法律法规有所了解。

保密性原则在教练关系中是非常重要的。教练的工作之所以有效，主要因为教练是由内而外去激发一个人的潜能的，要实现这种效果，就需要教练和被教练者之间有非常强的信任关系，这是教练工作能够发挥作用的关键。当被教练者进入教练关系中，他一定是感觉到安全、放松了才能打开自己，才能够进入更深层面的探索和挖掘，才能产生教练想要实现的效果。

在实际操作过程中，特别是在组织中应用教练的时候，组织作为组织方或者利益相关方，对教练的成果也是有期待的。之所以叫利益相关方，就是因为教练的成果对它来讲是相关的，所以它对教练过程的进展和教练成果也非常关注，有时候会要求教练提供一些报告或者记录。同时，教练也要考虑直接的被教练者对于保密和安全的信任关系的需求。如果这个需求没有得到满足，这个教练项目就很难顺利进行下去。事实上，在企业教练项目中，对利益相关方需求的管理的好坏对于项目的成功与否起着至关重要的作用。

所以，让双方知道教练过程中存在着这样的相互关系和保密原则是非常重要的。一方面，教练希望组织方能够了解为什么需要保密，保密原则对于教练过程产生成效至关重要；另一方面，教练也需要让直接的被教练者了解组织的期待。

在实际操作过程中，教练首先要控制信息提供的范围，通常包括对话的时间和主题，有的时候可能会包含一些行动项。但是对话中的细节是保密的，一般不会提供给组织方；还要向被教练者承诺，所有提供给组织方的文件，其中的信息都会经过被教练者确认后才发出。

另外，这部分还提到了教练要注意保密过程中的复杂性，特别是在信息涉及组织中不同利益相关方的时候。信息在不同部门之间流转可能会带来相关风险，这需要教练特别注意，并且需要在教练项目开始之前就做一些明确说明。

6. 作为内部教练，通过教练合约和持续对话，管理客户和组织方的利益冲突或潜在利益冲突，包括确定组织角色、职责、关系、约谈记录、保密性以及其他的报告要求。

7. 维持、存储、清除任何记录，包括在专业互动中创造的电子资料和信息，以提升保密性、安全性和隐私性，遵守任何适用的法律和合约。同时，在教练服务（技术支持的教练服务）中合理使用新兴技术，并且了解各种道德标准如何适用于它们。

第 6 条讲到了内部教练存在的利益冲突的风险。内部教练往往是组织的成员，在承担教练角色的同时，也承担组织内不同的角色，非常典型的可能是领导的角色或 HR 的角色。在实际操作过程中，教练在组织中往往会通过跨部门的形式组织内部教练的资源，这能在一定程度上避免内部教练可能存在的利益冲突。所以，在提供内部教练服务的过程中，对教练角色的认知、对沟通原则的把控、教练过程中信息的流转以及对信息保密性的把控都是特别重要的。

数据安全实际上是教练面临的一个非常大的挑战，所以第 7 条主要是提醒教练慎重地保存这些记录，特别需要注意的是数据在平台和服务器上的安全性。教练不仅自己要特别注意数据的保存，同时应该确保参与教练过程的相关人士——教练项目团队可能有一些辅助人员，如助理或项目的其他参与人员，包括利益相关方、组织方——也要以适当的保密方式处理这些信息。在实际过程中，教练如果需要与开放的社会媒体合作，尤其要注意这个方面的风险。同时，客户也应该知道教练会记录哪些信息、会如何保护这些信息。如果出现了问题，客户是有知情权的，教练应该立即通知客户。

8. 对于从教练关系中获得的价值可能变化的迹象保持警惕。如果变化确实发生，可对关系做出改变，或者鼓励客户／组织方寻找其他教练、专业人士或使用不同的资源。

9. 基于合约条款，尊重各方在教练过程中因为任何原因在任何时点终止教练关系的权利。

第 8 条和第 9 条涉及教练关系的结束，特别是当客户获得的价值可能发生改变时，也就是说，如果教练注意到客户不再从对话中受益，则必须采取一些行动。客户的利益是教练的重点，教练应该有能力了解在教练的过程中客户的哪个部分正在改变，如果客户不再从中受益，教练就必须做出调整和改变。如果在这个过程中，教练不确定应该怎么做，则可以使用督导的资源，或者与其他教练进行商讨，这些都可以支持教练找到解决方案。

这里提到的教练督导的概念，在欧洲的教练市场发展得比较成熟，欧洲教练联盟会有一些督导的相关认证。ICF 也在慢慢引入教练督导的概念，目前，国内的教练市场对于教练督导的认知还在起步的阶段。教练督导是在支持教练本身的同时，也起到对教练的保护和规范的作用，这一点会在后面讲到教练发展的时候更加详细地介绍。教练督导是教练在对话过程中遇到问题或困惑时可以寻求的一个非常重要的资源。

这一条实际上谈到的是终止条款，即允许任何一方随时取消协议，当然，其中会涉及一些退款政策，这个部分需要提前考虑到，并且在协议中有所界定。不过，这里主要强调的还是客户的利益，客户需要从教练的过程中受益，是教练服务的重点。如果注意到客户不能再从教练工作中受益，教练就需要做出调整和改变。如果客户感受不到价值，也可以直接提出，客户有权利终止教练关系。这一点在 ICF 教练协议的范本中也有类似说明。

对于教练来说，特别需要注意的是要关注教练过程中一些教练关系改变的迹象，就像我在教练的课堂上讲到的亲和关系一样，是教练在整个过程中都需要持续关注的部分。当教练留意到教练关系发展不够顺畅的时候，一个比较有效的方法是教练发起一些不需要付费的会议，然后邀请客户参加，听取客户的反馈，与客户讨论教练该如何更好地服务于客户；如果有必要的话，也可以把客户转介给其他的专业资源或其他教练。

在长期教练的过程中，教练通常会在整个教练关系的中段进行中期访谈，在中期会议上就教练关系的现状做相关的讨论，也会基于第一阶段遇到的问题讨论第二个阶段需要调整的方向。这些都是特别好的可以借鉴的方式，可以支持教练更好地保持与客户的关系。

10. 当与同一客户或组织方同时签订多个合约、保持多个关系时，务必保持警惕，避免发生利益冲突。

第 10 条讲的是教练可能承担多个角色的情况，特别提醒教练要保持敏感。因为在实际的操作过程中，教练项目往往会结合咨询顾问、培训等不同的形式来进行，教练在这个过程中可能会同时承担不同的角色，可能既是教练又是培训师，既是教练又是咨询顾问。教练在任何时候都必须明白自己是在哪个框架下提供服务的，而且客户也需要知道这一点。比如，具有法律背景的教练可能既为客户提供法律服务，也为其提供教练服务，关键是教练需要知道在什么时候戴哪顶帽子。前边提到过，可能企业会要求教练在教练过程中评估被教练者的能力，以此作为被教练者晋升或者未来任命的参考。这个过程中其实就出现了两个角色的冲突，一个是评估的角色，另一个是教练的角色。我个人认为，在这个冲突的过程中，鱼和熊掌不可兼得，因为教练和评估这个关系有潜在的利益冲突。所以，类似这样的情况，都是需要教练特别注意避免的。

11. 意识到并积极管理我与客户之间可能由文化、关系、心理或背景原因导致的权力或地位的差异。（新增）

第 11 条是这次更新新增的内容，是关于权力差异的。教练的过程实际上是教练和客户之间的一种共创和共舞的关系，所以这种伙伴关系是平等的，这就意味着二者是没有权力差异的。如果在教练的过程存在着孰高孰低的感觉，就破坏了这种伙伴关系，这也是为什么上下级之间的教练小时数不被 ICF 认可。但实际上，客户有时认为教练关系是一种等级关系，这可能出于文化差异，也可能是因为教练看起来年纪更大或者更有经验。而当一些年轻的教练面对阅历比较丰富的客户时，则可能会出现相反的情况。所以，教练在建立合约关系的时候就需要进行澄清和说明，并在整个教练的过程中对这个部分保持觉察，留意它是如何影响教练过程的。如果确实出现了权力差异，教练就需要对发生的事情进行探索，这也是教练自我成长的好时机。只有当权力差异为零的时候，才可以做真正的教练。如果教练觉察到出现了类似的情况，可以寻求教练督导的支持，必要的时候也可以考虑终止教练关系，或是做转介的处理。

12. 向客户透露自己因将其推荐给第三方而可能获得的补偿或其他利益。

13. 在任何关系中，无论获得多少或什么形式的补偿，确保始终如一的教练质量。

第 12 条涉及的是隐藏性的补偿。教练完全可以将客户推荐给其他任何特定的专业人员，但如果要收取推荐费，就需要向客户讲明收费的标准，同时必须强调客户可以决定是否接受推荐。为了避免这个过程中可能出现的一些利益冲突，很多教练采取的方式是不提出任何具体的意见，而是让客户选择能满足他们需求的东西。无论教练的建议如何，客户都拥有选择权，这是解决这种潜在利益冲突比较好的办法。

第 13 条讲的是，作为 ICF 的专业认证教练，无论客户是学生、NGO 的相关人员，还是一些商务人士，教练都需要提供同等的服务质量。无论他们的支付能力如何，作为专业认证的教练，必须根据自己的能力提供相同水平的教练，这个也是 ICF 认证的专业教练的专业性体现。

对行为和表现的责任

14. 在所有的互动中都要遵守 ICF 道德规范。当意识到自己可能违反了道德规范，或者发现其他 ICF 专业人士存在不道德的行为时，需向参与者郑重地提出此问题。如果没能解决问题，应提交正式机构（比如 ICF 全球）予以解决。

15. 所有支持人员都应遵守 ICF 道德规范。

第 14 条讲的是关于遵循道德规范的部分，也就是说教练在所有互动当中都需要遵循道德规范。这就要求教练首先要能够意识到作为教练应尽的职责，同时对自己的行为负全面的责任。教练应该经常反思自己的行为是否符合道德规范，最重要的是教练要有这样的觉察和意识，这是本条道德准则所强调和呼吁的。

在教练的过程中会有一些相关的支持人员，包括支持团队、协助教练工作的伙伴或者 ICF 的相关人员。第 15 条就是要求这些支持人员同样需要遵守道德规范，这也是关于行为和表现的相关责任方面非常重要的部分。

16. 通过持续的个人发展、职业发展和道德发展来追求卓越。

第 16 条讲的是关于个人发展的，体现了 ICF 的一个非常重要的核心价值观，就是追求卓越。通过其认证机制就可以看出这条价值观的相关表现。比如，每三年认证到期后都需要提供继续教育的一些学分（CCE[①]）才能延续认证的资质。这些做法与 ICF 追求卓越的核心价值观是相关的。

有很多资源可以支持教练持续的学习和发展，ICF 的继续教育认证体系提供了很多 CCE 的课程。在这里，我想重点提一下教练督导和教练辅导这两种不同的支持资源。

教练督导和教练辅导都是教练自我成长和发展所需的非常重要的资源。通常，在进行教练资质认证的时候，我们提供一些教练能力的辅导，以便支持专业教练的成长，辅导的方式是通过教练在行为层面的表现来反馈，主要依据就是 ICF 的一些核心文件。比如在认证 PCC 的时候，就会依照 PCC 的行为标识给一些反馈，通过这样的方式支持教练的能力成长。

教练督导是随着教练市场的不断发展而逐渐发展起来的，是支持教练成长的一个方式，正在被大家慢慢认知。教练督导目前在欧洲的教练市场上发展得相对完善，国内现在也有一些教练机构在引入教练督导的概念。教练督导对于教练市场的完善和教练发展都有非常重要的价值。与教练辅导略有不同，教练督导支持教练从 Being 层面（存在状态，也就是"作为教练，我们是谁"）以及 Doing 层面（如何做）进行一些反思。通过这样的反思，教练看到的是自己在对话中是如何影响整个对话过程、对话效果甚至客户的。所以，在教练督导的过程中，教练更多的是在关注"我们是谁"，就好像通过教练的过程照见作为教练的自己。通过反思和反馈的过程支持教练的成长。教练对话、会议对话、合约对话以及商务和领导力相关的会议等等，都可以作为督导的素材或情境。

[①] CCE（Continuing Coach Education）是 ICF 认可的教练继续学习课程。ICF 强调专业教练需要持续学习，其所有级别的证书有效期都是三年，如在三年后没有获得更高级别的认证，更新证书时需要 40 个小时的 CCE 课时。CCE 课程的学习不可以作为初次认证教练的依据，主要用于认证教练之后的证书更新。

教练通过在这样的情境中反思自己的表现，包括内在的一些状态，看到自己在教练过程中起到了哪些作用，通过这个过程发展自己是一个看见的过程。所以，这种形式对于个人的发展特别是教练内在的成长是非常有帮助的。

教练督导还可以起到心理支持的作用，这就与心理咨询领域中督导的概念有点接近了。实际上，在心理咨询领域中，督导是一个更成熟的概念，对心理咨询师可以起到心理支持的作用。教练也需要督导起到这样的支持作用。比如在对话的过程中，教练有可能会触及自己的一些过往的伤痛，或是没有办法走出来的部分，从而影响了教练的过程，在这个时候就需要教练督导提供强有力的支持。

督导的第三个作用是关于安全和规范的，与道德规范的相关性很大，因为道德规范与实际操作中可能会碰到的一些问题或矛盾情境有很大的相关性。如果碰到类似的问题，教练就可以请督导支持共同探索，这对教练实践是非常有效的支持。

专题1：教练督导

教练督导（Supervision）与教练辅导（Mentoring）不同。在教练辅导中，教练导师根据核心能力的要求指引人们在认证道路上朝着更高的标准前进，教练辅导的工作与教练核心能力密切相关，支持教练看到哪些是自己已经具备的能力、哪些方面还存在着问题、在哪些能力上的表现不错、还有什么地方需要进一步提升。教练导师也可以在教练心态、教练行为上进行观察，支持教练在状态、心态、教练核心能力以及技能方面进一步发展。

教练督导则是更深层次的指导，往往结合具体的案例。教练通常会带着他们在教练过程中遇到的问题来找督导，他们提出的问题可能是关于自己的模式，也可能是一些阻碍教练发展的因素。教练督导会通过

> 不同的视角来指导他们的教练实践，不仅仅是教练的核心能力，也可能是教练的心态、教练的背景，甚至他们个人的模式、个人偏见，这些因素很多时候会以无意识的方式存在。
>
> 教练督导会引导教练看到是什么定义了他今天的风格，了解作为教练的我们是谁以及这个部分如何影响客户以及教练过程。督导更广的视角、更深层的反馈以及和教练一起共同创造的过程会让当下真实发生的东西呈现出来。教练督导不是及时性、能力上的指导，而是系统自然的呈现。在操作过程中，教练会使用很多工具，但是教练这个人本身就是教练过程中最大的工具，我们是谁就决定了我们会怎样教练，所以教练督导对于教练的支持可以影响客户以及教练的效果和过程。对于教练的成长来讲，教练督导是一个非常重要的支持。

17. 识别个人局限性，以及可能损害、冲突或干扰教练表现或专业教练关系的情形。我会寻求支持，以确定应采取的行动，如有必要，应立即寻求相关专业指导。这可能包括暂停或终止教练关系。

18. 通过与相关方共同解决问题、寻求专业支持以及暂停或终止专业关系来解决任何利益冲突或潜在利益冲突。

第17条谈到了一些可能影响教练表现的个人挑战，与前面谈到的某些情况非常类似，比如在教练过程中触发了教练自身的伤痛。如果出现这种情况，教练可以寻求相关的支持（比如教练督导），如果有必要的话也可以终止教练关系。我曾经督导过一个教练，当他的客户谈到亲子关系时，他发现客户描述的情景与自己曾经的经历非常类似，这让他没有办法在教练的角色上继续支持客户，所以开始寻求教练督导的支持。通过教练督导的过程，他看到了自己在关系中没有被满足的部分如何影响他在教练过程中的表现，并通过一些内在的提升转化这个问题，从而超越了这个挑战。

第18条提到的是在教练过程中可能会出现的利益冲突的情况。在ICF道德规范中，利益冲突指的是，专业人员在涉及多个利益的时候，为一个利益服务可能会损害另一个利益或与另一个利益相冲突的情况。

这种情况在教练的过程中经常会发生，比如教练的组织者和实际教练的客户之间可能就会出现利益冲突。有的时候并不是指具体的利益，而是说教练有的时候不知道要维护谁的利益。一个大的原则就是以客户的利益为重，在可能存在利益冲突风险的情况下，作为教练尤其要有更多的自我觉察，特别需要留意自己是否表现出对某一方特别的关注或是兴趣。

针对这种情况，ICF道德规范里有一个随时更新的解释性说明文件，里面有一些例子或说明，大家可以此为参考。同时，教练督导也是一个非常好的资源，可以支持教练面对这些挑战。当然，很多时候，这也涉及教练个人的选择，比如作为教练，我们是谁、我们想成为一个什么样的教练、我们想带来怎样的价值，这些因素可能在处理这种情况时起到关键性的指导作用。

19. 维护ICF会员隐私，只在ICF或ICF会员授权的情况下使用ICF会员的联系信息（邮件地址、电话号码等）。

第19条是关于使用ICF会员信息的。教练的一个重要职责就是维护被教练者的信息隐私权，特别是当他向ICF提交客户的信息用于认证的时候，必须征询信息持有者包括被教练者的许可。大家都知道，最早的时候，教练在申请认证的时候需要向ICF提交比较详细的客户信息，现在则不需要。但是如果教练需要提交教练录音，可能还是会涉及一些隐私信息，这个时候教练就要特别谨慎。这也是本条特别强调的，提醒教练在交换这些信息的时候必须特别谨慎，不能在公共区域进行信息的披露。这一条同时适用于ICF的工作人员，他们可能会拥有更多信息。所以，这次道德规范的更新实际上把教练及其支持人员——例如ICF成员——包括进来了，他们都需要遵循这个道德规范。

对专业精神的责任

20. 准确识别我的教练资质，以及我的教练水平、专长、经验、培训、证书和 ICF 认证。

21. 确保口头和书面陈述都真实而准确地描述了我作为一名 ICF 专业人士所提供的服务、ICF 所提供的服务、教练行业以及教练的潜在价值。

第 20 条和第 21 条都是关于准确性的。第 20 条和准确地展示自己有关。这里强调的是教练需要非常准确地标识自己的相关证书，不仅是教练的认证，还包含其他一些专长培训、高等教育等的资质和证书，这些内容必须是可以验证的、真实准确的。对于教练和被教练者来说，无论是体现教练的专业性还是维持这段充满信任感的教练关系，这一点都非常重要。

第 21 条强调教练提供产品的陈述应该是准确无误的，特别强调了提供的教练服务和其他专业的区别是什么。这一条在道德规范中一直反复提及，教练应该了解得非常清楚，教练和一些类似专业（包括心理治疗、咨询顾问）的区别是什么，教练是一个什么样的专业，提供的产品是什么样的，是否能向客户解释清楚上述内容也是教练专业性的体现之一。所以，第 21 条所涉及的核心内容就是教练对产品的陈述是否准确无误。

22. 与那些需要了解本道德规范所规定的道德职责的人们沟通，并创造觉知。

第 22 条讲的是，关于客户或团队，包括教练项目中的一些利益相关方，也需要意识到道德规范中的一些要求。教练有责任确保这些相关方了解这些内容，应在合同中明确教练的操作过程属于 ICF 道德规范标准中的一个部分，应提到保密性、专业精神、边界，这些可以使客户在教练关系中感到安全，有利于双方建立信任关系。教练还可以在合同中明确，如果有问题可以启动怎样的反馈流程，以便客户或者利益相关方在教练关系中感觉到安全。

23. 有责任意识到并设定清晰、合适、文化敏感的界限来管理身体或其他方面的互动。

24. 不与客户或组织方建立任何性或暧昧关系；应非常注意在关系中保持合适的亲密程度；采取合适的行为解决问题或终止合约。

第 23 条是关于文化差异的。现在，越来越多的教练过程在网上完成，这让教练服务的范围可以扩大到全球，但就可能会涉及文化差异。教练需要意识到文化差异的存在，能够理解文化差异在教练过程中对教练对话的影响，特别是在开始建立教练关系之前，教练有义务学习和了解关于不同文化背景中的一些知识，比如思维模式、行为模式的一些差异，这可以让教练过程更加顺畅。

第 24 条提到的是一些超越了教练关系的情况。在这些情况下，教练可能没有办法继续保持中立，否则可能会妨碍教练工作，这时候教练需要有清醒的自我觉察，有必要的话可以进行督导，或者找到相关的资源，以支持教练进行相关的讨论，或者在适当的时候终止教练关系。

对社会的责任

25. 通过在所有活动和操作中保持公平、平等，尊重当地规则和文化，来避免区别对待。这包括但不限于，基于年龄、人种、性别表达、种族、性取向、宗教、国籍、残疾或军籍的区别对待。

第 25 条是关于歧视的。歧视的过程可能是有意识的，也可能是无意识的。我们在成长过程中会或多或少地形成一些偏见，但自己有的时候很难意识到。所以，这一条特别提醒教练要留意这些偏见，进行自我觉察。正是通过这样的自我觉察，教练才能更加中立、更加强大，教练对话才会更加有效。

26. 识别并尊重他人的贡献和知识产权，只对自己的材料主张所有权。我理解违反这一标准可能会让我承担第三方的法律制裁。

27. 在实施和报告研究的时候，保证诚实，并且基于科学标准、适用的学科准则以及我的能力界限工作。

第 26 条谈到了知识产权的部分。教练工作也是一种知识产权，因为这个工作包含了教练的创造力。同时，教练也应该认可和尊重教练过程中其他人所拥有的知识产权，不能在没有事先获取对方同意的情况下使用他人的相关资料，而只能通过一些援引或者链接的方式。

第 27 条谈到的是关于科学的标准，即如果教练选择以 ICF 专业认证教练的名义去参与某种形式的研究，则一定要服从并按照专业标准进行，不应该做超出能力范围或学科界限的工作。

28. 意识到我和客户对社会的影响。我遵守"做好事"和"不作恶"的哲学。（新增）

第 28 条不仅仅关系到教练的影响，还包含了客户对社会的影响，不仅仅是客户一个人在受影响，也可能是整个社会都在受影响，从客户的系统逐步涉及更大的系统，包括与之相关的家庭、团队、组织以及其他人，等等。

这个标准还有另一部分内容，即"做好事"和"不作恶"。教练不仅仅要了解道德规范所谈到的一些标准，还要了解价值和原则——超越道德规范具体谈到的内容，这就意味着教练不仅仅要做到道德规范的标准所要求的，而且不应该对教练关系中的任何人造成伤害。无论这些内容中是否有处理这些情况的标准，教练都应该有一个道德价值和原则的衡量标准，就是"做好事"和"不作恶"。

在这部分，我把道德规范的四个方面共 28 条责任详细地进行了说明，但就像在最后一条中提到的，虽然道德规范的文件在不断更新，也越来越细化，ICF 同时提供了一个随时更新的解释性说明，可以让教练更好地理解道德规范，指导自身的行为，但道德规范文件无法包含在教练过程中所遇到的所有情境、碰到的所有问题。这个时候，教练应该秉持什么原则去解决这些问题呢？

在这里，我特别强调三个最重要的原则：首先就是尊重，如果教练的行为能够体现出尊重，并且在处理问题的每个转折点上寻求尊重，那么他出现违规行为的可能性就非常小。其次就是要以客户的利益为先，当教练陷入困境或者遇到问题的时候，教练首先需要思考的是在这种情况下怎样做才对客户最好，这是解决问题的关键。最后就是教练在与客户沟通的时候，需要不断觉察和感知与客户的关系，当教练的关系发生变化的时候，应该能够意识到并及时与客户沟通，或者寻求督导的帮助，以确认最合适的处理方式。这三个原则可以作为更广泛的指导性原则，帮助教练处理具体的道德规范中没有涉及的情境，更好地帮助教练理解道德规范的宗旨、目的和意图。

> **PCC 行为标识**
>
> ・所有级别的教练都需要熟悉和应用 ICF 职业道德标准；
> ・作为教练，及格的准 PCC 在教练中应该体现出 ICF 的道德标准，并把它持续融入整个教练角色中。

PCC 行为标识这个文件提到，所有级别的教练都需要熟悉和应用 ICF 的职业道德标准。这个能力和第二个核心能力（体现教练心态）的评估标准与后面六个能力的评估标准有一点不同。这两个能力的评估使用的是合格项（Qualifier），是指一个教练的对话录音是否达到最低要求的标准。

在评估"展示道德规范实践"这个核心能力是否满足了 PCC 水平的教练的要求时，一般通过两个合格项进行评估。第一个合格项就是符合道德规范。大家会发现，道德规范中的很多内容不一定会在一段教练对话的过程中有所体现。所以在这个合格项上，评估的原则是假定教练是符合这项要求的，只有找到了相反的证据，也就是在对话的过程中呈现出了一些表现或证据，证明了教练不符合道德规范的某些表现，教练在这一条上的表现才会被确定为不合格。这种评估方式和概念与其他六项核心能力的评估方式不一样，后者使用的是"行为标识"。

第二个合格项就是与教练的角色保持一致。教练需要对教练角色有一个非常清晰的认知和了解。如果教练在对话的过程中发现了一些证据，证明教练使用的方式不是教练的方式，那么就会影响到教练对话的评估结果。

关于教练的角色，需要做一些深入的延展和讨论，因为这不仅仅关乎教练角色的定义，也包含教练这种工作的实质。

我们通常会用十字象限来理解教练的角色。教练工作的本质从纵向的维度来看包含发问和告知两个方向。大家都知道，教练的角色或者说教练工作最大的一个特点是发问，即不会给客户答案，不提供解决方案。

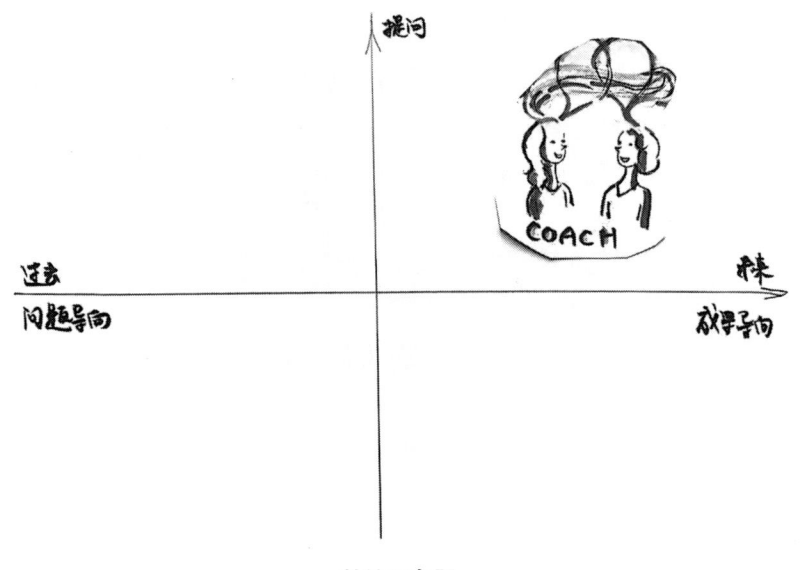

教练四象限

在这里，需要理解为什么教练只问问题不给答案。体验过教练或者了解教练的伙伴可能都会有类似的体验，就是当教练提出开放式问题的时候，可以激发更深度的思考和创造力，拓展思考维度，而且专业教练有很多提问的结构和框架可以让教练在思维的结构和模式上进一步打开，这是教练发问非常重要的价值和意义所在。当自己找到问题答案的时候，教练会对自己找到的解决方案更加有承诺度。这样的解决方案也是基于实际情况和实际能力产生的，对教练而言更加有效，别人告诉的答案往往起不到这样的作用。

提问的背后实际上是双方深深的信任，教练最大的力量就来自这份信任。只有当充分地相信对方有这样的能力和资源，教练的提问才能起到激发的作用，而被教练者恰恰是因为这份相信而启动了自己内在的资源，把自己无限的潜能释放出来。

所以，在教练的过程中，客户可能有一些问题百思不得其解，但是听到教练好奇的提问后突然之间灵光闪现，发现了新的突破点，找到了一些新的想法。其实就是因为我们平常在考虑问题的时候，往往会被潜意识中的困惑、纠结或混乱所困扰，但是一个强有力的、充分相信客户的教练完全没有这些困扰。所以，当他带着这份深深的确信、深深的相信提出充满好奇的问题时，客户也会进入同样的思考空间，就会超越那些内在的抗拒，从而真正连接到有资源的部分，把自己最大的潜能释放出来。

所以，这就是教练的工作只是问问题、从来不会给出具体答案的原因，也是教练工作最大的价值所在。它并不直接提供解决方案，而注重教练的过程。教练对客户的无条件信任，实际上是在支持客户慢慢相信自己，从而把他自己最好的一面发挥出来，把自己最大的资源挖掘出来，释放所有的潜能，去实现自己的目标。

另一个维度是关于问题导向和成果导向的，教练所有的提问都是成果导向的，都是面向未来的，这也是教练工作非常重要的特点，它把教练同传统的心理咨询顾问等角色区分开来，更多的是聚焦在解决问题的方面。

教练的工作更多的是聚焦于未来的和想要实现的成果。当教练聚焦于问题的时候，会发现很多问题是由客观现实造成的，是没有办法解决的，这个时候往往会陷入一些负面的情绪中，就会失去解决问题的动力。当注意力集中在问题是什么、为什么会出现问题的时候，教练就没有办法聚焦在实现目标成果的资源上，因为人的注意力是有限的。

专题 2：意识 / 潜意识

意识就是我们的注意力，它是不断聚焦、不断切换的。我们的注意力范围非常有限，通常只能同时注意到 4—7 个信息组块。潜意识简单来说就是我们没有注意到的意识，是我们没有意识到的部分。相比于意识，潜意识是无限大的。

意识是显化的大脑心智活动，潜意识是不显露在表面的认知、思想等心智活动。心理学家弗洛伊德用海上冰山来形容，浮在海平面、可以看得见的部分是意识，而隐藏在海平面以下、看不见的更广大的冰山主体便是潜意识。

> 潜意识具有记忆储存功能，可以储存人生所有的认知、思想和感情。人从出生到死亡的所见、所闻、所感、所想等一切意识到的东西（包括存在于环境中的集体观念、文化、景象，他人的思维习惯、行为特点等），不需要经过明显的意识记忆，不知不觉地就进入人的潜意识储存起来，就像一台360度无死角的自动录像机，从一个人的出生就开始记录。
>
> 潜意识具有自动排列、组合分类的功能，储存具有密码性和模糊性，它的唤起需有特定的情景或特定的意识。存入大脑的潜意识已经变成了无法认识的模糊代码，只有通过意识的重新翻译才能清晰起来。当我们要回忆某件事的时候，比如少年时代一件成功的往事，我们就给潜意识下了一个特定的指令，于是这方面的意识便会被唤起来。潜意识就像一个巨大的图书馆，储存着无限的资源。
>
> 教练的过程，就是通过开放式的提问，获取潜意识中的资源，来支持教练实现目标。因为潜意识储存的信息具有模糊性，教练也可以通过隐喻、感觉、声音、画面，把这些信息调取到意识层面，经过意识的解读，转化成有价值的信息，就像在图书馆里找到一本对我们有用的书一样。

当注意力完全集中在问题上的时候，教练就没有更多的注意力聚焦在可以解决的问题、实现目标的资源上。比如，当你买了一辆红色的车后，你就会发现路上跑的都是红色的车，但实际上，在你买这辆红色的车之前，路上也到处都是红色的车，只是因为你的注意力没有在这里，所以你看不到这些红色的车。所以，当注意力被问题所吸引的时候，教练也会错失很多解决问题和达成成果的可能性。教练的工作方式就是把注意力全部聚焦在解决问题的可能性上，聚焦在达成目标的资源上。

这样做还有一个更大的价值，就是当教练聚焦在问题上的时候，找到的解决方案顶多有助于解决问题，并不能超越现状，实现更大的成果。如果放下现有的问题，聚焦于未来的可能性和能够实现的真正重要的成果会是什么，这时候，创造力就打开了，我们可以超越现状，创造最好、最大的成果。在当今这个时代，只有每个人的创造力被充分地激发起来，我们才能实现最优异的成果，而教练就是起到这样作用的，这也是现在教练获得越来越多关注的原因。作为一个专业教练，他真正的价值不在于帮助客户解决问题，而是陪伴客户探索未知的世界，激发客户创造最大的可能性。

所以，PCC 教练的表现评估主要针对两个合格项去进行考察，一个是符合道德规范，另一个是与教练的角色保持一致。如果教练主要关注告诉客户该做什么、如何做（咨询模式），或者如果谈话主要基于过去，特别是情绪情感的过去（治疗模式），那他在这个核心能力上的表现和整个对话的表现评估都会受到影响。

ACC/MCC 最低技能要求

- 所有级别的教练都需要熟悉道德规范及其应用；
- 对于 ICF 认证的 ACC、PCC 或 MCC 而言，对教练道德标准的深度理解的要求都是相同且严格的。

第一个核心能力——展示道德规范实践——在所有级别的教练对话中的要求都是一致的。如果一名教练不能展现出基本的教练标准，比如在教练的过程中一直给出建议，那么培养信任和安全感、教练同在、积极聆听、唤起觉察、促进客户成长都将无法呈现，任何级别的认证都会被拒绝。所以，这一条实际是定义了教练的基本框架。

总结与提高

- 道德规范每三年更新一次，界定了教练行业的一些基本规则和原则，对于教练的工作起到了非常好的指导作用。特别是教练在实际操作过程中遇到的很多问题，都能够从道德规范的相关描述中得到相关参考。
- 关于道德规范的实践，ICF还提供了一个实时更新的解释性说明文件。基于会员反馈或政策变化及时更新的一些内容以及具体实践说明的例子，也是很好的参考指导，让教练对话更符合教练精神。
- 对于道德规范中没有涉及的具体情境，可以参考三个原则进行判断。第一是尊重，第二是客户利益优先，第三是保持觉察。重要的是理解教练的本质、价值和作用是什么，从教练的本质出发。
- 道德规范的评估方式和其他的核心能力的评估方式不一样，主要是用两个合格项进行评估。第一个是符合道德规范，另一个是与教练的角色保持一致。对于不同级别的教练，道德规范的评估标准是一样的。这个部分的考评更多的是通过笔试的形式来进行的。
- 在这个核心能力上的发展，首先是对道德规范文件内容的理解，包括对解释性说明文件的理解。ICF的网站上也有相关的培训，可以作为理解道德规范相关内容的参考资料。其次就是在实践的过程中，有意识地觉察、培养这方面的专业性。在这个过程中，如果教练碰到了问题，可以寻求不同资源的支持。一个选择是教练督导或是教练导师，包括其他教练，他们都可以作为支持的资源。另一个选择是开放一些免费会谈，以探讨遇到的问题，必要的时候终止教练关系或者进行转介。
- 在这个过程中，对于教练和客户的关系、教练与利益相关方或组织方的关系，教练都需要有意识地去觉察。一旦觉察到教练关系有一些变化，就应该采取相应的干预措施。

核心能力 2
体现教练心态

"我们是谁"和"我们做什么"是紧密相连的。

——艾米尼亚·伊贝拉

成长和学习可以来自任何处境或经验、问题或危机。

——萨提亚

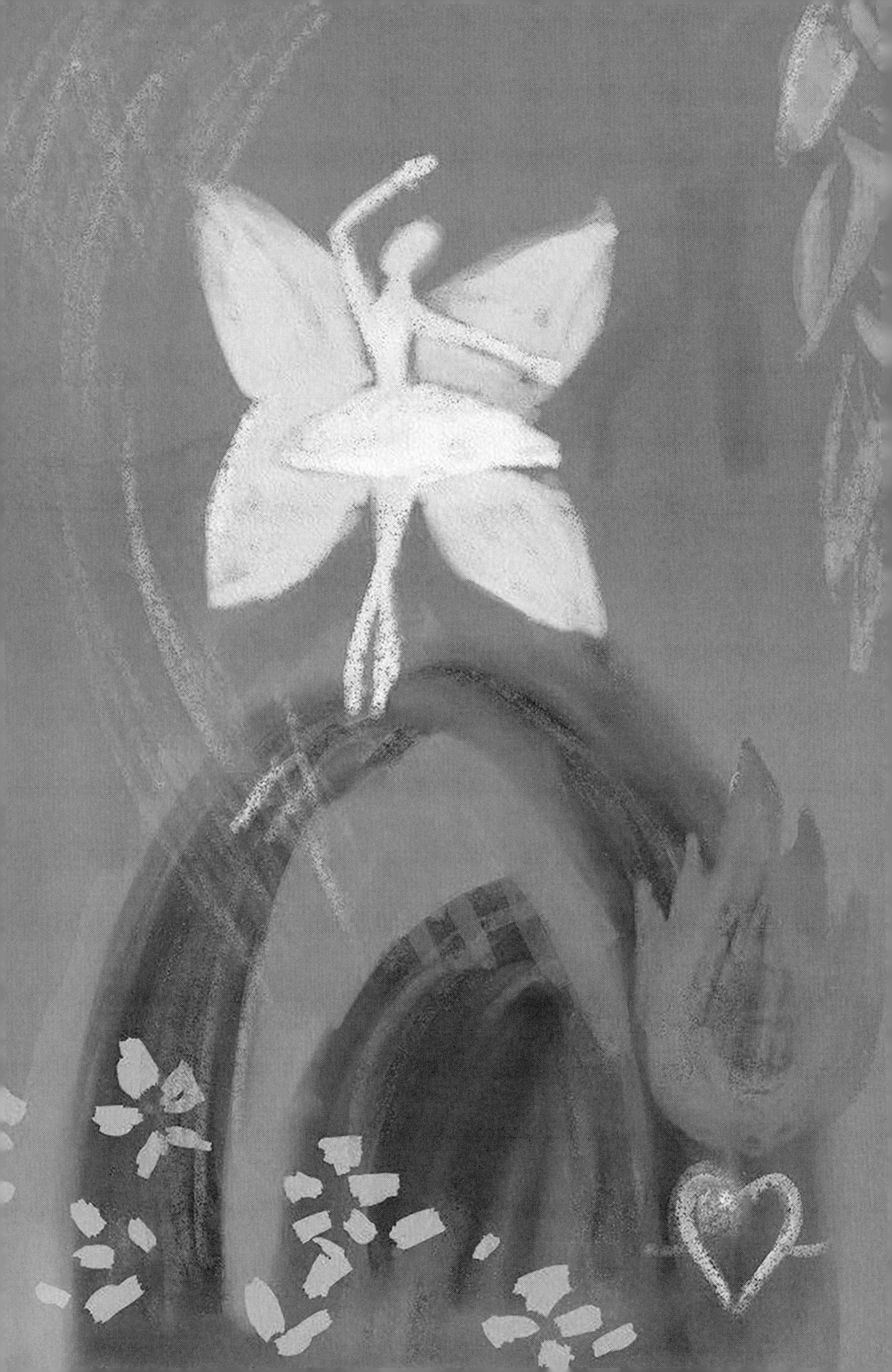

> **定 义**
>
> 培养并保持开放、好奇、灵活和以客户为中心的教练心态。
>
> 1. 认同客户要对自己的选择负责；
> 2. 作为教练，应致力于持续的学习和发展；
> 3. 保持持续反思的习惯，以提升教练能力；
> 4. 对于环境和文化对自己和他人所产生的影响，始终保持觉察和开放的态度；
> 5. 利用自我觉察和直觉使客户受益；
> 6. 培养并保持调节情绪的能力；
> 7. 在思想和情感上为约谈做好准备；
> 8. 必要的时候，向外部资源寻求帮助。

体现教练心态是这次核心能力更新中增加的一条核心能力。为什么增加这条核心能力呢？因为在 2018 年到 2019 年，ICF 做了一次全球教练工作的调研，发现很多东西被反复提到，比如教练的反思、开放、持续学习、自我觉察、自我意识等等，这些内容都是与教练的心态和状态相关的，而不仅仅是教练做什么、怎么做。所以，这个能力实际上体现了教练的一种状态或心态，更多的与教练是谁、教练是一个什么样的角色、教练呈现出一种什么样的状态相关。从这个角度看，这条核心能力增加的意义非常大，它让我们对于教练的理解从 Doing 的层面（做什么、怎么做）扩展到了 Being（存在状态）的层面（教练这个人）。

要成为专业教练，不仅仅意味着教练应该具备一些特定的能力，要展示出一些特定的行为，更在于能够体现出一些特定的教练心态，不只是谈自己做得怎么样，更重要的是以怎样的心态实践教练行为。在后续的学习和实践的过程中，大家会发现，教练的成果、教练的成效以及对客户的支持与这方面的相关性非常大。所以，对于一个教练来讲，这个核心能力是非常重要的。这个核心能力的定义包含了八个方面，明确了作为一名专业教练应该抱持着怎样的心态站在教练这个位置上。

专题 3：Being/Doing/Having

"生命发生的方式是：首先存在，然后行动，最后拥有（Being-Doing-Having）。但现在，人们总是先想着拥有。比如，在生命的某个阶段，你可能已经决定自己要过怎样的生活，包括选择哪种类型的伴侣、想要一栋房子或一辆车，等等。然后你想'我怎么才能拥有这些呢'。一旦你开始思索如何得到它，你身边的人就会开始出谋划策，然后你开始考虑成为医生、律师、软件工程师或别的什么职业。一旦你进入某个职业并做了一段时间以后，你就会开始觉得自己是个人物了。正是从这时起，你开始与生命渐行渐远。你走的是'拥有—行动—存在'（Having-Doing-Being）这条路，它导致你对拥有的无尽追逐。这就是人生无法满足的缘由。实际上，你必须首先确立自己存在的方式。然后，无论你是否得到你想要的，你依然是美好的。你生命的质量是由你存在的方式决定的，你会拥有什么只是能力和环境有利与否的问题。如果你做出这个简单的改变，转向'存在—行动—拥有'，那你命运的一大部分都将如你所愿。"

这是萨古鲁（Sadhguru）关于如何找到人生使命的一段话。它解释了转化式教练的本质，就是支持人们在 Being 层面发生改变，从而改变行为，创造想要实现的成果。

---

1. 认可客户要对自己的选择负责。

其实这一条是在提醒，教练是以客户为中心的，应该充分意识到，是客户要对自己的选择负责，而不是教练。这实际上是教练工作的基础和前提假设，贯穿在所有的核心能力中，ICF 在每一个核心能力中都会或多或少地提到教练要跟客户合作。所谓合作，指的是这个对话不以教练的意志为转移，教练无法决定对话的方向。客户在这个过程中起到至关重要的作用，教练跟客户的工作方式是共创、共舞，是一种合作的关系。比如，在"建立并维持教练合约"这一核心能力中就提到，在确定整个对话的目标成果时，教练需要与客户合作，客户要参与到这个过程中，要做出选择和决定的是客户，而不是教练。在"促进客户成长"这一核心能力中也提到，教练在行动设计、目标计划或担责措施中，都需要认可并支持客户的主张，而且要询问和探索客户的相关想法。

在实际的对话过程中，教练通过发问和邀请展现教练的心态或者状态。比如，在对话的过程中，教练会经常问客户：你今天想要关注的是什么？你想要实现的是什么？你想要带走的成果是什么？你打算怎样处理这件事？你接下来的行动是什么？你的感受是什么？你的状态是什么？你对自己的发现是什么？你的觉察是什么？这些提问都是在邀请客户分享他的想法，明确他的选择。

2. 作为教练，应致力于持续的学习和发展。

大家都知道，教练是一种支持人的学习和成长特别有效的方式，而且教练这门学科这么多年也一直在持续发展，包括ICF这次更新了核心能力，都体现出教练就是一门不断发展、与时俱进的学科。现在的教练技术整合了很多的内容，心理学、脑神经科学的一些最新发现和相关的方式、方法和工具，都被整合在教练这个系统中了。

同时，ICF一直在倡导教练成为一个终身的学习者，所以ICF证书的更新流程也提到教练每三年需要至少完成40小时的继续学习，ICF也会提供很多CCE课程让教练选择。

3. 保持持续反思的习惯，以提升教练能力。

自我反思是教练发展和实践中非常关键的部分，也是教练自我成长中非常有效的一个方法。教练通过反思或"照镜子"的形式支持客户的自我学习和发展。这里需要特别强调的是，教练需要有意识地保持持续反思的习惯，这一点对于提升教练能力以及教练成效都非常重要。这种反思需要有一定的持续性和连续性，才能够产生效果。

有很多途径和方式支持教练通过反思提升自己：教练督导利用一些结构性的工具模型支持教练通过反思教练对话这个过程来促进学习和成长；教练辅导通过将核心能力作为一个参照系支持教练反思；很多教练会坚持写各种形式的反思日志；还有一些教练会回听自己的教练录音，包括在每次教练对话结束以后做一些复盘；等等。在教练的课堂上，大家组成"三人小组"进行教练练习，伙伴之间进行的反馈也可以促进教练进行自我反思。这些都是非常有效的自我反思的渠道。

教练对话的过程、教练的场域，包括客户，对于教练来讲都是一个非常好的反思素材。我们常说教练是一面镜子，在照见客户内在的真实，但实际上，教练的过程，包括客户，也是教练的一面镜子，也在照见教练。所以，通过教练的过程、客户和观察者的反馈，教练都可以进行非常有效的反思。生活中，可能会有一些事件激起教练的某些情绪，这也是非常好的促进自我反思的情境。

专题 4：反思

持续的自我觉察与反思是教练成长的重要旅程。自我觉察是真正的学习过程，可以支持教练对一些事情产生不同层面的理解，特别是对于"自己"的学习与了解，经由这些觉察，教练得以拓展自己。这种自我觉察可以是关于认知的，也可以是关于身体和体验的，还可以是关于情绪、情感的，它是一个系统的过程，也是一个持续的过程。它包括对教练的思想、感觉、体验、行动的观察和捕捉，以及思考这些观察的意义价值，或对教练过程以及客户的影响。

教练可以采取多种不同的形式进行反思，包括反思日志、教练督导、"三人小组"练习中观察者的位置、复盘教练对话以及向自己提出一些开放性的提问，或者隐喻、画画、写字、身体的感知以及教练督导过程等等，这些都可以很有效地支持教练反思的过程。

> 特别是当教练为自己建立起观察者位置的时候，这样的反思过程会变得更为有效。观察者的位置允许教练的思想、感觉和行动之间创造一个空间，支持其增强对自我的认知。这就像一个照镜子的过程，可以避免教练陷入自我的掌控中。在对话过程中，教练通过开放式提问、允许沉默给客户反思的空间，支持客户进行反思，从而获得新的觉察。正念、静心、冥想的过程可以提高教练的觉察和反思的能力，与身体更多的连接可以利用身体的智慧支持自我反思的过程。当自我觉察和反思的能力提高以后，教练就可以更好地支持客户在教练的过程中进行更深入的自我觉察和反思了。

4. 对于环境和文化对自己和他人所产生的影响，始终保持有意识和开放的态度。

第4条提到的是对于环境和文化这个部分的觉察，就是教练需要觉察两个方面，一个是环境和文化对自己的影响，另一个是环境和文化对他人的影响。大家都知道，教练的核心在于拓展并超越客户当前习惯性的一些思维模式。如果教练和客户在相同的思考维度，就没有办法支持客户超越和拓展。

所以，教练不仅能够在教练的过程中觉察到客户的思维模式，留意到客户的思维框架，注意到客户所在的环境、所处的文化如何影响他看待这个世界的方式，了解到他对这个世界的一些假设、信念或偏见是如何形成的，也会留意到自己周围的环境和文化、成长的这个空间对自己的影响，造就了自己什么样的信念，形成了什么样的偏见，在抱持什么样的观点和假设，这些观点和假设又是怎样影响自己的。我们每个人都在根据自己对外在世界的观察和理解来构建内在世界，然后基于我们的内在世界回应外在的世界。

如果教练不断进行有意识的觉察，就可以不断拓展和发展自己，然后坚定地站在中立的教练位置上支持客户看见自己、拓展自己。这一点与前面讲到的持续发展和学习——包括不断的自我反思——是相关的。

我之前督导的一个教练经常发现，他自己没有办法非常有力地支持陷在负面情绪中的客户，一旦他碰到这种客户，就会觉得非常无力，不知道怎样支持客户。通过教练督导的过程，他留意到，当自己面临负面情绪的时候，他就会对抗或者逃避，因为他认为这个负面情绪不好，他特别不喜欢这个过程，这个过程是非常痛苦的。因为教练自身没有超越负面情绪，从负面情绪中获取背后的资源，把这些负面的情绪进行转化，所以，在教练的过程中，当客户碰到同样情境的时候，他就会觉得非常无力，陷入困境中，没有办法支持客户从负面情绪中走出来。通过教练督导的过程，他慢慢转变了认知，意识到负面情绪实际上是一个信号，看到了负面情绪存在的正向价值和意义，将对抗或逃避的心态变成欢迎的、勇敢面对的、开放的、探索的心态，就会发现负面情绪背后巨大的礼物。当他自己有了这样的转化时，他的思维模式超越了自己之前固有的思维模式，变得更有力量、更有资源。当他再次面对客户的时候，就会强有力地支持客户也完成一个这样的转化过程。就像在前面讲到的，"你是谁决定了你在教练的过程中如何去做"，教练本身就是教练过程中最大的一个工具。

那么在教练对话的过程中，教练怎样展现这样的能力呢？可以通过观察或者提问来探索客户在对话的过程中表达或者展现出的一些信念、观点、想法、思维模式以及行为模式，也可以通过直接沟通的形式挑战或是引发一些思索和探索。比如教练可以问客户：在这种情况下，你的假设是什么？或者教练可以支持客户找到限制性信念之外的某些例外情况。例如，客户在举办团队建设活动的过程中面临着有限预算的挑战，他的一个信念是没有足够的预算就没有办法完成一次令人难忘的活动。如果教练留意到这是客户基于过往经历或者成长环境形成的一个信念，就可以问客户：在预算有限的情况下，什么样的活动依然可以令人难忘？这个过程需要教练留意客户周围的环境、文化、过往经历如何影响客户的内在世界，探索还有哪些可能性支持他完成内在超越的过程。

假如框架是最好的支持客户超越的框架。因为假如框架可以让客户暂时跳开这个框架，进入无限可能的畅想中；而且每个假如框架都包含一个视觉场景，可以迅速支持教练连接视觉脑，调动内在资源。

> **专题 5：假如框架**
>
> 假如框架就是一系列以假如开头的提问。假如提问的好处就在于，通过假如的过程可以支持客户超越当下所面临的阻碍，打开新的视角。每一个假如提问的过程中都会有一个具体的情境，比如视角的转换、时间线上的转换，都可以支持教练迅速连接到一个具体的情境，在视觉脑的层面打开想象，答案和信息就会浮现出来。所以，假如框架是连接潜意识信息非常有效的途径之一。不同的假如框架可以带入不同的视角，支持教练打开思路，切换视角，获得新的觉察和洞见。经常使用的假如提问包括时间转换、成果放大、价值观转换、视角转换、系统转换、奇迹问题等等。

假如框架

所以，如果教练留意到环境和文化对客户造成了影响，就可以用这种方式支持客户超越。同时，当教练持续地做一些自我反思，这些环境和文化对自己的影响也可以让教练的思维意识处在更加灵活、更加有力的维度中，从而使教练可以更强有力地支持客户。对于环境和文化，教练要保持有意识的开放态度，对于教练来讲，这种不断的自我觉察和开放的心态也是教练重要的自我修炼。

5. 利用自我觉察和直觉让客户受益。

在教练过程中，教练的直觉是非常强大的工具，特别是当教练具备非常敏锐的觉察力，并处在完全中立的状态中时，教练的直觉会极大促进客户内在的转化和自我觉察的升级。因为教练和客户处在同一个时空中，教练与客户之间有非常紧密的连接，如果教练能够保持一个同在的状态，当觉察力足够的时候，教练就可以感知到更精微的层面。如果教练能够把这些觉知分享出来，就可以强有力地支持客户深度觉察。比如，当客户讲自己在新公司的经历时，教练可能就会有一种感觉，好像穿了一件雨衣，整个人被束缚起来，非常闷。如果教练跟客户分享，客户可能就会产生很大的共鸣，认为新公司这种文化的特点让他产生了一种非常不舒服的感觉，因为规则特别多。在这个例子中，如果教练能非常精准地利用直觉支持客户，并把直觉分享出来，就可以通过这个管道，促进客户的自我觉察和转化。

专题6：镜像神经元

人们发现，猴子在执行某个动作或观看其他个体执行同样的动作时，大脑中同一部分的神经元会有所反应，镜像神经元得以发现。镜像神经元的特点就是，不论是我们自己做出动作，还是看到别人做出同样的动作，镜像神经元都会被激活。猴子和人类的大脑中都存在镜像神经元。这些特殊的神经元让我们通过观察别人的动作就可以产生直接的内在体验，理解他人的行为、意图或情感。有了镜像神经元的这种特性，当看到别人做出一些行动时，我们就能迅速理解，而不需要复杂的推理过程。也许这就是我们理解他人行为的基础。如果破坏整个镜像神经系统，就会造成巨大的影响：认知能力严重下降，以至于无法对刺激做出反应。

> 在通过镜像神经元理解他人感情的过程中，观察者直接体验了这种感受，因为镜像机制使观察者产生了同样的情绪状态。当人经历某种情绪或者看到别人表现出这种情绪时，镜像神经元都会活跃起来。换句话说，观察者与被观察者经历了同样的神经生理反应，从而启动了一种直接的体验式理解方式。这也能够解释为什么人们看到其他人打哈欠时，自己也会被感染；而当别人大笑时，自己也会不由自主地发出笑声。这是我们可以感同身受的基础。
>
> 正是这种特殊神经元的存在，教练在对话过程中可以跟客户保持完全的同在，可以通过教练的直觉支持客户进行更深入的探索。

但是如果教练位置不中立，教练的直觉或觉察力就没那么准确；而且很多时候教练的直觉和教练的评判中间只有一线之隔，如果教练位置不够中立，所谓的教练直觉就会成为教练对客户的评判。

评判和直觉的一个根本区别就是它是客户的还是教练的。比如，当客户谈到自己经历了内心的很多纠结、探索、超越内心的矛盾以后，他决定独自开始一项新的事业。这个时候，教练感受到了一种非常孤独的感觉，他可能跟客户分享自己在这里感受到了孤独。但客户可能会表示不认同，因为他终于超越了所有内在的限制，可以充满信心地决定开始新的事业，内心是充满兴奋的。当教练没有完全清空并成为一个容器的时候，他感受到的可能是自己的情绪，也许是当他自己独自开始新的事业时会感到孤独，但这份孤独并不是客户的。所以发展教练的直觉，首先需要教练有充分的自我觉察，然后跟客户有一个强有力的教练同在，这个时候教练产生的直觉才是对客户有价值的。

> **专题 7：直觉**
>
> 直觉是一种迅速整合信息的能力，同逻辑思维的推理过程不一样，不同于感觉，也不同于无感，是更高维的超物质层面的思考能力。它是人脑基于储存其中的数据和事实，调动一切已有的知识和经验，对客观事物的本质及其规律性联系做出迅速的识别、敏锐的洞察、直接的理解和整体的判断的过程。最显著的特征是越过中间推理的过程直接给出结论。直觉思维主体往往难以用语言将该过程所得结论的原因清楚地表达出来。
>
> 在教练的过程中，当教练完全处在当下时，所有信息的整合就会生成。当教练全然地跟客户连接、感知这个场域的时候，一些直觉就会生成。直觉在教练中发挥着重要作用，ICF强调了在整个教练过程中对直觉的使用。
>
> 持续的自我觉察可以培养我们的直觉，正念练习可以让我们带着简单的好奇心注意我们的想法和感受。当我们不加判断地注意到自己的想法和感受时，我们可以更好地获取直觉信息。身体扫描可以帮助我们注意身体的感觉，环境扫描支持我们注意和关注周围环境，这两种做法都能为我们提供更多获取直觉信息的机会，也能通过向无意识提供丰富的数据来发展直觉。
>
> 在对话过程中，教练可以更多地相信自己的直觉，在中立的位置上保持开放，打开感知通道，去感知客户，感知当下的场域。使用教练的直觉重要的是没有任何附加的分享，对客户任何的反馈都保持开放。教练的直觉与教练的评判有时候只有一线之隔，核心的区别是留意在分享或者提问时有没有明确的方向和期待的答案。

在教练能力发展的不同阶段，教练可以采用不同的方式来发展自己的直觉。在刚开始进入教练旅程的时候，可能自我觉察还没有那么充分，就可以去锻炼这种觉察，感知客户情绪、能量上的改变以及一些特殊的表达。在开始的时候，教练可以尝试跟客户直接分享自己的观察，但是并不去解读它。比如只是跟客户分享，自己留意到他在讲这个话的时候眉头一直是紧锁的。可能对教练来讲，这是一种困惑的表现，但他并不去解读它，只是分享自己的观察，告诉客户自己注意到了什么，然后让客户去解读在当下他发生了什么，或者对他意味着什么。也许客户会觉察到一种困难的情绪或内心的纠结，这个时候教练就可以检视自己的直觉是来自客户还是自己，这是在刚开始的阶段发展直觉的非常好的方式。

当慢慢地跟客户之间变得非常信任了，教练也可以尝试着分享自己的直觉和感受是什么、产生了什么样的联想、想到了什么。在这个过程中，要注意的是，在分享自己的直觉时，要以一种不确定的方式来分享，不能说他现在就是很纠结，你知道他现在非常痛苦，你留意到他很焦虑……不能做这样肯定的描述，而是用一种不确定的方式来表达，比如你似乎留意到有一些紧张的气氛，似乎感受到有一种被限制住的感觉，问他发生了什么。

所以，在使用自我观察和直觉让客户受益的过程中，教练要用不确定的方式去分享，邀请他进行回应或者进一步探索，而且教练对客户所有的回应都是非常接纳的，不能坚持自己的说法。这部分内容在后续的核心能力中也会有相关的说明。通过这样的过程，慢慢地教练就会训练一种直觉，特别是在更高级别的教练过程中，比如在 MCC 水平的教练过程中，教练的直觉可以给客户很强、很有力的支持。在 MCC 水平的教练对话过程中，教练跟客户是完全合作的伙伴关系，跟客户共同面对未来的旅程，当教练跟客户完全同在的时候，在这个当下，直觉就是非常好的教练资源，对客户来讲也是非常重要的资源。

6. 培养并保持调节情绪的能力。

在教练的过程中，教练需要保持稳定的情绪状态，才能有效地支持客户。教练需要与客户同在，但是不需要与客户一起陷入情绪中；教练需要对客户的情绪做出适当的回应，但是不应过度回应。

我曾经遇到过一个教练伙伴，他遇到某些特定的话题就很容易产生情绪，甚至没有办法控制自己。当教练自己陷入情绪中时，就没有办法很好地支持客户。我之前督导过一个教练，只要客户产生情绪，她的眼泪就控制不住，忍不住跟客户一起伤心，有的时候甚至比客户还痛苦。之所以产生这种情况，一方面是因为客户的情境或体验让教练产生了一些共鸣。教练情绪的爆发说明这不仅仅是客户的情绪，更多的是跟教练自身有关。这种情绪的产生是因为有很多事情教练自己并没有超越，没有放下，所以当客户谈到类似的情境时，教练就回到自己的故事里了。这时候，教练需要一些自我觉察、自我反思，进行自我赋能，也可以请教练督导就这个情境或者议题开展一些教练对话，或是与督导做一些探讨，这种情绪是一种非常好的自我觉察的通道，这样的自我觉察过程也是支持教练变得更强有力的过程。

另一方面，每个人的教练模式不一样，有一些人更偏向于投入式的体验方式，更容易感同身受，更容易投入对方的视角中，这个时候就会很容易跟着客户产生一些情绪。还有一种模式是偏抽离的，即更容易站在第三视角、站在摄像机的位置看事情。教练既需要投入的视角，又需要抽离的视角，教练需要保持两个视角的平衡或者共存。教练需要投入的视角，以了解客户在这个当下发生了什么，与客户保持这样的同在；同时，教练也需要抱持一个更大的视角，才能够支持客户真的超越、实现他的目标，而不是陷在情绪中。当教练更多地处在抽离的模式时，就没法与客户保持很深的同在，因为没法与客户建立很深的连接，可能感知不到客户深层的改变或体验，对有些教练来讲这也是一种挑战。

专题 8：投入 / 抽离 / 五个位置

"投入"和"抽离"是我们体验这个世界的不同方式。"投入"是指我们投入自己当下的感知中，通过当下的感知体验这个世界。"抽离"是我们站在观察者的位置，从外在的观察者视角去体验这个世界。在教练的过程中，无论是"投入"的位置还是"抽离"的位置，都可以带给教练不同的学习。"投入"的过程可以支持教练通过深入地体验不同感官通道的信息去获取更多的资源，"抽离"的位置则可以支持教练跳出来看到更大、更完整的画面，进行全面的学习与反思。

五个位置是指教练体验这个世界的不同视角。第一个位置是投入自我的位置，即教练从"我"的视角去看。第二个位置是投入对方的视角中，完全站在对方的视角考虑问题。第三个位置是指摄像机的位置，可以同时看到"你"和"我"的位置。第三个位置是抽离的位置，是总览的位置。当教练在第三个位置如通过时间的视角看到展开的未来以及过去的发生时，就进入了第四个位置。第五个位置是"我们"的位置，是在当下发生的，既可以在当下通过身体感受当下这个时刻，也可以连接，不仅是与两个人、三个人的连接，而且是体验到作为人类的连接，是所有人的那种感受。第五个位置是系统层面的投入，和系统合而为一。

我们会发现，很多时候，我们会更习惯于陷在某一个位置中。有些人更习惯于陷在自我的位置中，也就是第一个位置；有些人更容易投入其他人的视角中，陷入第二个位置；还有些人更习惯于从抽离的位置体验这个世界。

在对话过程中，教练可以支持客户拓展投入和抽离的不同体验，从五个位置上进行不同维度的体验和感知，使其获得更深入、更全面的觉察，拓展自己的认知和体验这个世界的方式，活出更好的自己。

7. 从思想上和情感上都为约谈做好准备。

教练对话需要有一些具体的准备，比如环境的准备、硬件设施的准备。教练也要花时间跟客户连接，回顾之前的长期目标和上一次的对话记录。更重要的准备是心态的准备。教练需要回到当下，安住在当下，全然地与客户在一起，充分地准备好进入教练的角色和状态。很多教练会在教练之前做一些冥想、静坐、散步等，以调节自己的状态。支持大家建立关于自己教练状态的隐喻，这有点像一个心锚，可以帮助教练快速进入教练的状态和角色。教练可能会在对话的过程中出现一些状态的波动，如果能够建立一些隐喻画面，或者通过一些物件（比如戒指、手镯）或形象去设定一个心锚，通过与这些东西的连接，教练就可以快速回到状态中。

教练课堂中学过的工具"状态线"也非常好，可以让教练连接这种教练状态或教练心态，迅速进入教练角色，为接下来的教练约谈做好充分的准备。

专题9：状态线

简单来说，状态线就是把刻度尺放在地上，刻度尺上不同的分数代表教练呈现出来的状态。在教练状态的发展中，这个工具是一个强有力的支持。状态线的过程就是邀请被教练者站在刻度尺上代表不同状态水平的分数处，充分地感知在当下进入这样的状态是一种什么样的体验，包括身体的平衡感、力量感以及身体内能量的流动等。

因为状态是一种比较抽象的体验，很难具体形容，但是通过状态线，教练可以把这种状态锚定下来，建立展现出不同水平的状态路径，让自己呈现出特定状态。这样的方式可以帮助教练发展或者拥有不同的状态。

这对于一个教练的成长特别是教练状态的发展能起到非常重要的作用，可以帮助教练在现实生活中展示各种自己想要展示出的不同状态。

状态线

8. 必要的时候，向外部资源寻求帮助。

教练不是神，也会碰到各种各样的挑战，遇到各种各样的问题，比如教练情境会激发教练过往的伤痛，也会出现一些利益冲突的情况。这个时候，教练就会需要一些外部资源的帮助。之前提到过的外部资源，包括教练督导、自己的教练伙伴、教练导师，包括ICF的一些核心文件（如道德规范中的内容），都可以作为参考。教练一方面要保持持续发展、自我反思的习惯，另一方面，当遇到挑战、不知道如何解决的时候，教练需要懂得寻求外部资源的帮助。保有这样的意识也是教练心态非常重要的一个方面。

> **PCC 行为标识**
>
> - 展现出一种开放、好奇、灵活和以客户为中心的教练心态，这种教练心态需要持续学习与发展，建立不断反思的实践习惯，并且为每次教练约谈做好充分的准备；
> - 这些要素会融入教练的整个职业旅程中，很难在单一的某个时点被完全捕捉到；
> - 这些能力的某些因素可以在一次教练会谈中呈现。这些特定行为通过以下PCC评估指标来阐述与评估：4.1，4.3，4.4，5.1，5.2，5.3，6.1，6.5，7.1，7.5。加上其他核心能力在内，这些评估指标中至少要达到一定的数量，才能通过PCC能力考核；
> - 所有这些核心能力要求将会在ICF教练资格认证笔试考核中体现。

在PCC水平的教练对话中，关于这个核心能力的表现说明提到了以下几点：

第一点提到了教练心态的三个要点，包括持续学习与发展、不断反思、为约谈做好充分准备。这三点在定义部分已经进行了详细的说明，这里不再赘述。

第二点提到这个核心能力所要求展现的内容会融入教练的整个职业旅程，很难在某一个时点被完全捕捉到。这一点跟道德规范这个核心能力非常类似，一些相关的内容很难在对话过程中完全展现出来，比如教练是否为这个对话做好了准备、是否持续反思和学习、是否寻求外部的帮助，很多内容无法仅仅通过对话过程就观察到。

当然，有一部分能力可以通过其他核心能力的相关评估指标去衡量。比如，与"培养信任和安全感"、"教练同在"、"积极聆听"和"唤起觉察"的某些地方有一些相关性，但不是所有的内容都可以在对话中衡量，所以这个核心能力没有具体的行为标识衡量，更多的是在 ICF 教练资格认证的笔试部分去考核。

ACC/MCC 最低技能要求

- 这个核心能力是教练从业人员的基本能力，主要关注教练的"存在状态"。
- 其相关行为通常在教练的实践中表现出来，比在任何特定的教练对话中都要呈现得多。在表现评估过程中，更难对这一能力领域进行一致性评估。因此，在这个核心能力范畴内没有用于评估目的的行为或技能说明。
- 相反，ICF 认证笔试会更直接地评估申请人对这个核心能力的知识的掌握和应用的能力。

关于这个核心能力在 ACC、MCC 水平的教练对话中的表现，"ACC/MCC 最低技能要求"也呈现了类似的说明：这个能力更多关注的是一种教练的存在状态，这些行为通常在教练的实践中表现出来，很难对这一个能力的领域进行一致性评估，所以，这个核心能力没有用于评估目的的行为或技能说明。ICF 的认证笔试会直接评估这个核心能力。当然，教练内在状态的修炼会在教练对话中被间接地呈现出来。在教练辅导的过程中，教练有时候会涉及一些相关内容的讨论。

总结与提高

- "体现教练心态"是一个新增的核心能力，更多的与教练的状态相关。
- 这个核心能力包含了几个方面的内容，比如教练的持续学习与发展、建立反思和实践的习惯、教练约谈之前准备充分等等。相关行为通常在教练的实践中表现出来，比在任何特定的教练对话中都要呈现得多。在表现评估的过程中，更难对这一能力领域进行一致性评估。因此，在这个核心能力范畴内没有用于评估目的的行为或技能说明，ICF认证笔试会直接评估申请人对相关知识的掌握和应用的能力。
- 这个核心能力与其他几个核心能力具有一些相关性，包括"培养信任和安全感"、"教练同在"、"积极聆听"以及"唤起觉察"等相关的内容。
- 这个核心能力和"教练同在"的一个区别就是它的适用范围更广，对于教练修炼的价值和意义非常大。如果我们能够把这种教练的状态和原则应用在生活中，它也会对我们生命的品质产生非常多积极正向的影响。所以，"体现教练心态"这个核心能力实际上是专业教练的修炼。
- 教练想要提升这个核心能力，首先要能够理解教练同在的内涵，知道成为一名专业教练的心态应该是什么样子的、专业教练的存在状态是什么样子的。如果能够找到一些隐喻把这种状态显化，我们可以更多地连接这种状态，更多地在生命中呈现出这样的状态。另外，持续的反思觉察的过程对于教练自身的成长也有非常大的帮助。特别是在教练遇到一些挑战或者脆弱的情境时，如果能够使用教练资源，或者通过自我反思的一些工具，包括自我教练的方式、对当下的发生做一些探索，对于教练心态的培养是非常有益的。
- 在教练过程结束以后复盘教练的过程，可以帮助自己跳出来，站在教练的位置观察自己，这也是一种非常好的修炼教练心态的方法。包括使用教练督导以及教练导师这样的资源，以及经常使用的"三人小组"练习的形式，可以支持教练从教练、客户以及观察者三个不同的位置去学习，这些都有助于修炼教练状态。需要留意的是，这个部分的修炼不是一两天就可以实现的，它是一个持续的旅程，在教练旅程的不同阶段会进入不同状态的修炼。

核心能力 3
建立并维持教练合约

爱丽丝问:"可否请你告诉我,我应该走这里的哪条路?"

猫回答:"这要看你想去哪儿。"

爱丽丝说:"我去哪儿都无所谓。"

猫回答:"那么,走哪条路又有什么关系?"

——《爱丽丝漫游奇境》

若人不知道要抵达哪个港口,吹向哪个方向的风都不会是顺风。

——塞内卡

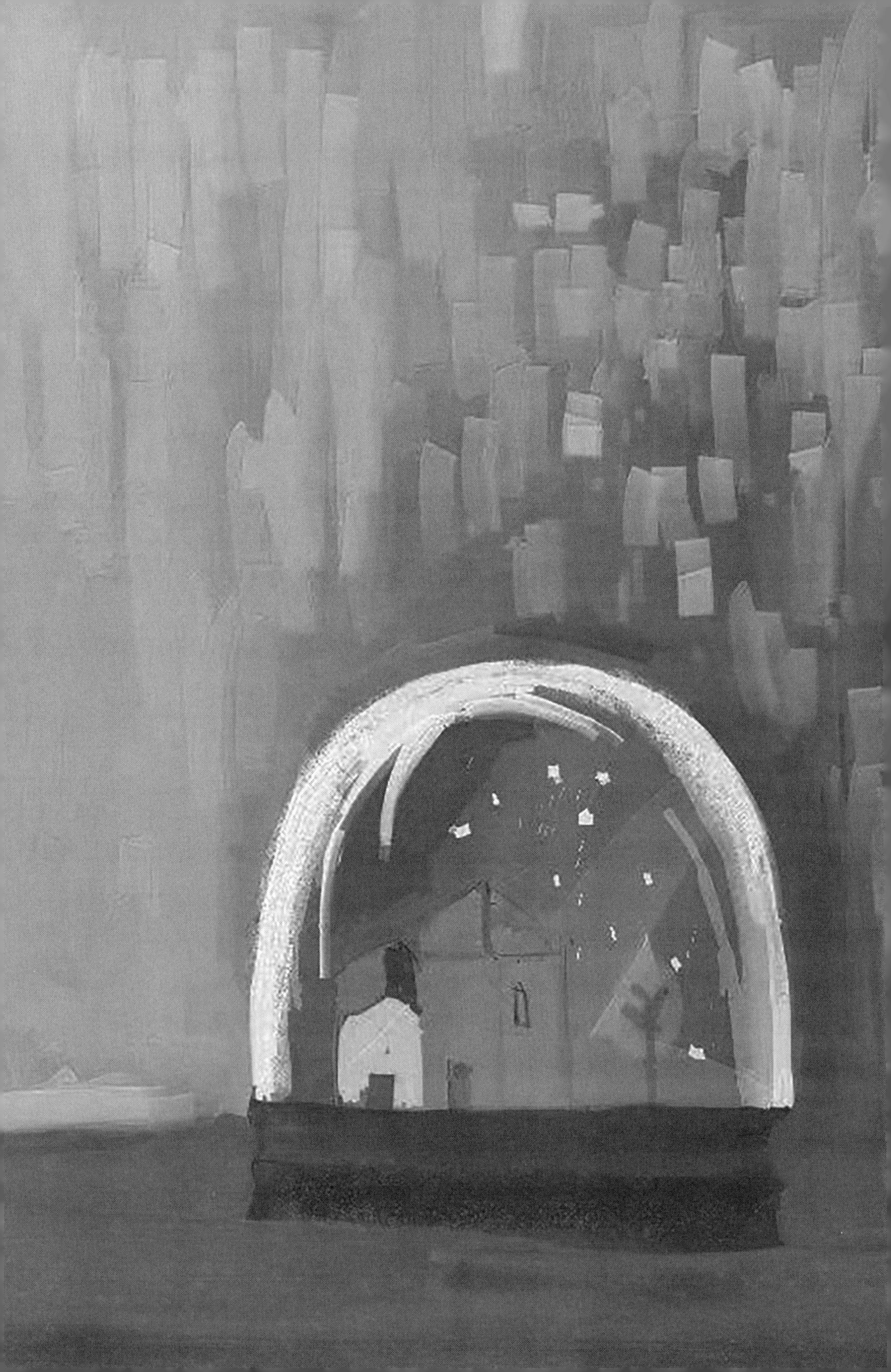

定 义

与客户和利益相关方合作，就教练关系、流程、计划和目标达成明确协议；为每次教练约谈或者长期教练过程建立好教练合约。

1. 解释教练是什么、不是什么，为客户和利益相关方描述教练过程；
2. 就关系中哪些合适和哪些不合适、提供什么和不提供什么、客户和利益相关方的责任达成一致；
3. 就教练关系的指导原则和具体因素达成一致，如后勤、费用、日程安排、教练持续时间、终止关系、保密性以及其他相关事情；
4. 与客户和利益相关方合作，制定整体教练计划和目标；
5. 与客户合作，确定客户和教练的匹配度；
6. 与客户合作，确定或再次确认他们希望在教练对话中达成的目标；
7. 与客户合作，确认若要达成客户在教练对话中的目标，他们认为需要应对或解决的问题；
8. 与客户合作，确定或再次确认客户在长期教练合约或者一次教练约谈中实现目标时的成功衡量标准；
9. 与客户合作，管理教练对话的时间和重点；
10. 持续朝着客户期望的结果和方向进行教练，除非客户表示有其他想法；
11. 与客户合作，以尊重体验的方式结束教练关系。

在这个核心能力的定义中，特别强调的是与客户和利益相关方的合作，这也是新版核心能力中重点强调的一个方面，在很多核心能力中都会体现这个要素。另外，在旧版的关于这个核心能力的表述中，关于长期合约的内容描述比较多一点，新版的内容增加了很多关于教练对话合约的内容。

当说到合约的时候，有时候是指长期合约。教练关系本质上是一种长期的伙伴关系，不仅仅指一段对话过程，更是一个长期的陪伴过程，可能是三个月、六个月、一年甚至更长时间。针对这个过程，教练需要与客户一起制定一个整体的目标，包括内容的计划和安排，这些都是长期教练合约覆盖的范围。

> **专题10：长期教练**
>
> 教练是长期的伙伴关系，真正的改变和发展来自长期的陪伴过程。通常，长期教练的过程至少是三个月到六个月的时间，有时候也会持续一年或以上。在这个过程中，有三个关键节点。第一个是正式的教练对话开始前的阶段，这个阶段主要是明确长期教练的目标成果、为教练对话和教练关系的建立设定好基础、确认需要教练的参与者、明确教练方向及目标成果、对教练的工作方式达成共识。第二个关键节点是中间检核的过程，需要对前一阶段的教练过程所取得的进展进行回顾，明确下一个阶段教练对话的重点，进行"再聚焦"，也对之前的教练关系进行总结和回顾。第三个关键节点是在教练对话结束之后，对整个教练对话的过程进行总结，探索教练效果如何在未来持续巩固。在企业教练项目中，所有的关键节点都需要组织方或者利益相关方的参与，教练过程的成功实施与利益相关方的参与过程息息相关。

除了长期教练的合约，还有每次教练对话的合约。新版核心能力定义强调的是，在每次教练约谈或长期教练陪伴的时候，都需要建立教练合约，既包含每次对话的内容，也包含长期教练合约的界定，这是新版核心能力在"建立并维持教练合约"这个能力上的变化。这个核心能力还增加了匹配性的概念（教练和客户匹配的部分）以及合约的衡量标准，这也是在新版的核心能力中特别强调的。

1. 解释教练是什么、不是什么，为客户和利益相关方描述教练过程。

2. 就关系中哪些合适和哪些不合适、提供什么和不提供什么、客户和利益相关方的责任达成一致。

前两条讲的是合约的定义和价值，解释了教练是什么、不是什么，包括教练关系中什么是合适的、什么是不合适的、提供什么、不提供什么以及双方的责任，都需要达成一致。无论是长期合约还是每次教练对话中的合约，其本质就是达成一致。

合约是教练过程中非常重要的一个框架。教练经常会说"无合约不教练"，说明合约是教练关系建立的基础和开始的前提。在进入教练关系之前，一般要求教练双方——包括企业项目中的组织方或者利益相关方——就教练的相关内容达成共识，这一点是非常重要的，我在前文谈到道德规范时也涉及过一些相关内容。

在实际教练过程中，我们会发现，如果教练合约不明确，或者在没有达成教练合约的情况下就开始教练对话，整个对话过程就会变得非常困难。当客户没有明确、清晰的目标时，他就没有办法把内在资源聚焦到目标上，对话很难见到成效。因为教练资源完全来自客户，来自广袤的潜意识中。如何能够让这些资源浮现出来呢？一个前提就是目标明确，当聚焦目标的时候，教练的潜意识有助于组织这些资源，而当目标不明确、不清晰的时候，教练就没有办法把相关的资源呈现、挖掘出来，教练对话就很难取得预期的成效。

当教练在对话中支持客户明确合约的时候，当教练问客户什么对他真正重要、他想要的到底是什么的时候，客户就会在这个潜意识层面开始聚焦，很多资源就会浮现出来，很多时候，客户会有非常重要的发现，有时候会发现对他来讲真正重要的目标。这个过程对客户来说是非常有价值的。比如，客户刚开始是希望能够找到持续学习英语的方法，当教练问出一些开放式的问题，如客户为什么要持续学习英语、英语带给他的价值是什么、他需要教练对话支持他的是什么，客户就会发现，他真正想要的是意义感、价值感或一份信心。通过这样的探索，教练支持客户进一步明确了对自己真正重要的目标。

所以，合约不仅是教练过程中非常重要的框架，为对话设定了方向，使教练可以通过明确的方向连接内在的资源，同时也是支持客户深入探索、就他自己的议题获得觉察的一个过程。

3. 就教练关系的指导原则和具体因素达成一致，如后勤、费用、日程安排、教练持续时间、终止关系、保密性以及其他相关事情。

4. 与客户和利益相关方合作，制定整体教练计划和目标。

5. 与客户合作，确定客户和教练的匹配度。

第3条和第4条其实是关于长期合约的，提到了长期合约的一些要素，即双方在长期合约中要基于哪些要素达成一致，包括后勤的安排、费用的安排、日程的安排、每次教练持续的时间、终止的条款、保密性以及补偿条款等其他相关事项，这些都需要在长期合约中明确。

在实际的操作过程中，如果是个人的一对一教练，双方可能会在对话之前的教练准备会议或者首次约谈时讨论这些问题并达成一致，然后形成书面的文字并签约。在企业项目中，可能会通过三方会议的形式，促使教练、被教练者以及组织方达成一致。

第5条就是前面提到的客户和教练的匹配度问题，这是新版核心能力中新增的内容。匹配度对于教练关系来讲是非常重要的，教练过程之所以有效，是因为它是一种由内而外的转化。如果双方能够进行更深入的交流、更开放的对话，教练和被教练者之间的这种信任关系就会变得密切。人和人之间的这种信任关系有时候很复杂，可能受亲和力、性格、沟通风格等多种因素的影响，所以有的时候它被称为化学反应。

在实际操作过程中，组织方有的时候会参考教练的背景做一些匹配，有的时候也会通过会议的形式进行匹配。在会议中，教练会就客户的现状和挑战与其做一些探索。通过这种对话互动的方式，双方会有一个感知，比如交流起来是否比较顺畅、是否有比较好的信任基础、是否愿意继续这个教练关系。所以，组织方往往会选择两三个教练进行一些会议，最终决定匹配度比较高的配置进行后续的教练过程。

那么作为教练，如何在会议的过程中提高匹配度？这种信任关系是如何建立起来的？怎样提高教练和客户之间的信任度？大家会发现，这种化学反应其实跟很多因素有关，包括教练的个人风格、职业背景等。然而，客户不一定都是跟教练有相同背景的人，所以在匹配过程中，如何提高信任关系和亲和力，其实与教练状态、聆听及提问的能力相关。

在实际操作过程中，教练应注意自己的状态是不是完全接纳的、开放的，对客户是不是全然充满信任的，积极聆听的能力是不是足够，能否听到客户提到的关键点，能否在更深的层面理解客户，能否通过一两个强有力的发问支持客户在他现有的问题上获得一些新的发现和觉察，能否给客户带来一些启示，让他觉得这个教练是可以支持到自己的。所以，如果教练能够在会议的过程中让客户体验到这些要素，那么在会议中匹配的成功率会更高。

当然，我们的教练课堂中也会讲到一些亲和技巧，包括客户的后设程序、在潜意识层面匹配客户，这些技巧可以快速地在很深的层面建立信任关系，提高匹配的程度。与客户迅速建立比较深的信任关系是后续的教练对话能够持续、顺利进行并取得成效的至关重要的部分。

6. 与客户合作，确定或再次确认他们希望在教练对话中达成的目标。

7. 与客户合作，确认若要达成客户在教练对话中的目标，他们认为需要应对或解决的问题。

8. 与客户合作，确定或再次确认客户在长期教练合约或者一次教练约谈中实现目标时的成功衡量标准。

第6-8条与对话合约的相关性很大，即在对话的过程中，教练需要与客户明确三个要素。这三个要素包括教练对话希望达成的成果、达成目标成果需要应对或者解决的关键问题以及目标成果的衡量标准，这在埃里克森教练体系中也叫作证据流程。所以，在对话开始的时候，教练与客户明确合约的过程其实就是要明确这三个要素。

首先，教练需要知道，教练合约的本质是目标成果，而且是本次对话应该实现的成果。在对话合约中，教练需要明确的是，通过今天的对话，客户希望获得的目标成果是什么。你会发现，今天对话的目标成果可能是客户完成一个更大的目标成果中的一小步，或是一个关键节点，或是一个重要的开始。所以，教练首先要明确这次对话中的合约是什么，也就是本次对话的目标成果是什么。

首先要强调的是，对话合约是一个成果，所谓成果就是可以通过对话获得的具体的、可以带走的东西，而不是一个问题、一个困惑或一个模糊的东西。在这次对话的过程中，客户可以带走的成果是对话结束以后客户当场可以收获的成果，是通过这个对话达成的成果。比如，客户有一个议题是要策划一个工作坊，更大的成果就是他希望这个工作坊能够取得成功。这个工作坊要取得成功，最关键的是什么？他希望从这个对话中收获的成果是什么？也许是一个提高参与者投入度的方法。所以，大家会发现，目标成果是一层一层展开的，这次对话的合约是希望获得一些方法，以支持参与者提高投入度。也许超越这次工作坊成功之外还有一个更大的成果，比如事业上的成功；也许在事业上的成功之上还有更大的一个成果，比如生命的意义，活出自己生命的意义。所以，在与客户就他想要的目标成果进行探讨的时候，教练需要支持客户看到更大、更远的方向和更大的成果，通过这样的过程，教练扩展了更大的空间，与客户展开对话。这个过程可以帮助客户聚焦真正重要的合约。这就是关于合约的第一个要素，即确定对话过程中希望达成的成果。

合约的第二个要素是，要实现这次对话的目标，教练需要去应对或解决的最关键问题是什么。这个过程其实也是支持客户聚焦在对他而言真正重要的目标上。就像前面讲到的，教练需要稍微打开一个空间，与客户探索一下为什么这个议题对他这么重要。如果他要实现这个目标，对他来讲最关键的是什么？最重要的是什么？在这个过程中，他可能会面临的最大挑战是什么？最大的问题是什么？这样的探讨可以帮助客户聚焦在真正重要或需要解决的问题上。通过这样的过程，对话合约会更加精准、有效。

第三个要素就是证据流程或者衡量标准。衡量标准是一个可以让双方进一步明确对话目标成果达成的参考标准，会让目标更加明确、清晰，用于客户的内在校准。通过这样的校准过程，客户也在进行自我发现和自我觉察，所以这也是一个自我探索的过程。通常，教练跟自己校准时会通过不同渠道，有时会通过一些视觉型的证据跟自己校准，客户需要看到一些具体的东西或者画面才知道达成了他想要的成果。有的时候，客户会通过内在对话的形式校准他是不是达成了目标成果。还有一些时候，客户会通过内在的感觉来衡量他是不是达成了目标成果，比如是不是感觉到很兴奋或是很有力量。

这个衡量标准是客户自己设定的，同时也让教练明确了方向，让合约变得更"SMART"①了。同时，这个衡量标准也是教练对话过程的线索，这段对话朝向哪里、往哪里发展，客户会不断通过这个标准检验自己是不是面向这个正确的方向，教练也可以用这个标准支持客户检验。这就是在明确教练对话合约的过程中需要明确的三个核心的要素。

在不同级别的教练对话过程中，客户参与合作共创的程度是不同的。在ACC水平的教练过程中，客户引领对话的过程是比较有限的，教练不会主动邀请客户，但是如果客户表达了对教练对话走向的意见，教练需要展现出尊重和支持。在PCC水平的教练过程中，教练与客户合作的标准是"部分地与客户合作"，也就是说教练要有意识地邀请客户参与教练过程，不仅是在内容层面，更多的是在结构层面，与客户确认教练的过程接下来要去哪里、去什么样的方向。

在MCC这个阶段则是"完全跟客户合作"，客户完全参与，完全投入整个教练对话的过程，与客户的合作共创已经是教练的一种态度、习惯和意识，教练是带着一种共创的心态和客户在一起的，而不仅仅是在流程上邀请客户决定对话接下来往哪个方向探索。在整个教练对话中，教练都是在有意识地和客户一起合作共创，就好像两个人一起出去旅行，两个人在整个对话中处于完全平等的位置，所以教练会在更多的情境中不断邀请客户投入进来。比如：在对话开始的时候，教练会邀请客户决定对话的方向；在留意到客户有一些变化、有一些新东西生发出来的时候，教练会与客户确认发生了什么、该如何更好地支持他、他希望教练对话去往哪里；当客户陷入一种情绪中时，教练会在这个当下与客户就这个情绪展开一些探索，邀请客户深入自己的内在，从这个情绪中获得资源，同时邀请客户探索他的收获、价值、觉察、发现以及接下来的对话

---

① SMART：Specific、Measurable、Achievable、Related/Realistic、Time Bounded 五个英文单词的首字母缩写，中文表示"具体的、可衡量的、可实现的、相关的/现实的、有时间限制的"。

走向；在对话即将结束的时候，教练和客户一起共创这个对话的过程如何结束；等等。所以，你会发现，在 MCC 水平的教练过程中，整个合作共创是一种教练的方式，贯穿在整个对话中。

与客户的这种合作共创能力不仅要求教练具备这样的意识，站在这样的教练位置，具备这样的态度与客户在一起，同时这与教练同在和积极聆听的能力也是息息相关的。如果教练仅仅有这样的意识，但是不能完全与客户处在那个当下，就没有办法在更深的层面理解和聆听客户。即使想与客户合作，但是当教练没有与客户在同一个维度或同一个空间中时，合作其实是没有办法进行的。

所以，能够跟客户进行合作的一个前提，是教练完全在当下，完全与客户在一起，通过深度聆听的能力与客户处在同样的空间和位置中。这时候，教练的陪伴关系才可以建立起来，共创合作才能够开始。

9. 与客户合作，管理教练对话的时间和重点。

10. 持续朝着客户期望的结果和方向进行教练，除非客户表示有其他想法。

第 9 条和第 10 条与维持合约相关。大家如果对比新版核心能力和旧版核心能力就会发现，这个核心能力在名称上有一个调整，原来叫"创建合约"，现在叫"建立并维持教练合约"，增加了"维持合约"的要求。在对话过程中，教练不是只明确了合约就可以的，就像前面讲到的，无论是目标成果还是衡量标准，都是整个对话的框架，它像一个指南针或是一条线索一样，在设定着整个对话的走向。所以，在整个对话的过程中，双方都需要关注对话是不是围绕着这个方向在走，是不是朝向想去的方向。这样就能够确保对话是有效的，真的能够支持客户去到他想要的方向。同时，教练会留意到，对话可能在某一时候偏离了这个方向，好像发现了比原来设定的目标和方向更重要的东西，在这个时候，对话就有机会去往真正重要的方向，真正支持到客户。所以，在整个对话过程中，教练需要能够聚焦在这个合约上，教练的提问和注意力是围绕客户想要的目标成果去进行的。同时，教练也在不断与客户检核对话是不是在这个方向上，当留意到有一些新的东西或者更重要的东西浮现出来时，可以及时支持客户聚焦到他想要去的方向上，这是一个互动的过程。

11. 与客户合作，以尊重体验的方式结束教练关系。

在长期合约的过程中，通常会有三个非常重要的节点。第一个关键节点是教练关系开始的时候。在教练关系开始的阶段，教练和客户会进行一次初始的约谈，这次约谈的主要目的是对教练工作建立共识，明确长期合约。在企业教练项目中，这个部分会以三方会谈的形式来进行。在三方会谈的过程中，组织方、被教练者和教练会共同确定这一段教练关系最主要聚焦的点是什么、要达成什么样的成果。

第二个关键节点是中期检核。在中期检核这个环节，一方面对前半段的工作做一个总结：这个过程中哪些工作比较有效、哪些工作需要调整；教练对话取得了哪些进展，在之前确定的长期合约上获得了哪些成果；也包括对教练关系的检核，如之前的工作方式是否合适，有哪些地方需要调整。另一方面是为下半段的教练过程设定方向或者重新聚焦。基于前半段教练对话所取得的进展和成果，教练需要明确下半段的精力聚焦在哪里、接下来的目标是什么。下半段的教练旅程是一个再聚焦的环节。从整体上来说，中期检核的过程是一个承上启下的阶段。

最后一个关键节点是教练关系的结束。在教练关系结束的时候，需要关注的是两个方面的内容。一是对整个长期教练的过程做一个总结。这个总结会让双方对于整个教练过程有比较清晰的认知和了解，是一个完成和满意的阶段。这个阶段的完成会为下一段旅程注入动力，也为这段旅程做一个总结和整合。二是开启下一段旅程，这将是一个螺旋上升的过程。所以，在结束教练关系的阶段，仍然要展望一下未来，思考如何能让这段教练关系中取得的成效在未来持续下去，或者在未来还有哪些重要的方向需要持续努力。所以，教练对于客户的支持实际上是一个长期的旅程，结束的同时也是下一段旅程的开始。

这一条强调，结束教练关系有两个重要的要素。一个要素是与客户合作，教练要用与客户合作的方式结束教练关系，这是一个几乎所有核心能力都会涉及的要素，因为教练关系的本质就是教练跟客户之间的一种共舞，并不是教练单方面决定的。在这个过程中，教练需要邀请客户总结一下在这个过程中收获的成果、项目取得的进展，以及客户自己的收获、学习和觉察。有的时候，教练也会通过一些工具，比如生命平衡轮、成功幸福模型，来支持客户做更全面、更深刻的总结和展望。

另一个要素就是尊重体验的方式。体验在教练的过程中是非常重要的，它是学习的通道，只有通过真实的体验，双方才能够有真正的学习。所以，在教练的过程中，最重要的环节就是创造体验。在两次对话之间是真实的投入体验的过程，也是持续学习的过程。

在结束教练关系的时候，教练也依然会关注客户在这个过程中的体验。有的时候，教练会通过一些视觉化的工具和过程（比如生命平衡轮和成功幸福模型）创造一个体验的空间，支持客户投入体验。这样体验的过程，对客户来讲，不仅是一个学习的过程，也是一个转化的过程。通过这个体验的过程，客户带走的不是具体的信息、具体的内容、具体的项目或具体的成果，而是一个内在的整合，他的内在会有不一样的连接，产生转化，整个教练过程对客户产生支持的力量会更大。

如果是在企业的教练项目中，在结束的时候，教练会设计一个毕业季的环节。在这个环节，教练项目中不同的参与者会进行分享，通过他们讲的具体案例、体会、收获、体验、经历，或者通过设计一些活动，支持他们在教练关系结束的这个阶段有一种完整和圆满的体验，为整个教练项目画上一个完美的句号。这也是在以尊重客户体验的方式结束教练关系。

道德规范的内容中讲到，教练和客户都有终止教练关系的权利，这可能是一种结束教练关系的特殊情况。在处理这种情况的时候，教练同样需要与客户一起合作，尊重客户的体验。出现这种情况的时候，教练可以请求教练督导、教练导师或教练伙伴的支持，也可以跟客户沟通，召开会议讨论一下如何结束教练关系，或是进行转介处理。

> **PCC 行为标识**
>
> 3.1 教练与客户一起，确定或重新确认他们想通过会谈实现什么；
> 3.2 教练与客户一起，确定或重新确认本次教练目标达成后的衡量标准；
> 3.3 教练询问或者探索教练目标的达成对客户有何重要的意义；
> 3.4 教练与客户一起合作，确认如果要实现教练目标，他认为什么是最值得关注的。

从第三个核心能力开始，每个核心能力在 PCC 水平上的教练对话的表现会通过行为标识的形式描述出来。ICF 在进行表现评估的时候，就会结合这些描述，搜集教练对话过程中是否展现了这些行为标识的证据。所以，接下来，我也会结合每条行为标识的相关证据和相反证据为大家解读。

与"建立并维持教练合约"这个能力相关的行为标识一共有四个，界定了在教练对话的过程中，教练支持客户探索合约、明确对话的目标成果的过程中需要展现出的具体行为。

3.1 教练与客户一起，确定或重新确认他们想通过会谈实现什么。

这个行为标识就是确定教练有没有支持客户聚焦、明确教练对话的合约是什么，看教练是不是提出了一些相关的问题，邀请客户定义这个对话的目标成果也就是合约是什么。比如，教练可能会问客户他希望这次对话谈什么、希望通过对话带走的成果是什么、希望时间聚焦在哪里等。如果教练提出类似的问题，或者邀请客户定义这个对话的目标成果，就可以认为这里有了一个证据展现出了这个行为标识。

通常，在对话开始的时候，教练都会有意识地邀请客户聚焦。在实际对话过程中，教练一般会与客户逐渐展开对话，然后邀请客户慢慢聚焦。在不同的阶段，教练会问出不一样的聚焦问题，整个过程就像一个漏斗一样，不断收拢聚焦，最后聚焦到一个对客户来讲真正重要的核心目标成果上。在开始的时候，教练会问客户，他今天想探索一些什么。客户会提出一个自己的议题，比如他想谈一谈坚持锻炼的事情、和领导的关系或职业发展的一些问题……通过这样的过程，教练逐渐支持客户明确他通过这段教练对话希望获得的目标成果是什么。当教练带着好奇的语音、语调，使用强有力的合约问题，支持客户聚焦对话的目标成果时，就是在展现这条行为标识。

关于这个行为标识，另一种形式的表现是客户在互动的过程中提到了与对话的目标成果相关的内容，这时候教练就需要回放确认，并且客户是认同教练的这个回放的。比如客户说到自己和老板目前的关系、碰到的问题，想通过教练对话的过程找到一些可行的方法改善这个关系。如果教练听到了这个部分，然后回放给客户："所以，今天通过 30 分钟的对话，你能够找到一些可行的方法支持你改善和老板的关系，就是你想要的？"客户说："对，这个就是我想要的。"这样的过程就展现出了这个行为标识的相关证据。

反之，如果教练没有提出类似的合约问题来支持客户聚焦，或者客户说了一些比较模糊的目标，教练没有去澄清，就会被视为没有表现出这条行为标识的证据。比如，客户说想要更有信心，教练没有进一步探索为什么信心对客户这么重要、这个信心对客户意味着什么、怎样才能知道客户拥有了这份信心、拥有了这份信心又可以给客户带来什么，就会被认为是一个相反的证据，会影响教练在这个行为标识上的表现评估。

3.2 教练与客户一起，确定或重新确认本次教练目标达成后的衡量标准。

这个就是前面讲到的合约三要素中的第三个关键要素：衡量标准。第一个行为标识是聚焦目标成果是什么，第二个行为标识是怎么知道目标成果达成了。

这个行为标识具体怎么展现呢？首先是教练提出相关问题，支持客户探索，结构化问题就是"怎么知道在对话结束的时候，你获得了想要的目标成果"。在这里，需要衡量的是对话结束以后客户是否获得了对话的成果，而不是说对话结束整个项目目标就完成了。比如在前面的例子中，客户想做一个工作坊，项目的目标可能是工作坊成功，但是这次对话是想找到提高学员投入度的三个可行方法。教练要找的衡量标准是对话结束之后他是否找到了这三个方法，而不是对话结束以后这个工作坊就成功了。工作坊的成功可能是未来发生的，但是在当下，客户从这次对话收获的成果对于他实现更大目标是最有价值或最有帮助的。

前面讲到，这个衡量标准是内在校准的系统，可以从不同的感官通道（VAK[①]）来衡量，特别是当客户聚焦一些无形的合约（比如信心、动力这种比较抽象的合约）的时候，教练特别需要邀请客户去明确这个衡量标准。刻度尺是一个非常有用的衡量标准，但并不是所有的衡量标准都用刻度尺，不同形式的衡量标准都可以使用。所以，当教练支持客户探索感觉类的或者其他无形的衡量标准时，也是在展现出这个行为标识。

展现出这个行为标识的具体表现还包括，教练识别出客户提到的衡量标准，然后反馈给客户或者与客户确定。比如，客户提到他希望找到三个可以让他非常有动力实施计划的方法，以改变自己和老板的关系，教练就可以与客户确定："如果你找到的方法可以让你有动力实施，你就拿到你想要的成果了吗？"在这里，"有动力实施"可以作为客户衡量自己是不是找到方法的标准。当然，教练也可以进一步澄清，明确"你如何确定你是有动力的"，客户可能会说"我可以感受得到"，那他就是在使用感觉的感官通道构建衡量标准。所以，如果在对话的过程中，教练向客户做这种反馈，然后与客户确认，就是在展现这个行为标识。

反之，如果教练一直没有问这类探索或者明确衡量标准的问题，在这个行为标识上的表现就会受到影响。如果客户提到了衡量标准，但是教练没有反馈，也会被视作没有展现出这条行为标识的证据。

3.3 教练询问或者探索教练目标的达成对客户有何重要的意义。

这里是指需要教练探索这个目标成果对客户的意义，或是客户的目标对客户的价值是什么。这可以增加客户对于教练目标的承诺度，同时当教练去探索客户想要的这个目标的更深层意义的时候，也可以支持客户打开更大的空间，

[①] VAK：NLP 中提到的三个主要感官通道，视觉（Visual）、听觉（Auditory）、感觉/触觉（Kinesthetic）。

以看到更深层的或者更重要的目标。就像前面举的例子，客户可能是想找到三个行动，但这个行动背后更重要的更大的目标可能是什么？这个事情对它的意义和价值是什么？当客户了解这些的时候，首先会对目标更有承诺，更有动力去探索，同时也会有机会支持客户看到他更深层的需求，可以让对话在更深层的合约上展开。

比如，客户想在公司里推进一个新项目，在对话开始的时候，他的目标成果是怎样顺利完成这个项目。当探索顺利完成这个项目对他的意义和价值时，客户发现这个项目的推进是他证明自己的过程，他通过这个项目的推进可以展现自己的价值，体验到价值感、活出价值感是他真正想要的。当打开一个空间进行深入探索的时候，就有可能与客户进一步检核后再聚焦。在这样的空间里，客户会有一些新的觉察和发现，这也是询问意义非常重要的价值。

教练也可以探索这个目标成果对于客户个人和专业的相关性或者意义。比如，为什么这些方法对你那么重要？这个工作坊的成功对你的职业发展有什么价值和意义？对你自己真正的重要性在哪里？项目顺利推进对你意味着什么？这些都可以作为展现这个行为标识的证据。

有时候，客户很明确地提到了意义和重要性，比如客户说他希望找到真正可行的方案，这样就可以采取行动，然后实现目标，才能实现自己的价值和意义。如果客户有类似的表达，教练需要听到，然后一个一个回放、认可或者确定。这些行为都可以作为教练在这个行为标识上展现出的证据。

相反的表现可能是教练一直没有探索客户对目标成果的意义和价值，或者客户表达的意义或重要性不清晰但是教练并没有继续探索或澄清。比如，客户想做一个系统的规划以支持自己的成长，如果客户直接继续教练了，并没有进行更深入的探索，教练在这个行为标识上的表现就会受到影响。如果教练带着好奇心跟客户一起探索，询问客户为什么在这个当下需要一个规划、这个规划对他为什么那么重要，就会发现，客户真正的症结是他换了工作，没有更多精力去读书、学习。所以，他想找到的是在现状之下符合他当下节奏的可以持续学习的方法。如果教练没有跟客户澄清、探索，就没有办法邀请客户聚焦在更深入的、真正重要的目标成果上。

3.4 教练与客户一起合作，确认如果要实现教练目标，他认为什么是最值得关注的。

这是 PCC 水平的教练对话一个非常重要的行为标识。不同水平的教练对话的区别之一，就是客户在不同水平的教练对话中，获得的觉察深度不一样。相较于 ACC 水平的教练对话，PCC 水平的教练对话会在一个更深层的对话中展现。

通过这样一个过程，教练可以在合约阶段就支持客户对于自己想要的目标成果进行相对比较深入的探索，从而有机会把教练对话聚焦在更深入的层面上。所以，需要探索的是，在客户想要实现的教练目标中，什么是他最值得关注的，关键的问题是什么，即教练对话聚焦在哪个点上对客户来讲是最有价值、最有意义的。

所以，PCC 水平的教练对话一定要在建立合约的时候支持客户打开一个空间，进行一些探索。一方面，可以通过探索什么阻碍了实现目标、在这个过程中遇到的问题和挑战是什么，来找到哪个点是最关键的，特别是当客户提到"这个问题困扰我很长时间了，我想要……但是……""我知道，但是做不到……"，这对于教练来说就是一个提醒，可能有一些内在的冲突或者障碍卡住了客户，教练需要开放一个空间，让客户在这个方向上进行一些探索，转化障碍后再聚焦目标成果。

教练也可以邀请客户探讨一下，如果要达成这个目标，哪些是关键，需要解决什么问题，需要这个教练过程探索什么，聚焦在哪里，然后才能最有效地支持客户达成这个目标。对于这两个方向，教练都可以支持客户深入探索。

比如客户说"我很忙，压力很大，每天工作都不能按时完成，我希望自己能保持一个轻松的状态"，教练就会好奇：为什么不能保持这种轻松的状态？压力是怎么产生的？是什么阻碍他拥有那种轻松的状态？通过这样的探索，教练就有机会支持客户把教练对话聚焦到一个对他最有价值的点上。

另一方面，向客户提问：如果他真的想要在工作中保持这种状态，那对他而言什么是最关键、最重要的？他最希望教练过程解决的是什么？这样的问题也可以邀请客户深入聚焦。

同时，教练也可以通过与客户确认他的表达来展现这个行为标识，或者可以结合长期教练目标的视角来探索。在探索长期合约的时候，教练会留意到，客户遇到的阻碍或要解决的问题会在长期教练过程中的不同情境中重复出现。如果教练能够在整体上从长期目标的实现过程中看待这次教练约谈的目标，这会支持客户聚焦在一个更深入的话题上。比如，在一个支持客户的领导力发展的教练项目中，客户在探讨长期话题的时候就意识到，自己最大的挑战实际是自己的影响力。因为之前他的特长就是目标导向非常强，但是当他面临一个非常复杂的团队时，他的影响力就会受到挑战。所以，进入这个对话后，教练可以探讨他在影响力上的挑战与他这次对话的目标之间的关系是什么。客户会发现，当他在这次对话中谈到如何面对某一个特定员工、做对方工作的时候，他碰到的还是影响力的问题。核心问题是他怎样面对不同风格的员工，这是教练对话需要支持他的地方。所以，教练从整体上探索达成长期目标的障碍以及与这次约谈目标的关系也是展现出这个行为标识的可能表现，包括教练询问有哪些优势、价值观、策略可以支持客户达成这个对话的目标。

所以，通常来说，教练合约，特别是PCC以上水平的教练合约，都需要教练能够打开一个空间探索后再聚焦。这个空间可能是对障碍的探索，可能是对更大的意义和价值的探索，可能是对长期目标的障碍的探索，也可能是关于客户的价值观、策略或优势的探索。经过这些探索，教练会明白对话聚焦在哪里是最有价值的。

相反的一些表现可能是，客户谈到了关于目标的一些阻碍，或者对于如何达成这个对话目标不清楚，但是教练并没有与客户一起去探索；或是客户没提到这个部分，教练也没有就这个部分发问。如果是这样的呈现，就会被视为没有展现出这个行为标识的证据。

在PCC水平的教练对话中，教练需要在建立合约的过程中展现出这四个行为标识，但是在合约探索阶段并不仅仅是问这几个问题、展现出这样的行为，重点是教练是否真的能够支持客户在探索合约的过程中聚焦到一个真合约上，同时给客户带来一些新的觉察和发现。这个过程和教练同在、积极聆听、与客户合作共创的能力和意识有非常大的相关性，需要教练在合约阶段就能够进入非常同在的状态，能够与客户在这个当下进行比较深度的聆听和连接，通过对客户的感知，问题才能够问到关键点上，抓住客户的关键表达，进行深入的探索和挖掘。在此基础之上，这些核心能力的行为标识才能够被表现出来。

需要强调的仍然是与客户一起合作，基于对客户的全然相信，教练需要有意识地带着好奇与客户探索，向客户学习，不断邀请客户，而不是跟着内在议程来引导客户。

ACC/MCC 最低技能要求

在进入"建立并维持教练合约"这个能力的具体要求之前，需要先从整体上理解一下 ACC、PCC 和 MCC 三种不同水平的教练对话在核心能力的呈现上有什么不同，给大家一个整体的概念。

ICF 设计了认证路径，这也是一个专业教练的成长路径。这个成长路径不仅展示了教练在能力上的不同发展阶段，同时也说明了不同水平的教练对话所呈现的品质（包括客户从不同品质的教练对话中收获的价值）上的区别。当然，这种区分并不是指绝对的好或不好，不是说 MCC 水平的教练对话就一定比 ACC 水平的教练对话好。ICF 文件的定义也强调，客户即使从 ACC 教练对话里也能获得真正的实质性价值。所以，无论是 ACC 水平、PCC 水平还是 MCC 水平的教练对话，都是在专业教练的核心技能框架之下，都能够给客户带来教练这种方式所能带来的核心价值，差别是不同级别的教练对话的侧重点和展开方式有一些不同。

ACC 总体行为表现：

· ICF 坚信，客户能够从 ACC 教练那里获得真正实质性的价值；

· 教练对客户及其希望达成的成果给予全然关注，对客户议程给予完全支持。

ACC 水平的教练对话主要关注客户及其希望达成的成果、支持客户的议程。所以，在 ACC 水平的教练对话中，除了满足教练对话的一些本质特点，比如提问的方式、面向未来，主要就是围绕目标成果展开对话，整个对话完全聚焦在客户的议程上，在客户目标达成的方向之上。

MCC 总体行为表现：

- MCC 水平的教练对话特点之一是参与教练对话中的流动性和艺术性。通过特定教练行为中深化的教练技能或以不露痕迹的方式同时整合多种能力来呈现。
- 在 MCC 水平的教练对话中，申请人应在整个教练过程中把客户当作合作伙伴，给予全然的信任，支持客户带领教练对话的重点和方法，探索客户的学习方式，支持客户持续的成长。
- 申请人应表现出对客户的真正兴趣和好奇心，超越客户当下的情境或眼前目标，支持客户从整体上反思他们自己的学习和发现。
- 申请人还应在整个教练过程中对客户的选择、感知、见解和贡献表现出真诚的信任和尊重，作为支持者和积极的学习者参与教练，并鼓励客户深入探索学习和成长。

我在讲到 MCC 水平的教练对话的特点时，提到了两个关键词，一个叫流动性，另一个叫艺术性。大家后续看到核心能力在 MCC 水平上表现的细化时会发现，MCC 水平的教练对话的很多内容与 PCC 水平的要求是一致的，比如说与客户合作、明确合约、确定衡量标准、唤起觉察等等。大家会看到，MCC 水平的教练对话在结构上并没有很多特别之处，但是整个对话呈现的品质是不太一样的。它更强调一种大师级或教练精通的状态，更多地呈现出一种流动性和艺术性。

MCC 水平的对话听起来会更舒服、更流动、更自然，看起来毫不费力，但是能进入更深的层面。相对来讲，在 ACC 水平和 PCC 水平的教练对话上，这种流动性和艺术性就没那么强，但在结构性和流程化上会更强，特别是在 ACC 水平的教练对话中，结构化的流程痕迹会更重。

这种流动性和艺术性的基础依然是八项核心能力定义的基本要求，不同的是这些教练技能的深化表现，以及用不露痕迹的方式把这些能力进行整合的结果。它的基础就是专业教练对这些核心能力的深入理解，以及熟练掌握之后的得心应手，然后才能以这种不露痕迹的方式去整合。所以，它是一种熟能生巧的技能，这也是为什么认证MCC级别的教练需要2500个小时的实践小时数。

同时，MCC水平的教练对话也有一些突出特点，第一个就是MCC水平的教练把客户当作合作伙伴，给予全然的信任。在讲到新版的核心能力更新时，我提到过，与客户的合作共创是一直在强调的主题，无论是在ACC水平、PCC水平还是MCC水平的教练中，教练和客户的关系都是一种共舞的关系，但这种共舞的深度在不同级别的教练对话中的表现是不一样的。在MCC水平的教练对话中，教练与客户之间的信任关系会更深，会在更深的层面与客户建立起人和人之间纯粹的连接关系。基于这样的信任，教练与客户展开的是一种"完全的合作伙伴"的关系。在整个对话过程中，教练都展现出与客户合作的态度。教练把对话当成一个与客户共舞的过程，没有在任何时刻试图引领对话的方向，时时刻刻都有一个意念或角色定位，即教练是与客户共创的、合作的关系，这是MCC水平的教练对话的一个侧重点，或者说一个特点。

第二个表现就是MCC水平的教练所展现出的对客户真正的兴趣和好奇心。在MCC水平的教练对话中，教练对客户的好奇体现得更深，会把客户看成一个整体，支持客户从整体上进行反思学习和发现，会更多地从更大的系统、更整体的视角理解客户。

第三个表现是，MCC水平的教练更多的是作为支持者和积极的学习者去参与教练的过程，全然地支持客户。就像埃里克森曾经说过的，当客户在教练面前的时候，他就是这个世界最重要的人，教练的主要目的就是支持客户实现他的目标，支持他成为他想要成为的人，支持他活出自己想要的状态，鼓励客户进行更深入的探索学习和成长。

所以，大家会发现，MCC水平的教练一方面体现在能力上的熟能生巧，展现出一种流动性和艺术性，是在能力上的精通和在教练技能上的完全掌握；另一方面是一种状态的精通，如果教练要进入 MCC 这个阶段，就需要一个内在转化。MCC 的成长过程不仅仅是技能的成长，也是人的内在成长。如果教练能够展现出 MCC 的这种状态，全然地信任客户，完全地交付在这个当下，对客户展现出发自内心的深深的好奇，那么这种状态的力度、浓度以及影响力是不一样的。教练的内在需要有一个转化，然后才能够在客户面前展现出这个层面的 MCC 状态。

很多时候，教练对客户的支持体现在一种无形的支持上，而不是做了什么、问了什么问题。这种无形的状态的成长或修炼也是 MCC 成长路径上非常重要的部分，这些都会在对话中呈现出来，这是 MCC 水平的教练对话中非常重要的特点。

MCC 主要教练行为评估：
- 教练邀请客户探索客户观察自己当前情境时的视角（合作）；
- 教练的回应和问题来自他们所了解的关于客户是谁以及其教练目的的全部整体内容（整体）；
- 教练邀请客户专注于探索更深入的学习或前进的道路（超越）。

MCC 水平的教练对话的具体行为表现在三个方面，一个方面是教练展现出了邀请客户探索自己当前情境的不同视角。这个时候，教练更多的是邀请客户跳出观察，邀请客户自我觉察，这个过程体现了教练对客户学习反思的支持，同时也体现了教练与客户合作共创的一个视角，不是教练在引领对话或告诉客户、指导客户，而是邀请客户跳出来看，从不同的视角观察。

第二个具体的行为表现关注的是整体性，就是教练的回应和提问基于他对客户整体的理解，这个整体是一个全息的系统，包含了客户本身（"他是谁"），也包含了教练的目标（对话的目标和长期目标）以及更大的系统。教练的回应和问题都来自这个更大的整体，这也就是说，在 MCC 水平的教练对话中，教练与客户同在的深度和维度是不一样的，对客户的关注也是不一样的。这就让教练有机会可以展现出第三个方面的行为，就是"超越"的这个部分。MCC 水平的教练更多地邀请客户超越当下的一些认知，更深入地学习或探索前进的道路。

就像我的导师曾经跟我说过的，MCC水平的教练就像奥运冠军的教练，他教练的运动员是要拿奥运会冠军的，对方是最伟大的运动员。MCC水平的教练要支持对方成就这样的伟大，需要全然地相信客户、充满激情地鼓励客户。教练是客户的伙伴，与客户一起走在这个旅程上，一起超越、探索未知。同时，MCC水平的教练也全然相信自己是最伟大的教练，可以支持客户完成这样的旅程。这个部分就体现出了MCC水平的教练更深层的、更高远的目标或境界。

因而，不同层级的教练能够支持客户获得觉察的深度是不一样的。在ACC水平的教练对话中，教练更多的是就具体的事情明确行动的方向或者路径。在PCC水平的教练对话中，教练更多的是支持客户在内在产生一些新的洞见、新的觉察或新的转化。在MCC水平的教练对话中，教练支持客户获得的觉察更深、更广，也许是使其在生命的层面产生一些新的转化。

整体来看，不同水平的教练对话可以从以下几个维度来区别：第一个维度是流程化和流动性的不同。ACC水平的教练对话更多的是体现一种结构化和流程化比较明显的状态。PCC水平的教练对话要比ACC水平的教练对话更流动一些，会强调在"当下回应客户"，在结构性和流程性上没有那么突出。MCC水平的对话则更强调艺术性和流动性，相较于PCC水平的对话，这种艺术性和流动性要求更高，它来自对教练能力的熟练掌握，也来自教练状态的深化和提升。

第二个维度与客户合作的水平不一样。在ACC水平的教练对话中，教练与客户的合作更多地体现在通过流程、提问引领客户，客户跟着教练的流程往前推进。这种引领更多的是在结构和流程上的，在内容层面依然是客户为自己的选择负责。而且在这个过程中，如果客户对对话的流程和走向提出要求，教练也是需要认同和支持的，只是邀请的意识没有那么强烈。而在PCC水平的教练对话中，教练需要有意识地邀请客户决定教练对话的流程、走向或者使用的工具和方法，教练需要展现出与客户的合作，有意识并且有能力与客户在一些特定的阶段进行合作共创，可以是在对话开始时与客户进行合作共创，问客户想从哪里开始探索，也可以在对话取得了一些进展以后，问客户接下来往哪里进行。在MCC水平的教练对话中，教练需要在对话中展现出一种完全的合作共创。所谓完全的合作共创，就是在整个对话过程中，教练都要展现出与客户的合作共创，这也就意味着，作为一个 MCC 水平的教练，不只应该展现出这样的行为，而且在整体意识中，教练对于自己角色的认知和定位都要抱持着这种意识和态度，即教练与客户工作的方式就是合作共创。所以，教练可能会不断地问客户他的想法是什么、观点是什么、觉察是什么、发现是什么。如果客户卡住了，教练不会试图帮客户解决问题，而是带着深深的好奇跟客户一起探索，在这个当下他的内在发生了什么、希望教练如何支持他、在这个当下对他来讲最有力量的发问是什么。MCC 水平的教练对话更多地呈现出一种完全的合作共创，教练整个的意识、状态和定位都与其他水平的教练不一样，这背后是对客户深深的信任与好奇。

第三个维度就是转化的深度和给客户带来觉察的深度不一样。在 ACC 水平的教练对话中，教练对客户、对成果、对议程保持专注，整个对话围绕着成果和客户的想法进行。在 PCC 水平的教练对话中，教练更多关注的是这个人，是他的内在（他是谁，他想成为谁）及其转化（能量的变化、限制性信念的转化、客户的想法、学习、觉察、发现等）。在 MCC 水平的教练对话中，教练更多地关注整体，在更完整、更大的层面与客户在一起。在整个对话的过程中，教练更多地邀请客户站在新的视角观察自己的处境和内在的想法。所以，在 MCC 水平的教练对话过程中，教练也会创造更深层的转化。

基于对不同水平教练对话的总体行为表现的理解，我们来看一下 ACC、PCC、MCC 对话中"建立并维持教练合约"这个核心能力的不同表现，这部分解读是结合 ICF 在 2022 年 6 月发布的 ACC 和 MCC 最低技能要求进行的。

ACC 最低技能标准：

·教练邀请客户确认他希望在教练对话中达成的目标；

·教练在整个过程中始终关注该议程，除非客户另有说明。

ACC 具体行为表现：

·教练和客户就其希望在教练对话中实现什么达成一致；

·教练邀请客户确认其期望达成的教练成果；

- 教练在整个对话中始终关注客户设定的议程，除非客户另有说明；
- 教练对客户及其与想要实现的事情之间的关系持有好奇心。

ACC 不合格表现：

- 教练为客户选择主题；
- 教练没有围绕客户选择的主题进行教练。

"建立并维持教练合约"这个核心能力在 ACC 水平的表现中的最低标准，要求教练邀请客户确认在教练对话中要达成的目标，并且教练在整个教练过程中始终关注议程。大家会看到，在 ACC 水平的教练过程中，这个要求是比较基本的，但是同样重要。首先教练需要明确目标，具体的表现就是要与客户确认，他在教练对话中需要实现什么样的结果、期望达成的教练成果是什么。其次要做到的就是，在整个教练过程中始终关注该议程，即所有的对话要围绕着这个确定的目标成果进行，在整个对话中要持续关注这个目标成果，要对客户和他们想要实现的目标之间保有好奇心，这种关注的体现就是教练的提问和回应要聚焦在这个目标上面。

如果是教练为客户选择主题，或者教练展现出来的教练过程没有围绕着客户选择的主题进行，那教练在这个能力上就没有达到 ACC 水平的最低要求。

PCC 水平教练行为标识：

3.1 教练与客户一起，确定或重新确认他们想通过会谈实现什么；

3.2 教练与客户一起，确定或重新确认本次教练目标达成后的衡量标准；

3.3 教练询问或者探索教练目标的达成对客户有何重要的意义；

3.4 教练与客户一起合作，确认如果要实现教练目标，他认为什么是最值得关注的。

PCC 水平的教练对话具体表现在我之前解读过的四个行为标识上，在合约阶段需要明确几个关键要素：想要实现什么，衡量标准以及意义是什么，这些都是要探索的。在建立并维持教练合约时大家会看到，相对于 ACC 水平的教练对话，PCC 的合约复杂度更高了，最重要的一个区别就是，教练要超越表面合约，聚焦到真正重要的合约上。找到实现客户目标的关键点是什么、什么是客户最值得关注的、真正重要的目标成果是什么，都是在 PCC 水平上建立并维持教练合约的要点所在。

MCC 最低技能标准：

- 教练要与客户充分探讨他想要在哪里展开工作；
- 教练与客户合作，深入探讨教练主题对客户的重要性、成功的衡量标准以及教练对话方向上的一切变化；
- 通过与客户合作讨论，教练确保自己和客户都清楚议程、成功的衡量标准和将要讨论的问题，并且教练在整个教练过程中始终关注该议程和衡量标准，除非客户另有说明；
- 教练在整个过程中定期与客户进行检核，确保客户的教练目标正在实现过程中，并且方向和流程正在支持客户朝着他所期望的结果前进。

MCC 具体行为表现：

- 教练与客户合作，探索对客户有意义的教练话题或重点；
- 教练与客户合作，以灵活、温和、自然的方式将预期成果作为教练谈话的指南；
- 教练注意到谈话中的微妙变化，如果客户愿意，他会邀请客户转变方向。

MCC 不合格表现：

- 在教练过程中，申请人未呈现出与客户的完全合作。教练为客户选择主题，或者教练没有围绕客户选择的主题进行教练，则无法展现完全的合作关系；
- 教练没有与客户探讨每个主题的成功衡量标准，没有达到明确客户意图或对话方向的程度；
- 不允许客户充分参与和客户所述教练目标相关的问题讨论；
- 没有与客户核实他是否通过教练对话朝着希望的方向发展。

在 MCC 水平的教练对话的最低技能要求上，大家会看到有一些关键词，一个是"充分探讨"客户想要在哪里开展工作，这就代表着，相对于 PCC 水平的教练对话，MCC 水平的教练对话有了进一步的要求，不仅要找到关键的议题，探讨重要性、意义以及衡量标准，而且要进行充分和深入的探讨。这就是在MCC水平上"建立并维持教练合约"这个能力的要求，在探讨的部分要能够显示充分且深入。这个层面的展示不仅与建立并维持教练合约的能力有关，同时与教练和客户同在的水平、积极聆听、发问能力都有很大的关系，只有这些能力比较强，教练才能做到充分且深入的探讨。当教练可以在更深的层面与客户同在，就会聆听到客户给的线索，基于这些线索进行探索就可以打开深入的空间，进行更深入、更充分的探索。

在MCC水平的教练对话中，"建立并维持教练合约"这个核心能力第二个方面的要求就是在整个教练对话过程中关注议程。我在PCC的行为标识中讲到，"建立并维持教练合约"这一能力的更新更强调维持教练合约。所以，在这个能力上，更多的是关注教练在对话的方向上的变化，在整个的教练过程中始终关注议程，并且定期与客户进行检核。

在具体的表现上，第一要看教练是否与客户合作探索意义和对话的重点，而且这探索是充分和深入的。第二要看教练是否以灵活、温和、自然的方式将预期成果作为教练谈话的指南。教练要持续关注客户的议题，把客户的目标成果作为整个对话的方向指南，但是这种关注的方式不是生硬的。ACC或者PCC水平的教练对话也会保持这份关注，但这种关注可能比较生硬、突兀，而不是灵活的、温和的、自然的方式。在这里，MCC水平的教练对话的艺术性以及流动性再一次体现出来。

在这里，教练需要注意到谈话中的微妙变化，才能体现MCC水平的教练对话的深度。在PCC水平的对话过程中，教练会注意客户能量或情绪上的变化，比如客户说话哽咽了、突然安静了，如果教练有意识地关注的话，这样的变化还是比较明显的。但是在MCC水平的对话中，教练需要对于客户的这种变化的觉知非常精微，甚至有的时候客户自己都没有感知到。比如，在一次与客户的对话过程中，客户在表达自己未来愿景时的一瞬间做了一个微表情，就是在往上看的时候停顿了一下，然后又继续说了。如果教练当时跟客户完全在当下，完整地聆听客户，就会有一种直觉，在那个当下客户的内在发生了什么，于是抓住客户给的线索与客户共同探索。探索以后才发现，在看到自己未来的画面时，他其实有一点犹豫。犹豫的地方就是最需要探索的地方，因为他太想要实现那个目标了，目标看起来太光鲜亮丽了、太好了，所以他瞬间就把自己真实的想法压抑下去了。如果在教练对话的过程中，教练没有与客户完全同在的状态、没有觉知的敏锐度和对于这种微妙变化的感知，就无法支持客户进入更深层面的探索。

所以，在 MCC 水平的教练对话中，教练要就所有合约要素展开深入且充分的探讨，在一个很精微的层面关注整个对话是不是围绕着对话合约进行的，要不断进行检核。如果教练没有呈现出这种完全的合作，比如教练为客户选择主题，或者没有围绕着主题进行教练，或者没有充分探讨成功的标准，或者不允许客户参与这个过程中的讨论，或者不与客户检核在教练过程中是否朝着希望的方向进展，都会影响他在 MCC 水平上的表现评估。

ACC/PCC/MCC 关键技能评估

对于"建立并维持教练合约"这个核心能力在 ACC/PCC/MCC 不同水平的教练对话中的表现，可以从下面三个方面（关键技能评估）进行区分：

- 建立教练对话合约的清晰度与深度；
- 教练与客户合作的能力以及在建立合约、确定成功的衡量标准和探索需要解决的关键问题时与客户的合作深度；
- 教练在整个教练对话中关注客户议程的能力。

第一个方面是建立教练对话合约的清晰度和深度。首先，在清晰度的表现上，ACC 水平的教练和客户就客户希望在教练对话中实现什么达成一致，并且确认希望达成的教练成果就可以了。在 PCC 水平的教练对话中，对合约的清晰度要求更高，不仅合约要明确达成一致，同时要求证据流程也是清晰、明确的。

在 MCC 水平的教练对话中，最终达成的合约清晰度要求更高，不仅合约是清晰、具体、明确的，还要有充分的证据流程，这个证据流程可能包含 VAK 不同形式的证据，甚至形成一个隐喻，展示出充分和深入的探索。比如，在对话结束以后，如果客户真的实现了他想要的成果，这个成果会像什么？拿到了这样的成果，他会有什么不同的感受？会对自己说什么？结合不同维度上证据流程的充分探索，客户对于教练对话合约的认知也会更清晰、明确。

其次，建立教练对话合约的深度也不一样。ACC 水平的教练对话基本上是表面合约，要求清晰、具体、明确，与客户达成一致确认就可以了。PCC 水平的教练对话需要超越表面合约进行探索和挖掘，找到实现目标成果对客户来讲最重要的、最关键的是什么。教练可以从不同的维度上探索，比如从阻碍或挑战的视角探索，从关键要素的视角探索，也可以邀请客户站在更大、更深的维度上聚焦，这些都可以帮助客户聚焦到一个更深入的合约方向。MCC 水平的教练对话则需要充分和深入的探讨，即和与客户同在、积极聆听相关，留意到微妙的一些变化，包括客户在讲到自己的情境、想法、挑战、目标时的一些精微表达，教练需要抓住关键点，与客户充分地展开探讨，然后聚焦到更有力的或更深层的合约。

建立合约的清晰度与深度		
ACC	PCC	MCC
·教练和客户就客户希望在教练对话中实现什么达成一致，并确认希望达成的教练成果	·合约明确 ·证据流程清晰	·合约清晰、具体、明确 ·证据流程充分，可能包含 VAK 不同的证据流程甚至隐喻形式
·可以是表面合约，只需要清晰、具体、明确、达成一致	·需要就客户带来的表面合约进行更深入的探索和挖掘	·需要充分、深入的探讨，和教练的聆听、与客户同在的状态有关，留意到微妙的变化

第二方面是与客户合作的能力以及合作的深度。ACC 水平的教练对话是非

常有限的合作，体现在教练引领这个对话的流程、客户提出具体的目标成果，教练通过流程上的引领支持客户探索，以达成目标成果。在 PCC 水平的教练对话中，教练展示出的是"部分的合作共创"，也就是说需要在对话的过程中展示出一些邀请客户引领对话方向的行为。MCC 水平的教练对话则是"完全的合作共创"，是教练与客户的共舞，不仅仅体现在一些关键节点上，而且体现在整个对话中，代表着 MCC 教练的一种态度，即教练是以这样的角色和态度与客户在一起完成这段对话的。

在 ACC 水平的教练对话中，教练与客户的合作深度体现在教练位置的中立上，并没有更多的要求。教练只需要保持位置中立，确保内容的输入是由客户完成的。同时，教练在 ACC 水平上的合作深度也体现在对客户议程和目标成果的关注，教练与客户是在这个领域合作的，并没有在太多人的层面或者更大系统层面的关注与合作。

PCC 水平的合作深度主要是，教练是在人的层面与客户合作的，也就是说在 PCC 水平的教练对话中，教练的聚焦点是在 Being（存在状态）的层面，是去做客户的内在工作，所以与客户合作的深度也聚焦在客户这个人身上，聚焦在 Being 的层面。

MCC 水平的教练对话的合作深度也决定了教练的定位。教练关注的是这个人的整体，这是一个全息的概念，每个人都是更大系统的投射。当教练关注整体时，关注的是更大的系统。所以，教练与客户同在的深度也影响着与客户合作的深度。

教练与客户合作的能力以及合作的深度

ACC	PCC	MCC
·教练可以在结构上引领对话流程，对话仍然需要聚焦客户提出的目标成果	·部分的合作共创需要在对话的过程中展现出一些邀请客户引领对话方向的行为	·完全的合作共创，不仅体现在关键节点上，而且体现在整个对话中

续表

教练与客户合作的能力以及合作的深度		
ACC	PCC	MCC
·教练与客户的合作体现在教练位置的中立，没有内容层面的侵入	·PCC水平的合作聚焦于客户这个人、在Being的层面的同在与合作	·合作的深度取决于同在的深度，MCC水平的同在更在于整体性和更大的系统

第三个方面是关注客户议程的能力。ACC水平的教练对话要求教练在整个对话中关注客户设定的议程，即教练的工作都围绕着这个部分进行。PCC水平的教练对话要求与客户在合作共创这个基础上，在关键节点与客户进行检核。比如在对话中间，与客户进行检核：我们是不是在正轨上、是不是在朝着他想去的方向前进；在对话取得了一些进展之后，询问客户接下来该聚焦在哪里；在对话结束之前跟客户检核目标成果是不是达成了。MCC水平的教练对话对于关注客户议程能力的要求更高。MCC水平的教练会在整个教练过程中持续进行检核，但是检核的方式不是公式化的，而是自然流动的，重要的是教练会保持这样的意识。有时候是一种无形的关注和检核，教练会有一种觉知，通过客户的反应或沟通的状态就知道教练对话是不是在朝着客户想要的方向进展，比如客户是不是非常兴奋而热切地投入教练对话，对话过程会不断有新的进展让客户觉得非常有价值。所以，在MCC水平上的教练对话中，教练对于客户议程的关注是持续的，而且是在更精微的层面，通过细微的感知来了解对话是不是在正轨上，同时检核的方式也更加灵活。这些部分都让MCC水平的教练对话呈现出更强大的艺术性和流动性。

教练关注客户议程的能力		
ACC	PCC	MCC
·教练在整个对话中始终关注客户设定的议程	·教练在关键节点与客户进行检核	·教练在整个过程中定期与客户进行检核，确保客户的教练目标正在实现过程中，并且方向和流程正在支持客户朝着他所期望的结果前进

总结与提高

- "建立并维持教练合约"这个核心能力既包含长期教练的合约,也包含单次教练对话的合约。无论是单次对话合约还是长期教练合约,其内涵都是一样的,就是针对教练关系或对话的目标成果达成一致。
- 新版的核心能力对单次对话合约的界定更详细,在对话的目标成果、衡量标准以及探索价值和意义上的要求都更高了。
- 新版的核心能力不仅强调建立合约的能量,还强调"维持"教练合约,合约是贯穿在整个对话过程中的。同时更强调跟客户的合作共创,在整个教练对话过程中不断检核,确认整个对话是否在正轨上。这些都提醒教练在对话中要始终关注合约,如果发现客户的注意力有了不一样的变化,就需要重定合约。
- 对于不同级别的教练对话,在这个核心能力上的主要区别体现在对合约探索的充分程度以及合约达成的深度上会有不一样的要求。
- 在合约能力的发展上,首先要了解对话的合约包含哪几个关键要素,每个要素有哪些结构化的提问可以支持教练跟客户探索合约,同时需要明确教练对话的合约。对于每个要素上的结构化提问,教练要非常熟悉,通过不断的练习和积累,能够使用不同的提问方式,非常灵活地在当下跟客户流动,支持客户理解这些结构化提问,并且以一种比较自然的方式支持客户聚焦。
- 除了掌握结构化探索过程以外,更重要的是教练与客户的同在和积极聆听,如是不是能够听到客户在表达自己情境时真正关注的点,听到客户隐藏在内心深处的一些担心、障碍等等。如果教练要进行深度的聆听,就需要跟客户保持同在,放下内心的想法,清空自己,完全地在当下,与客户在一起,进行深度的聆听。同时能够结合探索合约的结构，就可以非常有效地支持客户聚焦到真正重要的对话合约上。
- 合约是整个对话中最关键的结构，如果合约聚焦得不清楚，可能会影响整个对话的进展。同时，合约包括证据流程，其实是整个对话的方向或主线，所有的探索和打开都是围绕这个部分进行的。

核心能力 4
培养信任和安全感

一旦这个人坐到我面前,那他就是世界上最重要的人。

——米尔顿·埃里克森

人们会忘记你所说的,忘记你所做的,但他们永远不会忘记你带给他们的感受。

——玛丽安·吉洛

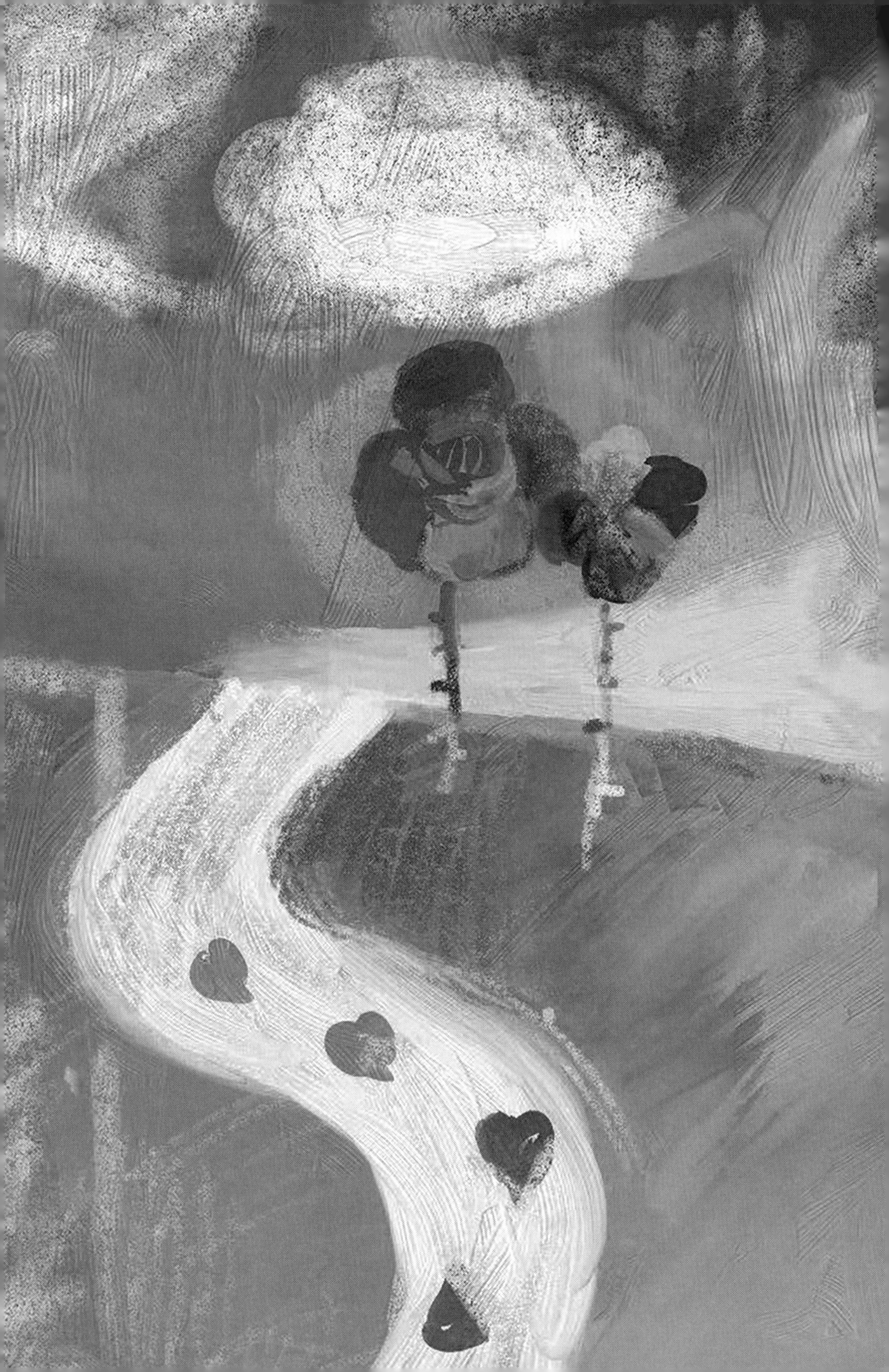

> **定 义**
>
> 　　与客户合作创造安全的、支持的环境，允许客户自由分享；保持相互尊重和信任的关系。
> 1. 试图在客户的语境背景中理解客户，语境背景可能包括客户的身份、环境、经历、价值观和信念；
> 2. 展现对客户的身份、看法、风格和语言的尊重，并根据客户的需要调整自己的教练方式；
> 3. 认可并尊重客户在教练过程中独特的才能、洞见和努力；
> 4. 对客户表达支持、同理和关心；
> 5. 认可和支持客户表达自己的感受、观点、担心、信念和建议；
> 6. 通过开放和透明来展现自己的脆弱并与客户建立信任关系。

　　"培养信任和安全感"这个核心能力是教练对话的前提和基础，讲的是教练和客户之间的关系、教练对话的品质，也是教练对话重要的基础。在教练对话中，教练需要跟客户建立这样的信任，让客户能够感受到这种安全，这是对话能够发生的前提。从这个核心能力的定义中可以看到，这个核心能力最主要的目的只有两个方面：一方面是创造安全和支持性的环境，支持客户自由地分享，通过打造这样的环境来支持客户的自由表达；另一方面是强调保持信任和尊重的关系，不仅要建立这样的关系，也要在整个对话过程中保持这种尊重和信任的关系。埃里克森的课堂上也会讲到教练和客户的亲和关系，不仅要在对话开始的时候建立这种亲和关系，甚至在整个对话过程中都要感知教练和客户之间的这种亲和关系。如果这种关系被破坏了，需要采取一些行动重新建立这样的关系，教练对话才能得以继续。

　　这个核心能力的定义一共有六条，这六条非常详细地告诉我们应该如何创造这样的环境、如何建立这样的关系。

1. 试图在客户的语境背景中理解客户，语境背景可能包括客户的身份、环境、经历、价值观和信念。

第1条强调的不仅是教练要能够理解客户，而且是在客户独特的背景中理解客户作为一个独特的人而存在，不是理解教练眼中的客户，而是理解真正的客户是什么样子的。

在教练课堂中，我经常讲的故事就是埃里克森和乔治的沙拉语的故事。这个故事就包含着建立这种信任关系的关键。我们要和一个人建立信任关系，首先需要理解对方。在这个故事中，正是因为埃里克森能够站在对方的视角，能够首先选择成为他，进入他的世界理解他，才可以和这个病人建立信任关系，然后才会有埃里克森作为一个医生所做的所有事情。这个连接、桥梁搭建不起来的时候，任何事情都不会发生改变。所以，要培养信任关系，让客户能够感受到安全，最重要的就不仅是教练对客户深深的理解，而且是理解客户的独特性。

专题11：乔治的故事

米尔顿·埃里克森年轻时是一位精神科医生，在精神病院工作。他曾描述过自己和一位名叫乔治的病人之间的互动。乔治说话就像"沙拉语"，这是一种混合着各种短语、名词和动词的毫无章法的语言。米尔顿上班的第一天就见到了乔治，当时他负责纽约州伍斯特州立精神病院后院的病房。那是20世纪20年代后半期，乔治是五年前被人从僻静的街道捡回来的，当时他正毫无目的地四处游荡，大家只知道他叫"乔治"，没人知道他的姓，也不知道他的任何背景，因为他只是说些"沙拉语"。

米尔顿第一次见到乔治时吃了一惊。当他巡视病房时，正无精打采地坐在长凳上的乔治突然跳起来，向米尔顿跑来，用激动万分的语调说了长达两分钟的"沙拉语"。护士们解释说，他只有在新面孔走进病房的时候才会说这么多。

米尔顿饶有兴味地听着，然后叫来擅长速记的秘书一起听。在米尔顿第二次听乔治讲话时，秘书记下乔治的"话"。之后，米尔顿花了数周时间研究出自己的"沙拉语"并秘密练习。他有了一个计划，为了实现这个目标，他需要投入其中，勤加练习。

终于，米尔顿准备好了，他又走进了乔治的病房。乔治跳起来走上前，用"沙拉语"兴奋地说了三句话。米尔顿同样充满热情地用三个由"沙拉语"组成的句子来回应。乔治看起来惊呆了，他走到长凳前面，坐下，好奇地看着米尔顿。米尔顿也坐下来，等着。

经过10分钟的思考，乔治站了起来，在米尔顿旁边用"沙拉语"抑扬顿挫地说了起来，配合着米尔顿刚才讲话的语调的高低起伏。乔治这次的话让人听上去是成系统的，就好像他在讲一个很有条理的故事。乔治足足说了10分钟，然后坐了下来。米尔顿站起来，用系统的、理性的"沙拉语"抑扬顿挫地配合着乔治，说了10分钟后也在长凳上坐下来。

15分钟后，新的一轮开始了：乔治站起来，这次他说话时用了很多手势，声音充满了激情，用"沙拉语"足足说了半个小时，听起来是在告诉米尔顿他对生活的真正感受。因为加入了自己的感受，乔治时而伤感、时而愤怒、时而兴奋。米尔顿仔细地聆听着乔治所有的表达，轮到他自己的时候，他说了同样长的时间。就像交响乐团重演一样，米尔顿在声音中加入了乔治的所有情绪。说完以后，米尔顿坐下了。这时，平静地坐在长凳上的乔治睁大眼睛，使劲点头。米尔顿能够察觉到乔治已经被打动，而且放松下来。至此，他们建立了有效的亲和感。

"好好说话，医生。"乔治说。

"我会的，"米尔顿回答，"告诉我，你姓什么？"

乔治说了两句"沙拉语"，然后说了他的姓。米尔顿也回之以两句沙拉语，然后问："你从哪里来？"

不到半个小时，米尔顿就搞清楚了乔治的故事。接下来的几个月里，乔治变了个样。刚开始，他只跟米尔顿说话。逐渐地，在接下来的几个星期、几个月中，他跟其他人的交流也越来越能被理解了。他开始用合理的方式讲话，并帮护士们一些小忙。很快，他就开始在病房外面的场地工作了。

米尔顿了解到，乔治的家人都去世了，但给他留了个小农场。大约在米尔顿跟他谈话的11个月之后，乔治回到了农场，并在那里度过了余生。40年里，乔治一直和米尔顿保持着联系，每年给米尔顿寄一张明信片，信的内容好像密码一样："今冬谷仓加盖了新屋顶。""15只小羊羔长得都很好。"然后签上名字"乔治"，最后用两句"沙拉语"结尾，完成整张明信片。

（摘自华夏出版社《被赋能的高效对话》）

这份理解首先是接纳包容，没有评判。埃里克森讲的五大原则是非常好的通道，可以帮助教练站在这样的视角看待客户，相信每一个客户都不是有问题的，都是有资源的。这些原则帮助教练保持开放，能够回到中立的位置，完全地接纳客户，完全没有评判，清空内在所有的评判标准、个人想法，变成一个空的容器去承载客户。在这份理解中，第一个强调的就是教练的接纳和包容。通过五大原则的修炼，教练可以越来越多地接纳、理解和包容不同的客户。

专题12：五大原则

五大原则是教练的"心法"，可以支持教练以富有资源的方式、成果导向的视角看待客户，从而放下内心的评判，站在中立位置跟客户保持完全的同在。

- 人们是OK的。不是客户"有问题"才来教练，在教练的眼中，客户是没问题的，是"本自具足"的。

- 人们拥有成功所需的一切资源。这里的资源是指每个人的内在资源，每个人都拥有成长所需的内在资源，就像一颗种子已经具备了成长为一棵大树的所有资源。
- 每个行为背后都有正面的意图。在对话的过程中，教练需要留意客户行为背后正面的意图，并且通过教练的对话支持客户看到实现这个正向意图更多的可能性，从而支持客户获得更多资源，做出当下最好的选择。
- 每个人都在做出当下最好的选择。客户当下的选择之所以不奏效，是因为他没有看到更多的可能性，通过教练的过程打开视角后，他看到了更多的选择，做出了当下最好的选择，转化的过程就发生了。
- 改变不仅是可能的，而且是不可避免的。这个世界的本质就是不断变化的，教练相信客户是可以改变的，甚至在客户相信自己可以改变之前。

五大原则

同时，理解客户还需要聆听能力，不仅要聆听客户讲的直接语言，更强调三级聆听、全息聆听，就是带着更大的背景，在客户的系统中聆听客户、理解客户。这时候，你才知道他有多么不容易，才知道他将要做出怎样的选择，才知道他真的希望自己成为怎样的人，才能够理解他究竟要去到哪里，才知道怎样才是支持他的最好方式。

比如，客户提到自己当下的境遇，他有多么愁眉不展、痛苦纠结，遇到了多少挑战。当你带着更大的系统去聆听客户的时候，你会发现客户的人生规划多么辉煌，他曾经多么有信心、有动力，期待着那个美好的未来。如果你考虑到这样的背景，你就会看到客户当下的这份纠结、这份痛苦的背后是动力，是勇气，是可以转化成客户实现自己生命之路的力量的。

所以，当你带着更大的系统、更大的背景，在客户所处的环境中理解客户的时候，你才真的可以在更大的维度、更深的层面上理解——而不是仅仅在表面上理解——他的所说所为。这时候，教练与客户的深层共振就会发生，这个层面的理解可以给客户注入无限的力量，支持客户在教练的过程中把自己所有的潜能开发出来，朝向自己的目标前进。这一条就是要求教练能够在客户的语境背景中深度理解客户，看教练是否能够全然地、完全没有评判地、完全开放地、完全敞开地接纳客户。

2. 展现对客户的身份、看法、风格和语言的尊重，并根据客户的需要调整自己的教练方式。

第2条是关于尊重的，教练要在整个教练过程中展现出对客户的尊重，这份尊重的含义首先是没有评判，是一种接纳和允许，是一种开放和欢迎。更深层的尊重的表现是，教练使用客户的语言和风格匹配客户，这代表着把客户独特的身份、看法、风格、语言等作为支持客户的资源。前提是教练能留意到自己是接纳、认可、尊重它的。

比如，客户特别擅长的学习风格是总结经验，当客户遇到一个新的命题时，教练就可以提问，基于他过往的经验，当他面临这个议题的时候，他会受到什么样的启发？教练用客户的学习风格匹配客户，展现了对客户独特的学习风格的尊重，教练根据客户的需要调整自己的教练方式，使用了客户的语言和风格。

再如，好奇是客户的一个价值观，那么教练可以提问，当客户带着全然的好奇探索超越目前这个挑战的创造性的解决方案时，他会有什么发现？这些做法是在使用客户的语言、根据客户的需要调整自己的教练方式，呈现出了对客户的身份、看法、风格、语言等的尊重。

3. 认可并尊重客户在教练过程中独特的才能、洞见和努力。

第3条是认可并尊重客户在教练过程中独特的才能、洞见和努力。教练的认可和尊重对于客户来讲意味着什么？我们都知道，教练是客户的伙伴，来自伙伴的认可和尊重实际上是一种被看见，是接纳和理解客户的重要表现，也是建立信任的关键。当客户能够完全感受到被认可、被尊重、被接纳、被理解、被欢迎、被支持的时候，客户就可以感受到安全感，就可以和教练建立起信任的关系，对话就在这个基础之上产生了。所以，教练的认可和尊重是来自教练的看见。他看见了客户在教练过程中展现的独特才能、独特洞见，看见了他特别努力，这份看见对于客户来讲就是鼓励和支持。

那么在教练对话中，教练怎样表现出这份看见？主要就是通过教练的分享和回应。比如教练留意到，客户通过不断的探索，终于明确了自己未来的目标愿景和重要原则，由此，客户产生了非常兴奋的情绪和表情，教练就可以在这个地方表达一个认可和看见。"我注意到，当你真的明确自己想要实现的愿景时，你的情绪不一样了，我也看到愿景带给你的力量。"这种看见就是在展现对客户的认可和尊重。

"通过今天的对话，我看见你在持续不断地向着自己的目标努力，我也相信，这样的努力一定会支持你最终达成你想要的目标。""我注意到，你在这个过程中似乎有了不一样的感悟，那是什么？"类似这样的表达都可以展现出认可和尊重客户的独特性。

反之，当客户取得了一些进展、获得了一些洞察的时候，或者当客户的一些特点、优势、强项表现出来的时候，如果教练在这个过程中展现出来的是忽略，没有及时回应，或者选择了忽略，甚至在表情或是语音、语调中表现出了怀疑或是否定，就很容易破坏信任和安全感。

另外，"培养信任和安全感"和后面要提到的"教练同在"这两个核心能力，更多的是关于教练的一种状态。这种状态一方面跟教练做什么、怎么做有关系，另一方面跟教练的表达和存在的状态有关系，有的时候教练并没有说什么，但是表情、肢体语言、眼神会展现出一种怀疑、不确定、犹豫或是否定，这些都会破坏信任和安全感。

有的时候，教练的这种表现是不自觉的，这就需要更多地进行自我觉察，为自己的教练过程建立教练位置，留意内在在教练过程中发生了什么，这也是教练内在修炼的一部分。

比如，教练本身是一个行动派，当客户一直说要多花点时间想一想，怎样慢慢落地行动、怎样可以更好地实施时，教练就会不断地追问客户，他的具体行动是什么、会怎么做。这个时候，客户感受到的就是一种否定、怀疑或不信任，虽然教练并没有直接说，但是实际上与客户之间的这种回应方式就在呈现着这样的信息，客户感受到的就是这样的。

有的时候，为了更好地支持客户，教练也会挑战客户，支持客户做一些超出自己舒适区的拓展。教练会问客户："如果这个想法阻碍了你，可能是因为什么？""在这个过程中，如果你真的可以突破自己的限制，那会发生什么？"这种挑战和前面对客户表现出的质疑有一些微妙的差别。首先就是 Being 的状态，是好奇的探索还是怀疑、否定。其次是这个挑战有没有具体的方向，教练是有目的、有意图、有具体指向的，还是只非常开放地邀请客户打开思路，只是陪伴客户很好奇地探索。核心区别就是教练有没有答案，这一点教练自己是可以觉察得到的。

所以，第 3 条重点强调的是，要认可并且尊重客户的独特性，这份认可和尊重就是一份看见、一份回应、一份鼓励和一份支持。要避免的是在这个过程中的怀疑和否定，它可能是有形的表现，也可能是无形的表现，教练要对中立位置保持有意识的觉察。

4. 对客户表达支持、同理和关心。

在对话过程中，教练怎样才能表达出支持、同理和关心？一是在客户分享自己的见解、想法和情绪的时候鼓励他，二是通过看见支持他。鼓励的方式可以是好奇的询问、探索："在这个当下，你的感受是什么？""你这声叹息背后是怎样的情绪？""在这个当下，你的内在正在发生着什么？"这些好奇的提问其实也是在表达着一种看见和支持、同理和关心。特别是客户有一些能量和情绪波动的时候，教练要能够留意到，表达自己的这份看见，能够带着好奇与客户一起去探索，支持客户从中获取资源。

所以，第 4 条讲的就是，教练要能够注意到客户的表达，这种表达不仅是语言的信息，还包括非语言的表达。这个部分与聆听的能力也是相关的，需要教练能够在更深、更全的层面聆听客户，然后留意到客户的这些表达。留意到之后，就要从教练的角度表达这份支持、同理和关心。当然，教练的表达也可以是语言层面的，如"我注意到了""我发现了""我留意到了""我可以理解""我明白"等用语，或是好奇的提问，非语言层面的表达可以是关切的眼神、轻轻的点头、关注的状态、目光的肯定与支持，这些都是在表达支持、同理和关心。比如，教练在留意到客户情绪波动的时候，可以说"似乎这件事情给你带来了一些压力"，表示看见了他的情绪。教练也可以有一些好奇的提问，比如："我注意到，此时似乎有一些情绪产生了，我不知道在这个当下你正在经历着什么？""你自己留意到了什么？""你有什么样的发现和觉察？""当你谈到这些的时候，好像有些不一样了，你对自己的观察是什么？"这样的回应或提问，都是在对客户表达支持、同理和关心。

5. 认可和支持客户表达自己的感受、观点、担心、信念和建议。

教练创造开放、信任和安全的环境，就是要支持客户的自由表达。支持客户的表达，意味着没有评判，教练需要清空自己，保持中立的教练位置。什么样的教练空间最有利于客户的表达？一定是开放的、没有评判的、特别欢迎的空间，是充满鼓励、充满肯定、充满支持、充满信任的空间。所以，教练要把自己的所有东西放在教练空间之外，全心全意地抱持充满信任、开放、安全、没有评判的空间。支持客户的表达意味着教练要展现出对客户的好奇，包括对客户这个人的好奇、对客户目标的好奇、对客户议程的好奇、对客户想要成为什么样的人好奇、对客户想要实现的愿景目标好奇，这份好奇可以起到非常好的鼓励客户表达的作用，会转化成强有力的开放式提问，这个开放式提问是非常好的通道，可以支持客户的表达。

相反，教练的评判、忽略、否定以及能量上的不匹配，都会影响客户的自我表达。这包括教练有太多自我表达，比如教练说得太多了，特别是关于客户的议题，教练发表很多自己的观点和想法；也包括教练的能量状态跟客户不匹配，比如客户很兴奋地在讲着什么东西，但是教练非常平静，一脸茫然，不为所动。教练给客户的空间不够也会影响客户的自我表达。有一些教练不停地问客户问题，客户好像被这些问题推着往前走，完全没有跟自己的内在连接，只是机械地回答这些问题。

6. 通过开放和透明来展现自己的脆弱并与客户建立信任关系。

当教练勇于展现自己的脆弱时，就意味着可以更勇敢，可以接纳失败和不如意，可以接纳自己不好的部分或者自己不认可的部分。当教练真的展现这个部分的时候，就意味着抱持了更大的空间，可以让自己接纳失败，接纳不确定性，带给自己勇气，挑战未知的空间，踏出舒适区，这也正是教练的价值和意义。所以，在教练的过程中，无论是对于教练来说，还是对于客户来说，勇于展现自己的脆弱可以支持自己获得更多勇气和力量，获得更大的成果，在这样的空间里，就可以拓展自己。

我曾经在一次督导的过程中，非常深切地体会到这一点。整个督导过程看起来非常顺畅，中规中矩，但是被督导的教练感觉并没有获得什么价值。在复盘整个督导过程的时候，我留意到自己内心的一份恐惧、害怕。因为当时我刚开始学习教练督导，内心总是害怕整个督导过程会失控，就选择规规矩矩地按照流程走。其实在教练过程中，我自己也感觉到并没有很有力地支持到这个被督导的教练。但是在那个当下，我选择了继续走完流程，并没有把当下自己的脆弱表达出来。被督导的教练后来也反馈，如果我在那个当下能够把内心中的脆弱真实地呈现出来，将会给他带来很大的意义，因为他内心也隐藏了一些更重要的东西，但是并没有一个很好的契机让他做出这样的表达，我们选择中规中矩地走完流程，没有节外生枝。

通过这件事，我认识到教练展现出的脆弱可以如何鼓励客户，很多时候就像平行空间一样，教练与客户是完全同在的，教练在当下感知到的很多东西经常是客户内在也在体验的。如果教练在这个当下完全真实地呈现，可以更加有力地支持客户激发自己的潜能。比如在教练的过程中，客户卡住了，陷入一个纠结中没有办法走出来。他希望能够实现自己的目标，但尝试了很多方法，效果都不好。如果在这个当下教练也卡住了，不知道如何支持客户，教练可以选择展现自己的脆弱，对客户讲："我在这个当下感受到了一种无助，好像不知道怎样能够更好地支持到你，在这个当下，你特别需要的是什么？"这样的问题让客户陷入沉思，然后非常缓慢地说出一个词，是勇气。他突然意识到，虽然自己尝试了很多方法，效果都不好，但是他留意到这件事情对自己很重要，他没有别的选择，依然要继续尝试。这一刻也是客户的能量发生转化的时刻，转化就来自勇气，实际上是来自教练的勇气，因为教练勇于展示自己的脆弱，展示了与客户完全同在，展示了这个当下的真实，他此时此地感受到的就是这样，而这份真实就是最有力量的。

正是通过这样的开放和透明，完全展现自己的脆弱，教练可以支持客户回到当下，面对他自己内在的真实。这样，整个教练对话才可以完全打开，也可以给客户带来支持和鼓励。教练通过开放和透明来展现自己的脆弱，并与客户建立信任。在教练的空间中，双方是完全开放的、完全真实的、完全透明的。当教练完全进入一种状态的时候，就会创造一个空间，一个完全接纳、完全开放、充满支持、充满鼓励的空间，这会变成客户前进的最大动力，也会让教练对话给客户带来最大的支持。

这就是关于"培养信任和安全感"的六条定义，包含了教练对客户的看见、接纳、理解和支持，包括对客户的鼓励，也包含了开放和透明以展现自己的脆弱。通过这样的一些行为和表现，双方就建立了信任和安全的空间，跟客户搭建起尊重和信任的桥梁，让客户可以在这个空间中自由地表达，可以充分地信任教练，可以毫无畏惧地深入自己的内在，去探索，去超越，去挑战自己，从而实现理想中的目标。

> **PCC 行为标识**
>
> 4.1 教练认可并尊重客户在教练过程中独特的才能、洞见和付出的努力；
> 4.2 教练向客户表达支持、同理和关心；
> 4.3 教练鼓励并支持客户表达感受、观点、担忧、信念和建议；
> 4.4 教练鼓励并接纳客户以任何方式对教练的表现给予回应，并以此与客户建立连接。

"培养信任与安全感"这个核心能力依然是四个PCC行为标识，前三个行为标识与定义中提到的几个要点非常相似，包含认可并尊重客户在教练过程中展现的独特的才能、洞见和付出的努力，向客户表达支持、同理和关心，鼓励并支持客户表达自己的感受、观点、担忧、信念、建议等等。第四条是关于教练如何处理客户对于教练的回应，并且通过这个过程与客户建立连接。在这个部分，需要重点看一下，这四个PCC行为标识在对话中如何具体呈现，以及什么样的行为会影响教练在这个能力上的表现评估。

4.1 教练认可并尊重客户在教练过程中独特的才能、洞见和付出的努力。

这一条重点是看见，是认可并尊重客户的独特性，这份独特性可能会展现在客户的优势和强项也就是才能上，或者他就自己的议题、内在、处境形成一些独特的想法、观点，包括他为实现自己的目标所付出的努力，这些都是客户独特性的呈现，在教练的过程中是需要被接纳、被看见的。

这一点在PCC水平的教练对话中的具体表现包括，首先，教练是没有评判的，所谓评判就是好坏对错，有喜欢和不喜欢。如果没有这样的判断，客户无论什么样的表达都是被接纳、被欢迎的，那教练就展现出了这样的行为标识。

其次是认可并且尊重独特性。独特性定义了客户是什么样的人，包括客户的身份、回应的方式、思考和感受的方式、应对的挑战、付出的努力，他的才能、洞见、观点和独特的视角，他的优势以及他改变的勇气，等等。教练要做的就是看见并且能够让客户感受到被看见。

具体如何展现呢？就是通过教练分享观察。比如教练留意到客户有特别强的觉察力，因而对话非常深入，包括利用客户的一些优势，或是呈现出客户独特的表达，或是很好奇的探索提问，类似于这样的分享就是在表达一种看见、认可和尊重。

相反，如果教练表现出忽视、没有信心或是怀疑，甚至未经客户同意就改变客户的表达，比如在回放客户的时候，或者分享观察的时候使用了教练自己的语言，没有完全使用客户的语言，这个时候就会破坏教练过程中的信任感。教练分享自己的想法，"我认为这个事情应该是……""我觉得很好的方法是……"，或者教练用自己的想法替代客户的观点、评判、忽略、阻碍等，包括一些引导、暗示，都是一种否定，会被认为是不符合这一条的行为表现。

这里面的很多表现都与教练位置有关系，比如教练是否带入了个人的观点和评判的标准，并且在对话的过程中通过语言或非语言的形式把它展现出来。非语言的表现形式就是教练的一些态度、语音、语调、眼神等等，语言的表现形式是教练直接表达了否定、不同意，或是表达了自己的观点，或是使用了一些引导性的问题，引导对话朝向教练想要去的方向。比如，客户讲到和老板的冲突，教练就问客户怎样可以跟老板开诚布公地谈一下。看似是一个开放式的提问，实际上包含着建议，是对客户自己独特的解决方法的否定或者忽视，或者表露出对客户解决问题的能力没有信心。这样的表现都不能够展现出这种认可和尊重，会影响在这一条上的表现评估。

所以，这个行为标识关注的是，教练是否展示出了对客户整体独特性的有不接纳的部分，是否做出了一些语言层面或非语言层面的评判，或否定或挑战，这些都会让教练在这个能力上的表现打折扣。

4.2 教练向客户表达支持、同理和关心。

教练的支持就是展现出双方是在一起的，教练为客户抱持这个空间，通过一些语言和非语言表现，呈现出这种状态。同理就是教练能够理解客户，"我能够理解在这个过程中你所经历的痛苦和压力""我能够看见在这个过程中你的纠结、犹豫""我能够感受到你的焦虑"。类似这样的同理也是一种看见和了解，但是并不等于认同客户的观点。在对话的过程中，教练不是通过同意客户的观点来支持客户的，教练是中立的，对于与客户的议题相关的内容，教练并没有自己的观点，但是可以通过了解、看见、理解来支持客户。关心表现为教练的好奇，比如想要了解客户和老板的关系发展得怎么样、上次的目标达成的情况怎么样，注意到客户有一些情绪后问他当下的感受怎样，这些都是在展现关心。

同时，教练需要无条件地积极关注客户的情绪感受，敏锐地感知到这份情绪，对这份情绪表现出关心。积极关注是教练对待情绪的态度，情绪没有好坏之分，所有的东西都是中性的，但是背后都隐藏着一些信息，它其实是来提供帮助的，它带来正向的信息，提供正向的资源，都是实现目标的重要通道。

相反的表现包括：忽略客户的感受；与客户的互动非常冷淡；当客户分享自己的困难或是脆弱时，教练谈自己的经历，把注意力转移到自己身上；没有理会客户的表达，直接改变话题。比如教练自己不太擅长处理这个问题，或者觉得这个问题不重要，只是关注自己认为需要解决的问题。有时候，客户只是希望教练聆听或是抱持这个空间，教练却一直试图解决问题，没有给客户这个空间连接来消化自己的情绪，而是忙于带着客户解决问题，或者试图让客户高兴起来。如果在对话中有这种情况发生，就会影响教练在这个行为标识上的表现。

有时候，客户的能量突然下降了，或者表现得有些低落，这有可能是因为教练没能有效地向客户表达支持、同理和关心，或者忽略了客户，这也会被认为是没有表现出这个行为标识的证据。

这里要特别强调的是，在展现支持、同理和关心时，教练要避免成为"照顾者"，有时候这二者比较难区分。区分的一个关键点是看教练是在替代客户解决问题，还是鼓励客户利用自己的资源解决问题。教练在这里需要做的工作是支持、同理和关心，并不是代替客户承担责任、解决问题或者找到适合的解决方案。所以，教练要特别注意区分，关注客户、支持客户、理解客户、关心客户并不能代替客户做他应该做的工作、思考他应该思考的事情、投入他应该投入的努力。这些都是教练无法替代的，有时教练在这个过程中超越了教练的位置，帮助客户解决问题，提出了自己的建议，代替客户做决定，或者提供了一些具体方法，都是出于太想支持、帮助客户了。当教练太想帮助、支持客户的时候，就从教练位置上掉下来了，脱离了教练的角色，成了一个"照顾者"。这也是一个相反的表现，会影响教练在这条行为标识的表现评估。

4.3 教练鼓励并支持客户表达感受、观点、担忧、信念和建议。

教练鼓励并支持客户的表达，是指教练给客户一个空间，鼓励客户表达自己，分享自己的想法和情绪。鼓励可以是通过好奇的提问、眼神的鼓励、肢体语言或邀请客户分享自己的想法和感受来实现，重点是鼓励客户的表达。客户可以表达的东西有很多，包括自己的观点、感受、想法、学习、收获、情绪等，教练要做的就是给客户这个空间。

怎样才能给客户空间？首先依然是不评判，保持中立，其次是认可、肯定、鼓励和支持，不仅是认可、肯定和鼓励客户表达的内容，也包含认可、肯定和鼓励客户的表达方式。比如，有些客户会通过隐喻表达，有些客户会通过画面表达，有些客户喜欢边说边厘清自己的思路，教练应给客户这个空间，让客户用自己感觉舒适、自然的方式表达。每个客户的表达方式也不一样，有些人喜欢用不同的语音、语调表达，有些人喜欢用肢体语言表达。无论客户用什么样的表达方式，教练同样不评判，都是认可的、肯定的、鼓励的。这种认可、肯定、鼓励和支持可能是一种看见、了解，可能是一种接纳的态度，也可能是基于关注进行充满好奇的探索，使用客户的表达内容或表达方式支持客户探索也可以起到鼓励客户表达的作用。

假如客户说"通过刚刚这个探索的过程，我突然意识到，其实阻碍我的一直是我自己的内在恐惧。如果要超越这个恐惧，还是要我自己迈出这一步才可以",教练就可以先回应客户,"听起来你似乎在这里有了一个非常重要的发现";也可以鼓励客户继续探索,"基于你这个重要发现,你认为对于你来讲,接下来最重要的是什么";或者认可和肯定客户的这个想法,"我能理解超越恐惧的重要性"。类似这样的表达方式都是教练认可和肯定客户的想法和感受的表现。教练可以通过接纳、认可和肯定客户的表达,通过好奇的探索,鼓励客户用他自己感到舒服的方式表达。

相反,如果教练使客户的注意力集中在教练身上,或者经常不断地打断客户,特别是没有明确教练意图地打断客户,都会影响客户的表达。在教练过程中,有的时候,教练确实需要打断客户,比如:客户陷入非常强烈的负面情绪中,接近崩溃状态,没有办法继续进行教练;或者客户表现为一种"绕圈"状态,一直用不同的方式讲同一件事;或者不断重复表达同一个观点;或者客户陷入自己的故事中,陷入了自己的限制性信念中,形成了一个死循环。这个时候,教练就需要打断客户。但是如果没有打断客户的必要性,只是为了教练的表现,或是太想支持客户达成目标了,已经没有耐心聆听客户了,因此不停地打断客户,这就可能影响教练在这个行为标识上的表现评估。

另外,直接或间接否定客户的想法、看法,或者暗示客户的想法是错的,用教练的想法替代客户的想法,对客户表达的内容进行评判,当客户分享自己的一些学习和发现时不停打断、评判、否定,提出自己的观点("我觉得这个是不对的,我认为更好的这个办法是……"),这些都会影响教练在这个行为标识上的表现评估。

4.4 教练鼓励并接纳客户以任何方式对教练的表现给予回应,并以此与客户建立连接。

最后一个行为标识涉及鼓励和接纳客户对教练的表现所给予的回应。前面三个行为标识是关于教练怎么回应客户表达的,最后这个行为标识是关于教练怎么回应客户给的反馈,并且能够通过这个部分的回应建立信任的关系。

在对话的过程中,教练可能会有一些观察、感受、反馈以及直觉需要分享给客户。当分享这些东西的时候,教练需要邀请客户回应,而且无论客户是否同意、他的回应是什么，教练都需要全然接受客户的回应。这里讲到的就是，教练该如何分享自己的观察和反馈。首先要以不确定的方式分享，而且分享后要邀请客户回应，如果没有邀请客户回应、不允许客户回应或者客户不同意分享，但是教练仍然按照这个方向继续对话，可能都会影响教练在这个行为标识上的表现。比如，教练留意到，客户每次提到自己团队中的一个成员时都会用一种非常特殊的语音、语调。这激起了教练的好奇，需要进行一个反馈。怎样跟客户进行这样的分享和反馈呢？首先就是获得一个允许，可以问一下客户："我观察到一个现象，是不是可以跟你分享一下。"如果客户说"好的"，教练就可以分享自己的观察："我注意到，你每次提到这个人的名字时，都会使用一种特别的语音、语调，不知道你有没有留意到？你愿不愿意多跟我说一点？"教练要做的是先获得一个允许，再以一种不确定的方式分享，"你每次提到这个人的名字时，都会使用一种特别的语音、语调"，然后跟客户确认："你愿不愿意多跟我说一点？"或者邀请客户去进一步探索："在这里你发现了什么？你注意到什么？"这些问题都是在邀请客户对教练的分享给予一些回应。无论客户的回应是什么、同意或者不同意，对于教练来讲都是保持开放的。

这里需要注意的是，教练的分享应该来自自己的直觉，而且在使用教练直觉的时候，一定是支持客户达成他的目标的。所以，教练的好奇一定是关于客户的，关于客户当下面临的情境，关于客户的目标，关于客户这个人，而不能是基于教练个人的好奇，分享与客户的议程或进展方向是相关的。

ACC/MCC 最低技能要求

ACC 最低技能标准：
- 教练真诚地关心、支持和尊重客户；
- 与客户的信念、感知、学习风格和个人呈现方式在基本层面上保持一致。

ACC 具体行为表现：
- 教练认可客户当下的洞察和学习；

- 教练探索客户对感受、感知、担忧、信念或建议的表达；
- 教练对客户表达支持和关心，关注客户的背景、问题或现状，而不是客户的整体情况。

ACC 不合格表现：
- 教练对自己的观点而非客户的观点表现出极大的兴趣；
- 教练没有向客户寻求关于客户对现状思考的信息；
- 教练不支持或不尊重客户；
- 教练关注的是自己的表现或与议题相关的知识的展示，而非客户本身。

在这个核心能力上，ACC、PCC 和 MCC 水平的最低技能要求，包括在定义中提到的一些关键要素，都非常接近。因为这个核心能力更多的是一种 Being 的展现，是一种状态和心态。当然，这样的心态和状态也会包含一些具体的表现。在 ACC 水平的教练对话中，教练要展现出对客户真诚的关心和支持，以及对客户的尊重和相信。比如，教练是否展现出了对客户的关心和支持，留意到客户展现出的脆弱以及困难的情绪后是否给予支持，是否通过看见、通过好奇的探索、通过一些非语言表达展现出这种支持的作用，客户是否充分地相信教练，教练是否尊重客户，是否看见客户的独特性，是否真诚、开放地鼓励客户表达，这几个方面都是"培养信任和安全感"非常重要的要素。在 ACC 水平的教练对话中，教练需要展现出这些品质，只是在展示的强度上与 PCC 水平有所不同，这里的要求与客户的信念、感知、学习风格和个人呈现方式在基本面上保持一致。

在具体表现上，教练依然要认可客户产生的一些洞察和学习，看见客户取得的一些进展或获得的新觉察。教练可以通过分享的形式表达这种看见，也可以通过非语言形式表现这种支持。第二个表现就是教练探索客户对于感受、感知、担忧、信念或建议的表达，这一点与之前提到的 PCC 水平的教练对话中的要求一样。但这里并没有特别明确的要求，教练只需要展现出对这些方面的探索就可以。第三个具体表现是，教练需要对客户表达这种支持和关心，但是在 ACC 水平的教练对话中，教练关注得更多的是客户的背景、问题或现状，而不是客户整体的情况。所以，在 ACC 水平的教练对话中，教练可能会对客户表达支持和关心，但可能局限在客户的背景、问题或现状等具体事情的层面，对于客户这个人的理解、关心、支持、关注就没有那么全面和深入，这个部分是在 PCC 水平及以上的教练对话中特别强调的。所以，从整体来看，在 ACC 水平的教练对话中，对于培养信任和安全感的具体要素和 PCC 水平是一致的，但是在表现的强度、深度以及整体性上，要求都没有那么高。

同样，不合格的表现也包括教练对客户的完全忽视，只关心自己的表达、关注自己的观点而没有对客户的思考产生好奇，没有支持或尊重客户，更多的是关注自己而非客户的表现。这些都可以作为在 ACC 水平的教练对话上的相反证据。

PCC 水平教练行为标识：

4.1 教练认可并尊重客户在教练过程中独特的才能、洞见和付出的努力；

4.2 教练向客户表达支持、同理和关心；

4.3 教练鼓励并支持客户表达感受、观点、担忧、信念和建议；

4.4 教练鼓励并接纳客户以任何方式对教练的表现给予回应，并以此与客户建立连接。

对比一下在 PCC 水平的教练对话中的要求，大家会看到，在 PCC 水平的教练对话中，教练要做的是认可并尊重客户在教练过程中独特的才能、洞见和付出的努力。所以，大家会看到，教练认可、尊重的是客户的独特性，更多的是关注于这个人本身带来的独特才能，以及他付出的独特努力。所以，这里更强调独特性。同时，教练也需要向客户表达支持、同理和关心，特别是当客户产生一些情绪或展现一些脆弱的时候，教练应该支持到客户。

在 ACC 水平的教练对话中，教练更多的是探索客户对感受、感知、担忧、信念和建议的表达，但在 PCC 水平的教练对话中，更多地强调一种鼓励和支持，更多地邀请客户，给客户空间，与客户合作的深度也不一样。

在 PCC 水平的教练对话中，第四点强调的是如何面对客户给予的回应，这种回应和邀请的方式是在建立一种真诚、开放、鼓励表达的氛围或环境，其实也是更多地邀请客户投入进来，鼓励客户的表达。所以，总体来看，在 PCC 水平的教练对话中，展现的强度会比 ACC 水平的更强、更深入。

MCC 最低技能标准：

- 教练通过让客户作为一个平等的合作伙伴参与进来，表现出对客户和教练流程完全和开放的信任，愿意与客户一起面对脆弱，从而为客户创造坦然呈现脆弱的安全空间；
- 教练展示出对自己、对教练过程以及对作为一个整体的客户完全的信任，并对客户的感知、学习风格和个人特质表现出真正的好奇心和尊重；
- 客户被视为关系中的平等伙伴，并被充分鼓励参与教练过程的开发和创造以及他们自己全新的学习和行为。

MCC 具体行为表现：

- 教练让客户作为平等的伙伴参与协作式的教练过程；
- 教练通过鼓励客户分享更多关于自己或身份的信息，展现出对客户作为一个整体的真正的好奇心；
- 教练不带有任何评判，为客户提供充分表达自我及分享感受、信念和观点的纯净空间；
- 教练认可客户并庆祝客户所取得的进步。

MCC 不合格表现：

- 教练没有将客户视为完全的合作伙伴，没有让客户共同选择议程并且参与教练流程的创造；
- 教练对自己对于情境的看法而非客户的看法感兴趣，不向客户寻求有关客户想法的信息，不寻求有关客户目标的信息；
- 教练对客户整体缺乏兴趣或不尊重，表明在教练中缺少全然的伙伴合作关系；
- 教练没有邀请客户平等分享他们的想法；
- 教练在没有得到客户的明显说明的情况下选择方向和方法；
- 任何表明教练在教学而非教练的迹象。

在 MCC 水平的教练对话中，特别强调的是要让客户作为一个平等的合作伙伴参与进来，客户和教练之间是完全平等的合作伙伴关系。教练展现出来的是对客户和教练流程完全的信任和开放，愿意与客户一起面对脆弱，从而为客户创造坦然呈现脆弱的安全空间。

成为 MCC 教练是一个内在的旅程，需要有内在的转化，需要完全放下。通过这种完全的放下，教练变成全然的开放、全然的欢迎，可以非常坦然地展现自己的脆弱。通过展现自己的脆弱，教练可以鼓励客户面对脆弱，从而呈现非常安全的空间，充满信任，可以让客户完全放心。这样的转化与教练对自己的信心有关，也与教练的心态有关。教练需要保持完全坦诚开放的心态，同时对自己、对客户、对教练的流程抱有充分的信心，这时候才能真正做到完全的开放和信任，才可以和客户形成完全平等的合作伙伴关系。在 MCC 水平的教练对话中，这种开放和真诚又被放大了、打开了，更加深入。

教练对客户的这种完全相信也表现为对客户的好奇，对客户这个人好奇，对客户的感知风格、学习风格、个人特质表现出真正的好奇和尊重。这个部分可以让教练更完整地看见客户，也可以展现出对于客户充分的相信和尊重。正是基于充分的相信和尊重，才会有平等的伙伴关系，才可以充分地鼓励客户参与整个过程的开发和创造。

第三条强调的是教练对客户的鼓励，充分地鼓励客户参与教练过程的开发和创造，包括他们自己全新的学习和行为。MCC 水平的教练对客户是充满信心的，充分鼓励客户踏出自己的舒适圈。教练和客户同时进入一个完全无畏的空间，对未知充满好奇，勇于面对脆弱，教练带着这样的心态一起探索。这个过程包含这种状态的展示，是一种氛围和环境的营造，让客户愿意投入进来，这个时候，伙伴关系才能够形成，客户才会得到充分的鼓励。作为一个 MCC 水平的教练，只有教练的内在状态是这样的，才能够去护持这样的空间，才能邀请客户投入进来，才能够与客户一起完成共舞。"培养信任和安全感"这个核心能力上的表现定义了 MCC 水平教练的底色或基调，正是在这样的基调之下，一场深入的、具有强大转化力的对话才能够发生。除了在这个核心能力中包含的一些具体表现外，教练在这个过程中展现的状态也是至关重要的，这部分与教练个人的内在修炼息息相关。所以说，成为 MCC 是一个旅程，需要完成内在的转化。

相反，如果教练没有把客户视为完全的合作伙伴，而是引导教练的流程，或者没有更多地邀请客户参与进来，甚至教练的注意力是关注在自己身上，对自己的观点比较感兴趣，没有寻求客户的观点，没有邀请客户分享，不是把客户当成一个平等的、同样有资源甚至更有资源的人而向客户学习，这些表现都没有办法在这个核心能力上获得合格的分数。

ACC/PCC/MCC 关键技能评估

对于"培养信任和安全感"这个核心能力在 ACC、PCC、MCC 不同水平的教练对话中的表现，可以从下面三个方面（关键技能评估）进行区分：

- 教练与客户的连接和对客户支持的深度；
- 教练对客户以及客户思考和创造过程展现出信任和尊重；
- 教练愿意抱持开放心态，展现真诚与脆弱，建立相互信任。

第一方面是教练和客户之间的关系以及教练对客户的支持。在 ACC 水平的教练对话中，教练对客户的支持和关心，更多的是关注客户的背景、问题或现状，是在事情的层面上，而不是客户的整体情况。在 PCC 水平的教练对话中，教练对客户的支持和关心，更多的是关注客户这个人，不仅是客户所面临事情的背景、问题，或是现状，或是他想要实现的目标，更是客户作为一个整体的人，教练支持和关心的也是客户这个人。所以，在 PCC 水平的教练对话中，教练更多关注的是通过教练的看见、通过深度的聆听和观察，表达对客户这个人的支持、同理和关心，特别是在客户展现出一些负面的情绪或者非语言层面的表达时。这些非语言层面的表达更多的是关于客户这个人的表达,是关于他是谁的表达,展现的是客户的一些内在想法、观点或情绪的生发。

在 MCC 水平的教练对话中,教练对客户的支持和关心转化成了教练对客户整体的完全信任,变成了教练对客户这个人的整体表现出真正的纯然的好奇和尊重。所以,这个水平的教练对话对客户的支持和关心的深度又不一样了。

教练与客户的连接和对客户支持的深度		
ACC	PCC	MCC
·教练对客户表达支持和关心,可能关注客户的背景、问题或现状,而不是客户的整体情况	·教练向客户表达支持、同理和关心	·教练展示出对自己、对教练过程以及对作为一个整体的客户完全的信心,并对客户的感知、学习风格和个人特质表现出真正的好奇心和尊重

第二方面是教练对客户及其思考和创造的过程展现出信任和尊重。在 ACC 水平的教练对话中,教练需要做的是认可客户当下的洞察和学习。在 PCC 水平的教练对话中,特别强调的是要认可并尊重客户在教练过程中展现出来的独特才能、洞见和付出的努力,更强调教练需要信任和尊重客户作为一个人的独特性。在 MCC 水平的教练对话中,这种信任和尊重转化成了充分的鼓励,表现为教练和客户是完全平等的伙伴关系,以及教练对客户参与教练过程的邀请。这种信任和尊重体现在教练对客户的态度上,如教练是否认可、是否充分相信。教练越相信,就越会鼓励客户掌控整个教练的对话,参与到共创的过程中。

不同层次的对话水平给客户带来的觉察深度是不一样的。这种觉察的深度来源于教练对于这种超越的邀请。在 ACC 水平的教练对话中,教练看见的是客户当下的洞察和学习;在 PCC 水平的教练对话中,教练看见的是客户的独特性;在 MCC 水平的教练对话中,教练鼓励客户超越他们自己,产生全新的学习和行为,鼓励客户创造这个对话,而不只是让教练引领这个对话。

教练对客户以及客户思考和创造过程展现出信任和尊重		
ACC	PCC	MCC
·教练认可客户当下的洞察和学习	·教练认可并尊重客户在教练过程中独特的才能、洞见和付出的努力	·客户被视为关系中的平等伙伴，并被充分鼓励参与教练过程的开发和创造，以及产生他们自己全新的学习和行为

第三个方面是关于开放与真诚这个方面的展现。在 ACC 水平的教练对话中，教练展现开放与真诚，建立互信，通过教练探索客户对于感受、观点、担忧、信念或建议的表达。通过这样的探索，客户也在展现开放。在 PCC 水平的教练对话中，教练会更积极地鼓励和支持客户表达自己的感受、观点、担忧、信念和建议，而不仅只是"探索"，会更直接地鼓励并且支持表达这个部分。我会更多地通过教练的直觉做一些表达或分享，通过邀请客户以特别开放的方式回应、展现这种开放与真诚，建立相互信任。在 PCC 水平的教练对话中，这种开放与真诚是通过这两个方面展现的。在 MCC 水平的教练对话中，教练和客户会在更深的层面建立信任、开放与真诚。特别是当客户展现出一种脆弱或情绪的时候，教练可以非常坚实地有信心地抱持，教练也可以展现出自己的这份脆弱。通过这种展现，教练和客户就会完全放下，完全开放，一起面对这样的未知，从而产生出信心和动力。所以，在 MCC 水平的教练对话中，这种开放和真诚会在一个更深的层面展开。

教练愿意抱持开放心态，展现真诚与脆弱，建立相互信任		
ACC	PCC	MCC
·教练探索客户对感受、观点、担忧、信念或建议的表达	·教练鼓励并支持客户表达感受、观点、担忧、信念和建议 ·鼓励并接纳客户以任何的方式对教练的表现给予回应并以此与客户建立连接	·教练通过让客户作为一个平等的合作伙伴参与进来，表现出对客户和教练流程完全和开放的信任，并且愿意与客户一起面对脆弱，从而为客户创造坦然呈现脆弱的安全空间

总结与提高

- "培养信任和安全感"这个核心能力和"教练同在"一样，属于Being层面的核心能力。它们的作用就是定义了教练这个场域和空间的品质。这个核心能力一方面与教练怎么做、做什么有关，另一方面与教练呈现出来的存在状态有关。

- "培养信任和安全感"的关键词是培养安全和支持性的环境，支持客户的自由表达。要培养这种安全和支持性的环境和场域，首先是对客户的理解和支持，这种理解和支持展现在对客户独特性的看见、使用客户的独特资源支持客户以及展现出对这个部分的好奇和探索。通过这样的过程，就能够展现出教练对于客户的理解和支持。其次是教练对于客户的同理和关心，特别是在客户出现脆弱、困难的情绪或面对一些挑战的时候，教练是否能够看见并且支持客户进行转化。最后，这个空间是开放和透明的。这个部分展现出了教练对客户的信任，通过教练展现出的脆弱性可以支持客户有勇气面对自己的挑战。对于客户的回应以及完全接纳也展现出了教练的开放和透明。

- 在不同层次的教练对话当中，对于这种场域以及教练关系，品质上的要求是一样的，都需要建立安全的支持性的充满信任的空间，差别是对客户的理解和支持的深度不一样、对客户的信任的程度不一样、展现出真诚和脆弱的意愿不一样。

- 这个核心能力的发展在于对客户的允许和接纳、理解和相信，需要教练有意识地觉察自己和他人的关系。首先要觉察自己的评判和选择标准，以及认知这个世界的一些框架。通过这些觉察就可以把自己的内在结构和框架放下，全然开放地接纳客户。"五大原则"是这方面修炼的非常有效的助力。

- 这个核心能力的培养其实与"教练同在"和"积极聆听"非常相关。对客户的理解和支持与积极聆听的能力相关性很大，如教练能不能听到客户的表达、听到客户这个人，还是仅仅在听客户讲到的事情。当教练可以听到客户这个人的时候，就可以通过教练的认可、分享以及好奇的探索支持客户。

- 这个能力的成长与教练的个人修炼相关，教练需要面对自己的脆弱，有足够的能量护持这个场域，充分地相信客户、相信自己、相信教练这个流程。如果教练对自己、对教练、对客户是非常有信心的，那他就有力量展现自己的脆弱，就可以抱持真正开放和透明的空间。在这个空间里，客户也会变得勇于探索，勇于挑战自己，教练对话就具备了转化的力量。

- 在这一点上的自我修炼需要教练首先勇敢地挑战自己、面对自己，做更多的自我探索。只有当教练对自我有充分的觉察、允许和接纳以后，才能抱持这样的空间。

- 教练可以在平常的生活中更多地为自己建立教练的位置，成为一个观察者，留意到这个过程中一些情绪的升起，这些都是可以进入内在探索的非常好的通道。客户在教练过程中的反馈是非常好的渠道，教练督导和教练导师也是很好的资源，都是可以支持教练在这个方向上成长和探索的。

- 所以，这个能力的发展更多地与教练的内在成长有关。当教练有这样的成长以后，就可以成为那个容器，能够抱持这样的空间，支持客户在这个空间里探索。

核心能力 5
教练同在

当你想要获得什么时，心就会游荡到别的地方；当你没有想要获得什么时，你拥有的就是此时此地的身体与心灵。

——铃木俊隆，《禅者的初心》

不带评判的观察是人类智慧的最高形式。

——克里希那穆提

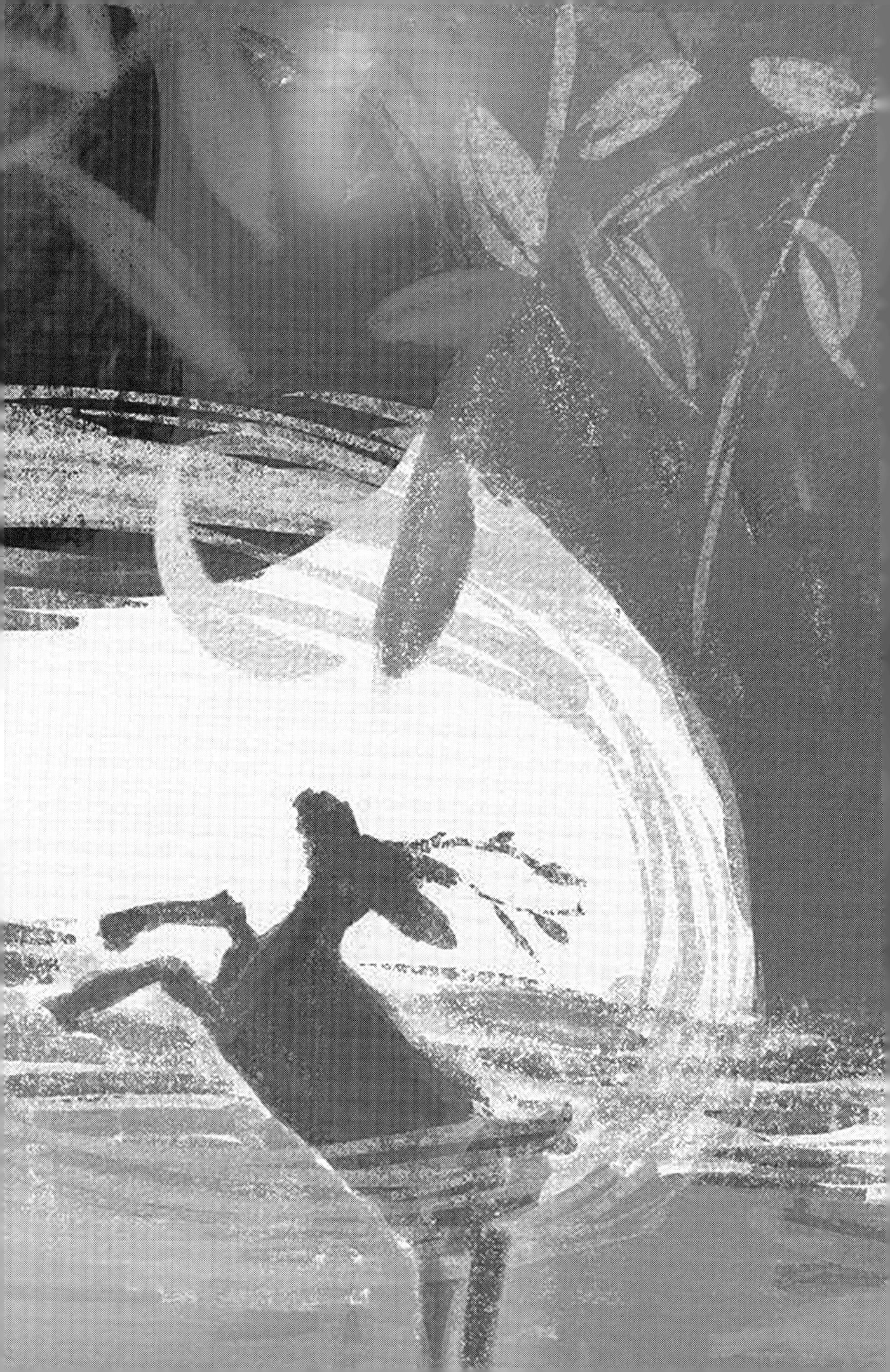

> **定 义**
>
> 全然地、有意识地与客户在一起，展现一种开放、灵活、脚踏实地和自信的风格。
>
> 1. 保持对客户的专注、观察、同理和回应；
> 2. 在教练过程中展现好奇心；
> 3. 管理自己的情绪，与客户同在；
> 4. 对教练过程中强烈的客户情绪展现信心；
> 5. 能够舒适地在未知的空间中工作；
> 6. 创造或允许存在沉默、暂停或反思的空间。

"教练同在"与"培养信任和安全感"这两个核心能力是互相支持的，如果教练没有办法与客户建立这种信任，让客户感觉到安全，也就没有办法与客户保持同在；如果不能与客户保持同在，信任和安全感这样的关系就很难被建立起来。这两个核心能力非常相似的地方还在于，它们更多的是一种存在的状态，也就是说，在评估教练对话中这两个核心能力的呈现时，不仅会观察教练在这个过程中说了什么、做了什么，也会观察教练在这个过程中呈现的状态、展现的心态是什么样的。

"教练同在"这个核心能力的定义有几个关键词，定义了这是一种什么样的状态。第一，这是一种全然的有意识地与客户在一起的状态。教练是完全在当下的，是全然在这里的，是跟客户在一起的，教练的心没有神游出去，意识没有发散出去，所有注意力都在客户这里，在当下这个场域中，而且这份注意是有意识的。这就是教练保持同在的非常关键的品质，教练百分百在当下，百分百与客户在一起，全然关注客户，不仅关注客户这个人，而且关注客户的整体。

接下来的三个关键词是灵活、脚踏实地和自信，这也定义了一种教练同在的状态。首先是灵活，正是因为教练全然地在当下，所以能够感知到当下的发生，教练对客户的回应、提问都是在当下生发的，没有固定的流程，没有事先准备好，是在当下做出的回应，所以整个对话展现出了一种流动、灵活的特点。

同时，这种状态也是"脚踏实地"的。这里表达的是一种全然在当下的稳定，比较接近核心的稳定，无论客户展现出一种什么样的状态，出现一种什么样的情况，教练是非常稳定地抱持着这个空间的。这份稳定来自内心的坚定，来自深深的相信，与后边自信的风格也有一定的关系。这份稳定可以给客户带来一份安定、一份自信，可以帮助客户更容易地投入对话中，也可以让客户感觉更安全。同时，这个核心的稳定对于教练对话的展开也有很大的支持作用。所以，从定义中可以看到，教练同在是完完全全地在当下，充满信心地与客户一起共舞。

1. 保持对客户的专注、观察、同理和回应。

教练同在的前提是教练完全在当下，保持对客户全然的关注，才能进行敏锐的观察，之后才能做到同理和回应。要全然地在当下，就要求教练百分百聚焦，不能分心。但事实上，有很多东西会让人分心、不专注。比如，教练有些时候太想帮助客户了，就开始帮客户想一些解决办法，或是当客户陷入困境、没能有效支持客户时，教练开始陷入内心的纠结、焦虑甚至恐惧中。教练太希望成为一名优秀的教练，能够给客户带来更大的价值，就会忽略客户当下的一些表现。或者教练陷入了自己的角色或专家的角色中，没有办法保持对客户的专注。比如，某些话题是教练特别擅长的，教练就会不自觉地想找更优的解决方案，然后开始评判客户。很多的事情、很多的心态都可能会让教练陷入自己的内在世界，陷入自己的故事，不能全然地在当下。在刚开始学教练的时候，因为对流程不熟悉，注意力就会一直关注接下来要做什么、最好的问题是什么、流程是什么。当被这些东西吸引的时候，当陷入自己的议程中的时候，教练就没有精力做到全然关注客户，因为人的注意力是有限的。所以，教练需要留意到自己的内在，把自己的注意力调整到客户身上，全然关注这个人，包括这个人的表现、他所面临的情境、他带来的议题、他期望达成的目标，这个时候，教练才能对客户做到专注、做到敏锐的观察，然后才能够有机会同理和在当下去回应。

这个部分与积极聆听也很相关，聆听是保持同在的一个通道或方式方法。当教练训练积极聆听的时候，也是在训练专注力，看是否可以持续稳定的专注，是否能够敏锐观察和捕捉到细小的线索、精微的表达。当教练强化聆听能力的时候，也在修炼教练同在。

"教练同在"与"培养信任和安全感"这个核心能力非常相关，如教练是否能够放下内心的评判，我们是否能够放下自己的观点、视角、想法。只有当教练能够放下这些东西、放下个人的内在框架和结构的时候，才能够成为一名教练，用教练的眼睛全然地关注客户。教练需要清空，需要把空间和注意力留给客户，要做的是不断进行自我觉察，留意什么样的心态会把教练从这个当下带走，如何才能保持这种全然的关注，然后通过敏锐的观察去同理和回应客户。

2. 在教练过程中展现好奇心。

好奇是教练最关键的一个品质，就是这份好奇让教练的问题升起，这份好奇是指引教练与客户在一起探索的指南针。好奇也是教练非常重要的一个心态，需要对客户好奇、对客户的情境好奇、对客户要去往的方向好奇，当对这些东西好奇的时候，这个好奇就会激起客户对自己的好奇。当客户开始对自己好奇的时候，他就开始打开心扉，朝向内在探索。所以，好奇是驱动教练探索的力量和源泉。这里的好奇并不是来自教练个人的好奇，并不是对某件事情或对某个人基于个人的兴趣爱好而产生的好奇。比如客户提到自己的目标是创造多大的价值、产生多少的利润、进行哪些投资，如果教练也对投资感兴趣，他可能就会基于自己的兴趣而产生好奇，好奇客户指的是哪些投资渠道。这样的好奇就是来自教练个人的好奇，而真正的教练的好奇来自教练的角色。

教练的角色是什么？教练的角色是支持一个人的成长，支持一个人实现他的目标。所以，教练所有的好奇都来自这个人想成为一个什么样的人、他如何成为自己想成为的个人、客户的现状是什么、他希望达成的目标是什么、他如何实现自己的目标、他拥有什么样的资源、他如何支持自己实现目标。

在教练对话中，首先要成为一名教练，然后带着教练对客户的好奇与客户在一起，让这份好奇指引探索的方向。在合约的阶段，这份好奇可能帮助客户聚焦到对他来讲真正重要的合约。比如客户想要克服拖延的习惯，但是探索了很长时间都没有效果。教练会好奇是什么阻碍了客户探索这么长时间都没有效果，今天要探索什么才能真的支持他克服这个拖延的习惯。可能正是教练的好奇支持客户找到对他最有价值、最有意义的目标成果，以作为对话的合约。

在对话的过程中，好奇会让教练留意到客户给的一些非常精微的线索。比如客户说自己非常开心，却没有一点开心的表情，这就会引起教练的好奇。"你说自己很开心，但你的表情似乎并不是十分开心？"这样的好奇会让客户同样对自己也产生好奇。这个矛盾究竟在告诉自己什么？自己真正想要的是什么？这份开心到底对自己意味着什么？这样的好奇会帮助客户进行更深入的探索，支持客户产生一些非常重要的学习。

在对话结束的时候，教练会好奇客户有什么资源，可以支持客户落地行动，实现成果，客户接下来要如何真的像对话中讲的那样达成自己的目标。所有的这些好奇都在推动整个对话的进展。在这种好奇的驱使下，教练就会有所发现，有所成就，找到能够实现价值、达成目标的那个最重要的东西。

3. 管理自己的情绪，与客户同在。

教练需要有能力管理自己情绪，只有教练能够保持稳定的情绪状态，才能有效地支持到客户。教练需要匹配客户，需要对客户的表达做一些适当的回应，跟客户建立信任关系，但是教练不会过度回应。当教练产生了过度回应、表现出很强烈的情绪时，往往跟客户没有关系，而是因为教练陷在自己的故事里。

比如，有些教练遇到某一类话题就特别容易产生情绪，或者特别容易投入客户的情绪中，从而让对话没有办法正常进行。这个时候，教练需要进行自我探索和自我觉察，做一些自我调整的工作。只有当教练能够管理自己的情绪时，才能够护持一个开放的空间，才能够强有力地支持客户把自己的议题、自己的情绪在这个空间中转化。教练就像一个容器，如果这个容器本身是破损的，则没有办法支持客户在这个容器中完成自己的议题，完成自己内在的转化。有的时候，教练就像水晶球一样，在这个神奇的水晶球里，客户是非常安全的，也可以获得支持进行探索、延展、挑战和突破。

4. 对教练过程中强烈的客户情绪展现信心。

第4条是关于处理客户的情绪状态的，这也是教练的一种能力和修炼。就像前边讲到的，要抱持这个水晶球，抱持这个空间，支持客户，不仅需要管理好自己的情绪，也需要对自己有信心，相信自己有能力处理好客户的情绪，这时候教练才能呈现出稳定的教练状态。

教练的稳定对客户的支持是非常大的，特别是当客户陷入负面情绪中的时候，或者客户卡住、因找不到解决方案而陷入纠结、犹豫、焦虑中的时候，教练能否依然抱持着这个空间容纳客户的情绪？不仅要容纳客户的情绪，还要在这个空间中支持客户情绪的转化。教练需要对情绪保持开放，用成果导向的方式看待情绪，包括客户负面的心态以及当下的困境。

面对情绪，教练需要一种更完整的心态，就像太极图一样，任何的事情都是一体两面的。要理解，情绪的背后是资源，情绪是其中一部分，一定是支持教练的。如果教练以这种成果导向的视角看待情绪，就可以透过情绪和负面的体验，找到隐藏其中的资源。找到资源的关键是怎么看待它，如果把它看成一个信使，把它看成是支持的，就可以看到它的积极正向的意义以及它想要带来的重要信息。当教练以这样的视角——而不是以拒绝、排斥甚至想要消灭的视角——看待情绪的时候，就会更容易地抱持这份情绪，更强有力地支持客户透过情绪获得对自己非常重要的资源，完成对情绪的转化。

要抱持这个空间，教练就需要对自己展现出强有力的信心，相信自己，更富有资源地理解负面的情境，或者掌握转化负面情绪的技巧、方式、方法。当教练拥有这些的时候，就会表现出非常有信心，呈现出核心非常稳定的状态，这种状态会给客户带来更大的信心以及强有力的支持。

5. 能够舒适地在未知的空间中工作。

好奇是教练的一个重要品质，"不知道"的状态也是教练状态的一个核心表现。当教练可以完全放下对可控的执着、对"想知道"的追求，开始对未来的无限可能充满好奇，就会全然地在当下，不会被你内心担心、害怕以及执着的方向所困扰，会留意到客户当下精微层面的一些表达，向客户问出在那个当下最有力量的问题，整个对话就会变得非常有力和流动。

当教练因为害怕对话变得不可控而开始想要掌控对话的方向，或是开始用自己知道的方式帮助客户、引导整个对话的方向时，整个对话就会被限制住。教练也会因为把所有的注意力都放在内在的议程和方向上，忽略客户给到的线索，从而失去真正能够支持客户的机会。

有一位教练曾经跟我分享，当客户讲到一个他特别熟悉的议题时，他发现自己很难在这个当下与客户在一起了。当客户讲到自己可能探索的方向、自己面临的问题时，这位教练发现自己过去的经历、解决问题的想法就会冒出来。同时，作为一个正在学习的教练，另一个声音又会冒出来："你是教练，你应该放下，你应该关注客户。"整个教练过程不断产生两个矛盾的声音，牵扯着他的注意力。在这个过程中，客户几次讲到对自己非常重要的要素，但这个教练都没有听到，在整个对话中，客户一直陷在问题中，没有解决自己的问题。

所以，如果在对话的过程中，教练开始陷入自己的内在对话、自己的方向、自己的期待、自己的想法中时，一旦他开始期待这个对话朝向某个方向，对话就会受到限制。教练需要的是"赤子之心"，就是像小孩子一样，享受未知，对未知充满好奇。要相信，一定会有比过往的经验更好的解决办法，所有的线索都会在当下。想要做到这一点，首先需要全然地相信，要相信客户是充满资源的，他有解决自己问题的资源和方法，即使教练有再多的经验、再多的方法，都不是客户最好的选择，只有他自己找到的方法才是他最好的选择。

同时，教练也要相信自己，相信教练的价值。只有带着这份强烈的相信，教练才可以在这个对话的过程中全然地放下，放下内在的各种担心，如："万一我支持不到客户怎么办？""接下来这个对话该怎么收场？""我怎样才能帮客户从这个问题中走出来？"如果教练的内心完全被这些想法占满，就会错失很多最重要的信息，没有办法留意客户提供的线索，很多有价值的东西都会被忽略。

保持这样的状态需要教练不断地与自己对话，在每一次教练对话中持续体验，找到这种感觉，然后就会慢慢享受这种"不知道"的状态，享受这份对未知的好奇、对探索的乐趣，像个孩子一样玩得很开心。当教练可以做到这些的时候，就会发现整个教练过程变得非常轻松、愉悦，给客户和教练带来的价值都会非常大。

6. 创造或允许存在沉默、暂停或反思的空间。

空间是一切发生的基础，教练需要创造沉默、暂停或反思的空间，"无"中才能生"有"。教练应该给客户创造这样的空间，而不是把这个空间填满。如果教练把这个空间填满了，客户就没有发挥的空间了。比如，如果教练连续不断地提问，就会剥夺客户沉入内在反思的空间，客户就无法停下来挖掘真相到底是什么，只能忙着回答教练的问题。这个时候的答案往往都是表层的，因为客户没有机会深入内在连接潜意识，让深层的信息浮现出来。有时候，客户可能会产生某些情绪，会产生能量的波动，内心会有一些新东西生成。如果教练不允许沉默，不允许暂停，没有给客户反思的空间，客户就没有机会与这些重要的资源展开更深入的工作，没有机会处理这些重要的线索，对话也就没有办法进入更深的层面。这时候就需要教练在整个对话过程中有意识地给客户创造这样的空间，控制节奏，让客户有机会沉下去，跟浮现出来的重要信息做深度的连接，获取其中的资源，这才是教练对话中最有价值的部分。

所以，在教练对话中，教练要允许存在沉默的空间，对沉默的过程感到舒适，而不是感到尴尬。正是因为有了这样的空间，深度转化的对话才得以发生。教练可以观察自己，感知自己的对话，也可以对客户做一个回放，以便了解在教练的过程中是否有足够的空间和自己的内在连接。很多时候，当教练回听自己的对话时，就可以感知到留给客户的空间有多大。

这个空间也是教练能够与客户同在的一个表现，就是因为教练是与客户在一起的，才知道客户在这个当下需要这个空间。所以，允许沉默、反思的空间也是保持教练同在非常重要的部分。

> **PCC 行为标识**
>
> 5.1 教练关注客户整个人（我是谁）；
> 5.2 教练关注客户在整个教练会谈中想要实现的是什么（是什么）；
> 5.3 教练通过支持客户自行选择教练会谈所发生的一切来与客户合作；
> 5.4 教练表现出想要更多了解客户的好奇心；
> 5.5 教练允许沉默、停顿与反思。

教练同在最主要的含义就是教练能够在当下对客户保持好奇和关注，而且这种好奇和关注不仅仅是关于客户想要实现的目标、想要达成的成果、面临的困境、面临的现状，同时也包含对人的关注，如客户的情绪和内在的想法、观点、信念、价值观，思维方式、行为方式等等，包括定义了客户是谁的相关背景。和客户同在也意味着教练不仅关注客户，也使用客户的方式进行教练。教练要匹配客户的风格、学习方式、思维方式以支持客户，这也是教练同在中一个非常重要的方面。

"教练同在"与"培养信任和安全感"这个核心能力一样，既包含 Doing 层面的内容，就是怎么做，比如给客户沉默的空间；也包含 Being 层面的能力，体现在一些非直接的表现上，比如教练所呈现的状态是否稳定，是否完全在当下，是否关注客户，是否对客户体现出尊重、信任、开放和真诚。这两个层面的内容构成了教练在这个核心能力上的表现。

5.1 教练关注客户整个人（我是谁）。

教练同在首先指的是教练完全在当下，放下了对自己的一些议程，包括想要知道、想要可控、想要确定的结果、想要到某个方向或专家的心态，全然在当下保持着一种"不知道"的状态，全然对当下感到好奇。"我是谁"包含定义客户是什么样的人的所有部分。如果用逻辑层次来解释，就是指定义了客户作为一个人的整体、作为一个人的独特性，可能包含思维模式、行为模式、信念观点、价值观、继承的一些文化背景、创造的方式、学习的方式、感受的方式、如何看待这个世界、希望自己活成什么样的人、对自己的认知以及要实现的愿景等，这些都是内在的结构，都构成了我们是谁、是一个什么样的人。

专题13：我是谁

"我是谁"（The Who）或者"作为人的整体"（Whole Person），指的是客户作为一个人的内在存在状态或者方式。客户在自己的世界中是什么样的独特存在，与客户所处的背景、身份、环境、经历、价值观、信念、文化、自我表达、观点、性别、国籍、年龄、精神信仰等都相关。这一切影响着客户如何思考、如何创造、如何建立关系、如何学习、如何感受、认为什么有价值、如何看待这个世界以及选择如何存在于这个世界上，等等。任何与客户内在的存在方式相关的内容都是"我是谁"的部分，在教练的过程可以更多地理解为和"人"相关的部分。

专题14：逻辑层次

逻辑层次是教练最核心的结构之一，因为逻辑层次讲的是人的思维结构。不同层级之间有一定的逻辑关系，越往上越抽象，包含的内容越多，影响也越大；越往下越具体，包含的内容越明确、可见。特别是上三层的内容，很多时候是不可见的，但却定义了我是谁、想过怎样的生活。上三层的内容实际上决定着下三层的内容。很多时候我们会面临下三层的具体问题，不知道如何选择、做什么，答案却在上三层。这也是逻辑层次作为核心教练工具可以给客户带来价值的地方。在教练的过程中，通过逻辑层次不同层级的探索以及协调一致，建立支持客户建立强有力的行动地图，达成自己的目标。

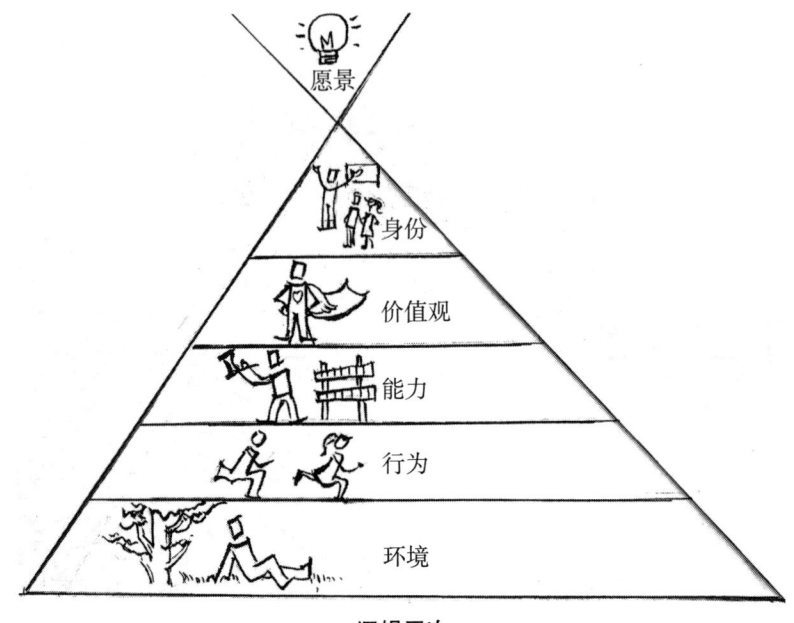

逻辑层次

第一条其实讲的是应保持在当下，全然关注客户的整个人。那怎样展现出对这个人的关注呢？第一是在教练的过程中使用符合客户的文化背景、表达方式、身份、视角、风格等内在结构支持客户，比如使用客户的某些关键词、客户的价值观、匹配客户的后设模式等等。如果客户特别擅长看到一些画面，习惯用隐喻的方式思考，教练就可以在对话的过程中通过画面、隐喻的方式支持客户，创造一些体验，连接一些资源。如果客户特别善于总结学习，当面临新的议题时，教练就可以问客户，基于他过去的经验总结，能连接到哪些资源帮助目前陷入困境中的自己。类似这样的行为表现都能够展现出来教练是在关注客户整个人的，是在使用客户的方式进行教练。

教练也可以与客户合作，创造符合客户独特需求的体验。如果客户是视觉型的，教练就更多地使用视觉通道支持客户进入体验的过程。如果客户是听觉型的，教练就更多地从听觉的通道支持客户获得重要的体验。

当对"客户是谁"的部分展开工作时，教练要展现出灵活和开放的风格，要进行有意识的观察，能够看见客户的独特性。这个与深入和全面的聆听有关系，也与全然地在当下有关系。当教练可以全然地在当下、可以深度聆听的时候，就可以了解客户独特的存在，如可以问客户："如果你真的成为一个平和的人，你在这个当下的感受是什么？"也可以使用客户的后设程序，假如客户是特别深思熟虑的人，教练就可以问客户："当你考虑下一步行动方向的时候，什么会引起你的深思？你会关注到什么？"这样的问题都经过有意识的观察，留意到客户是谁，在当下非常灵活、非常开放地展开对话。

专题15：后设程序

后设程序是注意力的习惯，不同的习惯影响着思维决策和行为的习惯模式。后设程序在深层和无意识的层面运行，对行为个性和人格有着特别的影响。在无意识的状态下，后设程序会成为一个过滤器，影响着选择与行为。教练应留意自己的后设程序，帮助自己更好地站在中立的后设位置上，保持中立的教练位置，从而可以更全面地聆听和理解客户。

在教练的过程中，快速了解和匹配客户的后设程序，可以与客户迅速建立信任与亲和关系。教练也可以留意客户的后设程序是如何影响客户去达成目标的，有效支持客户在自己的后设程序上进行拉伸。这就是教练过程的"先跟后带"。所以，学习和了解后设程序，一方面可以支持教练拓展自己的教练位置，另一方面可以让教练过程更加有效地支持客户。和教练的过程相关性非常大的几个后设程序包括：可能性/程序化，积极行动/深思熟虑，趋向/避开，内在参考/外在参考，等等。教练过程的"先跟后带"。所以，学习和了解后设程序，一方面可以支持教练拓展自己的教练位置，另一方面可以让教练过程更加有效地支持客户。和教练的过程相关性非常大的几个后设程序包括：可能性/程序化，积极行动/深思熟虑，趋向/避开，内在参考/外在参考，等等。

在这一条上，相反的一些表现包括：教练只关注事情，没有关注人的这个方面；不是在当下关注这个人的一些表现，而是做了一些假设，根据以为的信

息提问；教练更多的是关注自己，而不是客户，使用教练喜欢的方式进行交流，而不是根据客户的需求来进行教练；教练更多的是展示自己的一些看法，或者表达自己的一些观点，而不是探索客户是谁。这些表现都会影响教练在这个行为标识上的评估结果。

很多时候，教练可能并不是有意识地采取某些行为，而是聆听出现误差，导致对客户的理解比较片面，产生了一些误解，从而使教练停留在自己的议程上面，或者在满足教练的需求，而不是客户的需求。比如客户讲到，他今年有两个非常重要的目标，一个是学习教练，另一个是精进英语。他发现自己在教练上进展很快，但是在英语方面一直没有什么进展。这个时候，教练可能会想当然地认为这两个目标都是客户想要的，因为这两个目标都是客户希望达成的。所以教练问："如果年底的时候这两个目标都实现了，你会怎么样？"但如果教练深度聆听客户就会发现，其实客户真正关注的是英语学习，他在好奇为什么在有时间和精力的情况下，英语学习依然没有进展，为什么自己把它设成了一个目标，但是在整个过程中始终没有动力展开学习。这才是客户真正的议程，或是他真正关注的东西。

很多时候，如果教练没有在比较深入或精准的层面理解客户、聆听客户，只是听到了客户的一部分需求，没有在整体上感知客户、理解客户，就会发现在朝向一个假设的方向引领这个对话，忽略了客户关于自己的表达，只采取了教练的看法。

当客户有一些情绪的时候，教练展开了一些探索，但是有的时候客户可能并没有准备好，并且通过语言或者非语言的信息表达了他们不希望在这个方向上继续探索，但是教练认为自己应该在这里深入地探索，依然展开一些挖掘，这样的情况也会影响到教练在这个行为标识上的表现。因为这个时候，教练并没有对客户在当下的表现进行回应，并没有与客户完全同在，已经陷入了自己的视角中，所以，这样的表现也会被视为不符合这个行为标识。

5.2 教练关注客户在整个教练会谈中想要实现的是什么（是什么）。

5.2 跟 5.1 是相对应的，5.1 是教练在整个过程中关注客户这个人，是"我是谁"的部分，5.2 关注的是"是什么"的部分，即客户想要实现的目标是什么，更多的是事情的部分。"是什么"主要包含两方面的内容：一是现状的部分，比如客户当下面临的情境、碰到的挑战、现实和理想的差距、遇到的问题等等；二是关于目标的，客户想要实现的目标可以有不同的层级。在教练对话的过程中，教练关注的是对话的目标，比如客户的长期目标是什么、客户希望成为什么样的人、客户希望在生命中实现的创造是什么，所以，目标的部分包含客户的梦想，包含他的长期目标，包含他的期待，包含他内在的目标，包含他外在的目标。

> **专题 16：是什么**
>
> "是什么"是指客户外在呈现的"做事情"的方式，包含客户的目标、愿望、梦想、挑战、问题、差距、对话的过程汇总期待达成了的内在/外在的目标、主题、聚焦点等等。任何跟客户外在"做事儿"相关的都是跟"是什么"相关的内容，在教练的过程中可以理解为和"事儿"相关的内容。

当教练关注客户想要实现的是什么的时候，是从这两个领域中去关注的。具体的表现就是，提问或反馈回应都是基于教练跟客户合作共创出来的明确的对话目标来进行的，都是和这个目标相关的，包括不断跟客户确认、检核这个对话是不是在正轨上。如果发现有变更的话，需要及时调整，这个目标的变更有可能是客户在当下意识到的，也有可能是教练注意到的或观察到的。比如，客户刚开始说想看看未来三年的规划，但在教练支持客户做规划的过程中，客户逐渐意识到，他之所以需要做这个规划，是因为他对未来不确定性的恐惧，所以对他来讲，真正的问题不是未来怎么规划，因为他无论怎么样规划都不满意，真正的问题是他要克服内心对未来的恐惧，他要明确到底以什么样的心态面对未来的不确定性。有可能客户在自己做计划的过程中突然意识到这个问题，发现真正的问题不是做什么样的规划，而是如何与不确定的未来共舞，如何面对不确定的未来。

如果教练没有听到这一层意思，依然支持客户做规划，那么他在这一条上的表现就会受到影响。恰当的表现是教练听到这里后留意到这个部分，然后与客户确认："你似乎在这里发现了一个更重要的目标，接下来的对话是继续做这个计划，还是看一下你未来如何面对这个不确定性？"教练需要与客户重新检核，再定合约。在这个过程中，有的时候是客户意识到了，有的时候是教练听到了，然后基于客户的需要重新建立合约以及衡量标准。

影响这个行为标识的表现还包括，教练偏离或是改变对话目标，或者教练基于自己的议程展开教练了。例如前面提到的客户已经有了一个新议题，但是教练并没有关注到；或者客户说出来了，但教练并没有及时与客户确认，甚至客户表达出他已经对原来的计划不感兴趣了，教练依然在原来的方向上继续探索。经常出现的是客户带来一个非常紧急的议题，就想找到一些具体的行动，但是教练希望建立更深层的合约，这其实也是没有与客户同在的表现，会破坏教练和客户之间的信任和安全感。所有这些表现都是教练没有全然关注"是什么"的部分相关证据，都会影响教练在这个行为标识上的表现评估结果。

5.3 教练通过支持客户自行选择教练会谈所发生的一切来与客户合作。

与客户合作是 PCC 水平的教练对话一个非常重要的表现特征，教练会让客户决定下一步往哪个方向发展，并且跟随客户的反应。在 PCC 水平的教练对话中，教练需要不断与客户检核，比如教练对话打算从哪里开始，先从哪里开始探索可以最好地支持客户达成想要的目标。当客户取得了一些进展、有了一些发现的时候，教练可以问客户："接下来我们怎样更好地利用时间？""我们去哪里探索？""对话往哪个方向走对你是最有价值的？"这些检核的过程就是教练与客户合作的展现。

当然，跟客户的合作不仅体现在检核的过程，还是一种意识和态度，教练把客户看作合作伙伴，一起共创这段对话。比如，当客户目前的方法不奏效的时候，教练可以邀请客户看画面，但是可能客户的视觉化能力不是特别强，看不到画面。教练的回应方式就是换一种方法支持客户。如果教练有很强的意识与客户合作，在这里也可以寻求客户的资源，比如可以问客户："你希望我如何支持你？""我怎样做可以更好地支持到你？""在这个当下，我们如何继续是你特别希望的，是对你特别有价值的？"这样的回应过程都是与客户合作共创的行为表现。当教练把"方向盘"交给客户的时候，客户可能会说："我想看一看影响我实现这个目标的阻碍有哪些。"教练就可以跟随客户就这个阻碍展开一些探索。

教练识别到合约已经有变化了，并且与客户重新定义了合约，这种改变也是合作共创的过程。比如客户带来的议题是想要谈一谈断舍离，怎么能让房间更整洁。在对话过程中，客户发现自己不仅在整理房间的时候会有这样的问题，还喜欢囤东西，经常把自己安排得很满。他发现这是自己的一个模式，这个模式背后实际上是自己焦虑的情绪，他真正想要的是一种淡定从容的生活状态。如果在这个过程中，教练没有留意到这个合约改变了，没有留意到对客户来讲真正重要的合约是什么，并且没有在当下与客户重新检核，那他就没有展现出跟客户的合作共创。

没有展现出这条行为标识的具体表现包括教练没有与客户合作共创，自己就改变了对话方向。或者没有跟随客户提出来的方向，比如客户讲到对他来说真正重要的是怎么活出淡定从容的状态，但是教练依然还在关注房间整洁的问题，这样的表现就是没有跟随客户在当下的流动，都会影响他在这个行为标识上的得分。

另外，假如教练提出了一些引导性的问题，如"关于孩子的学习动力，接下来你怎么样跟老师沟通以获得一些支持"，这虽然是一个问题，但其实给了客户解决问题的行动方向、思路，或者包含了教练自己的观点，这也是没有展现出与客户合作共创的证据。

5.4 教练表现出想要更多了解客户的好奇心。

教练对客户的好奇程度是 PCC 水平的教练对话的标志，也是教练同在一个非常重要的品质。教练的好奇包括客户的观点、他们对世界的看法、他们目前面临的情境，既包括关于客户这个人的好奇，也包括关于客户想要去的方向的好奇。这种好奇的一个直接展现就是多听少说。如果教练一直在表达，教练说得更多，这个时候肯定是教练对自己的观点更感兴趣，教练更多的是想要自我表达。需要特别提到的是，教练的好奇要基于服务客户的议程，而不是教练自己的兴趣。所以，当教练展现出对自己的一些想法或观点特别有自信，或者提出一些引导性问题的时候，都是因为教练更感兴趣的是自己的想法，而不是客户的想法。

很多时候，我会注意到，有些教练非常喜欢问一些信息搜集类的问题，喜欢了解事情的来龙去脉。教练了解这些信息往往只是为了自己可以更明白，但是这些信息都是客户已经知道的，对客户解决问题、达成目标没有任何帮助。教练这时候的提问更多的是带着个人的兴趣收集对自己有用的信息，而不是对客户或对教练过程有用的信息。

5.5 教练允许沉默、停顿与反思。

在 PCC 水平的教练对话中，具体的表现就是教练是否给客户足够的空间，允许沉默，让客户能够在自己的节奏上生发，特别是当客户有强烈或困难的情绪时，教练是不是给足够的空间让客户处理自己的情绪，是不是尊重客户自己的节奏，还是一个问题接着一个问题，没有给客户任何思考空间，甚至一次问多个问题，等等，这样的过程可能会影响到教练在这个行为标识上的表现。

这里强调的是教练在没有明确意图的情况下打断客户，影响客户的表达和反思。有一些客户是通过讲话进行思考的，这种时候不能打断他，否则会影响客户的思维流动。有一些客户特别能表达，他会分享很多细节，讲很多具体内容，这时候教练是不是应该打断客户？这里再跟大家总结一下到底什么时候可以打断客户、什么时候不能打断客户。

有几种情况，教练需要打断客户。一是客户陷入自己的负面情绪中，特别是出现了"崩溃"的状态，对话没有办法继续，这时候教练肯定要打断客户。二是客户进入"死循环"，不断重复一些事情，表达的内容是重复的，只是换了一种说法，这时候，教练需要打断客户。三是客户陷入自己的故事中，客户讲到很多内容，但是教练会留意到，客户思考的深度和维度只是在信息分享的层面，并没有深度的探索和思考，这时候教练就要打断客户，然后用一个更深入的问题引发客户深入的思考和觉察。比如客户讲到自己的很多抱怨或面临的很多困境，如老人需要照顾、孩子上课不专心、自己工作很忙、和领导之间有矛盾等等。其实客户讲的都是同一个层面的问题。如果客户讲了很多，这时候教练就可以打断客户，邀请客户跳出来看一下，他认为真正重要的是什么、讲到的这些对他意味着什么、他特别想要深入探索的是什么、当他讲到这一切时内心的感受是什么、当他看到这一切发生时给他带来什么样的触动。类似这样的问题都会让客户进入更深的层面觉察，从而从自己的故事中跳出来。所以，当客户陷入自己的故事中，或者陷入负面的情绪中，或者在原地打转的时候，教练是有必要打断客户的。

需要注意的是，有一些客户是边说边想的，你不让他说，他就没有办法思考，所以这时候你就要给客户更大的空间，不能打断他思考的过程。教练要留意到，客户是纯粹地分享信息，在同一个层面表达，还是在不断讲的过程中有思维的深入和进展，如果是后者，就不能打断客户。

如果在对话之前，教练能与客户建立一个共识，即在对话的过程中，教练可能会打断客户，目的是让教练对话更有效，也可以在打断客户的过程中，保持教练和客户之间的信任关系。在打断客户的时候，教练也可以使用一些"柔顺剂"，请求许可（"不知道我是否可以在这里打断一下"），或者陈述原因（"为了更好地利用时间，我特别想问一个问题"），用这样的方式也可以让教练在有明确教练意图而打断客户的时候，依然与客户保持很好的信任和亲和关系。

ACC/MCC 最低技能要求

ACC 最低技能标准：
· 教练展现出对客户及其议程的好奇心；
· 在整个教练过程中对客户提供的信息做出积极的回应。

ACC 具体行为表现：

· 在整个教练过程中保持好奇心；

· 教练认可客户所呈现出的现状；

· 教练允许客户至少在某些时候引领对话。

ACC 不合格表现：

· 教练对自身对于情境的看法表现出极大的兴趣，而非探究客户对于情境的看法，或者对该信息没有做出回应；

· 教练始终指导对话；

· 教练始终关注自己的表现或与议题相关知识的展示。

在 ACC 水平的教练对话中，教练首先在整个对话过程中展现出好奇。这个好奇最直接的展现就是教练是提问题的，而不是给答案的，他需要在整个教练过程中对客户提供的信息做出积极回应。所谓积极回应，就是对于客户提供的信息，教练展现出听到的、理解的、看见的、接受的、认同的。所以，在 ACC 水平的教练对话中，教练表现出对客户呈现出的任何信息都能够做出积极回应就可以了。

同时，教练要允许客户至少有些时候引领对话，如果客户在对话的过程中引领了一些对话的方向，如客户表明他想要探索什么、他想要聚焦到哪些方向上、他想要怎样展开对话，教练要做的就是允许。在合约阶段，客户想要谈一谈自己跟孩子的关系，教练应该是完全开放的，允许客户聚焦在这个目标上，而不是否定。

在 ACC 水平的教练对话中，不合格的表现包括：教练以自己为主，展现出对自身的想法、自己的观点更感兴趣；更多地表达自己的观点，而没有问客户的看法；客户讲到一些东西，教练没有做出相关的回应；教练没有听到客户讲到的一些观点，而是忙着陈述自己的观点，或是只对自己感兴趣的东西发问；教练指导对话，更多关注自己的表现或自己在这个议题上面的经验、知识的展示。这些表现都会影响客户在 ACC 水平的教练对话中的表现。

PCC 水平教练行为标识

5.1 教练关注客户整个人（我是谁）；

5.2 教练关注客户在整个教练会谈中想要实现的是什么（是什么）；

5.3 教练通过支持客户自行选择教练会谈所发生的一切来与客户合作；

5.4 教练表现出想要更多了解客户的好奇心；

5.5 教练允许沉默、停顿与反思。

在 PCC 水平的教练对话中，教练不仅仅关注客户的议程，也会更多地关注客户这个人。所以，PCC 水平的教练对客户的关注更全面，展现出了对于客户整个人以及他想要实现的目标完整的、全面的、深入的关注。在与客户的合作上，PCC 水平的教练对话明确要求教练支持客户自行选择教练会谈所发生的一切，而不仅仅是允许，相较于 ACC 水平上的教练对话，其要求更深一步。

教练在支持客户创造反思和觉察的深度、创造反思空间的能力也是不一样的。新版的核心能力特别强调的是唤起觉察，觉察不是被创造出来的，教练要做的是创造反思觉察的空间，比如展现出更多的好奇心，更多允许沉默、暂停与反思。教练本身作为一个最大的工具，展现出不同的状态、对客户不同的回应方式、对客户不同的关注方式，其实都是在创造反思的空间，不同水平的教练在这个能力上的表现也是不一样的。

在 ACC 水平的教练对话中，教练认可客户所呈现出的状态更多的是一种当下的表现。而在 PCC 水平的教练对话中，教练需要有更多的好奇，有意识地给客户沉默、停顿与反思的空间，通过这种好奇创造更强的反思空间，从而支持客户产生更深入的觉察发现。这里展现出的是教练在创造反思空间这个能力上的区别。

MCC 最低技能标准：

· 教练在对话中与客户充分合作，是与客户连接的观察者，同时持有客观的和情感的视角。这种连接与客户是谁、客户想要什么、客户如何学习和创造、客户如何指引教练对话相连接。

· 教练对客户展现出真正的好奇心。

- 教练与客户保持全然的伙伴关系。与教练相比，客户对谈话和教练方向的贡献是平等的，甚至更大。在 MCC 水平的教练对话中，教练和客户之间的对话是平等和轻松的，即使是在不舒服的时刻。

MCC 具体行为表现：

- 教练对客户的回应方式应确保对话由客户引领，流动顺畅。
- 教练对客户始终保持好奇和关注，探索客户在整个教练对话中的需求。
- 教练轻松流畅地参与教练对话。
- 教练利用沉默支持客户及其成长。

MCC 不合格表现：

- 教练没有将客户视为一个完整的合作伙伴选择议程，没有邀请客户参与创建教练流程本身。
- 对于教练情境，教练对自己的看法而非客户的看法感兴趣，不向客户寻求关于客户想法和目标的信息。
- 教练关注自己的表现或知识的展示，缺乏充分的合作伙伴关系。
- 教练不鼓励客户与教练平等分享他们的想法，评估也将受到负面影响。

在 MCC 水平的教练对话中，教练与客户是充分合作的，教练是与客户连接的观察者，这是一个非常重要的关键点。这种连接不仅有客观的连接，而且包含情感的连接。这种连接是一种感知，有时候很难用语言表达。教练知道自己与客户是完全在一起的，就好像与比较亲密的人在一起的那种连接，如爱人、孩子、父母、兄弟姐妹、闺蜜、好友等。教练可以把它表达为一种爱的连接，但是这种爱不是个人层面的，而是更为宏大的爱，是对这个世界的爱、对生命的热爱。这种连接是与客户整体的连接、全面的连接，包含客户是谁、想要什么、如何学习、如何创造、如何指引教练对话等等，教练与这个整体是全然同在的。它不仅仅是与这个人的连接，而且透过客户全息的表达在与整个宇宙连接。这一点是 MCC 水平的教练同在最关键的品质，这种连接会让教练对客户的关注更深刻、更充分、更深入。

在 MCC 水平的教练对话中，另一个重要的特征就是教练与客户合作的程度是不一样的。教练与客户保持全然的伙伴关系，是完全平等的，教练在对话和方向上的贡献是完全平等的，甚至客户的贡献更大，教练是在向客户学习。这种完全的平等会让对话呈现出轻松和自在，即使是在不舒服的时刻和教练在挑战客户的时候，即使是客户面对一些艰难时刻的时候，因为这份全然合作的关系，这个过程展现得非常轻松，不会非常难熬。这也是 MCC 水平的教练对话在"教练同在"上的一个重要品质。

还有一个重要的品质就是好奇。这里讲到的好奇是教练对客户展现出的真正好奇心，以和客户连接为前提。在 PCC 水平的教练对话中，教练强调的好奇是对这个人的好奇，是基于对话议程的好奇，而不是基于教练的兴趣点产生的好奇。在 MCC 阶段的好奇是真正的好奇，是一种有连接的好奇，教练与客户保持一种深深的连接。这样的好奇是因为教练与客户全然同在，在同样的位置上，与客户一起面对。这份好奇更多展现的是人类共同面对更伟大的东西的好奇，是纯粹的好奇、纯然的好奇，是对生命本质、宇宙本源的好奇。所以，真正的好奇，一是与客户全然连接；二是更接近生命的本质，更接近宇宙的本源，是更深刻的好奇；三是深度不一样，它是更纯粹的一种好奇。

反之，如果教练不相信客户、自己选择议程、对自己的看法更感兴趣、关注自己的表现、没有鼓励客户跟他们平等分享等等，这些表现都会影响教练在 MCC 水平上的表现。

ACC/PCC/MCC 关键技能评估

对于"教练同在"这个核心能力在不同水平的教练对话中的表现，可以从下面三个方面（关键技能评估）进行区分：

· 教练对客户的关注与合作的深度；
· 教练在对话过程中对整个客户的观察和使用的深度；
· 教练创造反思空间的能力，以及通过对话和沉默与客户保持同在的能力。

第一个方面是教练对客户的关注，在 ACC 水平的教练对话中就是教练展现出好奇，这种好奇表现为教练是关注的，是通过提问的而不是给答案的方式进行教练对话。在 PCC 水平的教练对话中，教练对客户的关注更深入、更全面，教练是对客户整个人的关注，而不仅仅停留在对客户议程上的关注，对客户关注的程度更深了。在 ACC 水平的教练对话中，关注得更多的是具体的东西，是事情的方面，是与议程相关的内容。MCC 水平的教练对话是一种有连接的关注，是一种完全同在的关注，是一种更全面、更深刻的关注。所以，在不同水平的教练对话中，教练展现出关注的深度是不一样的。

在合作的深度上，ACC 水平的教练允许客户至少在某些时候引领对话，教练只是允许，但是不会主动邀请，但在 PCC 水平的教练对话中，教练会主动邀请客户自行选择教练会谈所发生的一切，包括对话的进展、他想要支持自己的方式、他要去的方向等等，与客户合作的程度要更深。在 MCC 水平的教练对话中，教练跟客户的合作更全面、更充分，在整个对话的过程中，教练做出的每一个回应、提出的每一个问题都是站在与客户合作的视角产生的。教练与客户的合作是流动的，可能会邀请客户更多地分享他的观点、想法、直觉，即使客户卡住了，也会邀请客户探索在这个当下教练怎样才能更好地支持他，完全把客户当成一个平等的伙伴，相信客户是充满资源的，双方并不是教练和被教练的关系。这就会让 MCC 水平的教练对话非常平等、轻松。正是在这样的状态中，创造力的火花就会冒出来，因为这样的对话是完全开放的，是没有任何限制的，一切都是可能的。教练带着这样的心态与客户在一起，这个合作就会更开放、更全面，贯穿在整个对话中。它其实是教练和客户在一起工作的态度，而不仅仅是在某些时候教练选择与客户合作。

教练对客户的关注与合作的深度

ACC	PCC	MCC
·教练展现出对客户和客户议程的好奇心	·教练关注客户整个人（我是谁） ·教练关注客户在整个教练会谈中想要实现的是什么（是什么）	·教练是与客户连接的观察者，同时持有客观的和情感的视角。这种连接与客户是谁、客户想要什么、客户如何学习和创造、客户如何指引教练对话相连接

教练对客户的关注与合作的深度

ACC	PCC	MCC
·教练允许客户至少在某些时候引领对话	·教练通过支持客户自行选择教练会谈所发生的一切与客户合作	·教练与客户保持全然的伙伴关系，与教练相比，客户对谈话和教练方向的贡献是平等的甚至更大。在MCC级别，教练和客户之间的对话是平等和轻松的，即使是在不舒服的时刻

第二个方面是在整个对话过程中，教练对客户的观察和使用的深度是不一样的。观察的深度取决于对客户的关注和合作的深度。教练对于客户关注的深度越深，观察客户的深度就会越深，能够使用客户的深度也就越深。教练通过关注客户会留意到一些东西，会有一些观察，然后会使用这些观察，其目的是唤醒觉察，通过给客户的回应和提问的视角来展示。在ACC水平的教练对话中，教练关注的是事情，提问就会围绕客户想要的目标、客户的行动方向、客户的挑战、客户的障碍等等，是一些具体的外在表现。

如果更深一步关注人的内在，教练的探索就会集中在客户内在的觉察，如他如何看待周围的人、他如何看待这个世界、他对自己身份的定位、他对自己行为模式的观察等等。观察的视角和深度不一样，通过提问和分享带给客户的觉察也是不一样的。所以，不同水平的教练对话为客户带来的觉察深度也会有所区别。

所以，在ACC水平的教练对话中，教练会聚焦在客户的议程、背景、现状、问题、目标等等，更多的是在事情的层面探索。在PCC水平的教练对话中，会更多地关注这个人，不仅是这个人，还有他想要实现的目标，在具体事情的背景中理解，对客户的观察和使用的深度也是在这个层面上。在MCC水平的教练对话中，教练对客户的观察是更有连接的观察，更多的是内在的连接而非外在的观察，是在一个更深层面全然的连接，是在生命的层面理解客户。教练对客户的观察会更有深度，不仅仅是一种外在的观察，而且是既有投入又有抽离的观察；不仅仅是客观内容上的连接，还有情感上的连接。

基于观察深度的不同，在使用的深度上也是不一样的。在 MCC 水平的教练对话中，教练在提问和回应的时候，是跟客户这个全息的整体在一起的。当教练跟客户在这个层面同在的时候，他做出的回应、提出问题的力度和深度是不一样的，具体的表现就在于提问的状态、语音、语调是不一样的，也许问的问题是一样的，但是因为有这种情感的连接、这种全然的同在，它实际上包含着一种能量的传递，因而问题的力量是不一样的。

教练在对话过程中对整个客户的观察和使用的深度

ACC	PCC	MCC
・教练观察更多的是事情，如客户的议程、背景、现状、问题、目标	・教练关注客户整个人（我是谁） ・教练关注客户在整个教练会谈中想要实现的是什么（是什么）	・教练是与客户连接的观察者，对客户的观察更深入、更完整 ・教练同时持有客观的和情感的视角

第三个方面是教练创造反思空间的能力以及通过对话和沉默与客户保持同在的能力。一个外在的表现就是客户觉察的深度不一样，而觉察的深度取决于教练创造反思空间的能力。

在 ACC 水平的教练对话中，教练认可客户所呈现出的现状，做得更多的是看见客户当下所呈现出的现状。对于客户的反思，拓展和超越这个部分的支持没有么强。在 PCC 水平的对话中，教练会更多地展现出想要去了解客户的好奇心，这种好奇心会支持客户进行更多的拓展。在 PCC 水平的对话中展现出的好奇是关于客户更全面、更深入的了解，所以创造反思空间的能力是不一样的。

在使用沉默与客户保持同在的这个能力上的表现也是不一样的。在 ACC 水平的教练对话中，教练通常不会有意识地使用沉默的空间，或将其作为创造反思空间的工具。但是在 PCC 水平的教练对话中，教练要更有觉知地、更有意识地允许沉默、停顿和反思，从而能够支持客户在更深的层面跟自己对话，产生新的觉察和发现。

MCC 水平的教练对话展现出的是一种真正的好奇、有连接的好奇，教练利用沉默支持客户及其成长。这种使用是一种更同在的、有觉知的使用，是更自然或更在当下的使用，不是刻意的使用。在沉默的当下，教练不仅留给客户空间，同时通过这种连接成为一种无形的存在，虽然教练没有说什么、做什么，但是交流的支持依然在。

从整体来讲，MCC 水平的教练对话更是一个整体，更在当下。通过这种深度的连接、真正的好奇，无论是客户还是教练，都有更多的机会接触本质，接触最深刻的领域，会让 MCC 水平的教练对话在更深入的层面展开。

教练创造反思空间的能力，以及通过对话和沉默与客户保持同在的能力		
ACC	PCC	MCC
·教练认可客户所呈现出的现状	·教练表现出想要更多了解客户的好奇心。 ·探索和关注更加深入、全面	·教练对客户展现出真正的好奇心，始终保持好奇和关注，探索客户在整个教练对话中的需求
·通常不会有意识地使用沉默空间作为创造反思的工具	·教练允许沉默、停顿与反思	·教练利用沉默来支持客户及其成长 ·更有觉知、更同在的使用

总结与提高

- "教练同在"这个核心能力为教练对话奠定了基础，设定了底色，提供了一种存在状态。
- 要知道"教练同在"是一种什么样的品质。第一品质是教练安住在当下，与客户在一起。这跟聆听的能力有关，如教练能否关注客户整个人，关注客户在讲的事情，包括要实现的目标、面临的情境、客户的议题等。"教练同在"关乎教练能否全然地在当下，从整体上关注客户。有很多东西会让教练从当下离开，特别是内在的一些生发。比如专家的心态、教练对流程的关注、想要支持客户的强烈意图、想要解决问题以达成目标等，都会让教练离开当下这个位置，没有办法全面关注客户。

- "教练同在"的第二个品质是对客户全然的好奇，保持一种"不知道"的状态。通过这个好奇的引领，陪伴客户一起探索。
- 第三个重要的品质是教练给客户足够的空间，尤其是 PCC 水平或以上的教练对话，特别强调与客户的合作共创，教练是否给客户足够的空间让客户与自己的内在对话，特别是当客户遇到了一些脆弱的情境或困难的情绪时，教练是不是能相信客户，邀请客户引领对话的方向。
- "教练同在"是一种完全在当下、充满好奇的品质。首先是注意力的品质，能够持续保持专注。其次是自我觉察，觉察到在这个对话中是什么东西吸引了注意力、意图在哪里。这个能力的修炼跟聆听能力也有关系，"教练同在"的过程就是放下个人的内在结构，然后进入教练位置进行深度的聆听。
- "教练同在"这个核心能力和"培养信任和安全感"的相关性非常大，是互相依存的。如果教练不能够保持同在，完全地在当下关注客户，信任和安全感就很难建立起来。如果没有这种信任和安全感，教练就无法接纳和理解客户，也没有办法跟客户保持同在。
- 这个核心能力更多的是状态的修炼。使用隐喻画面作为心锚，或者通过状态线进行练习，都可以支持教练更多地与这样的状态连接。

核心能力 6
积极聆听

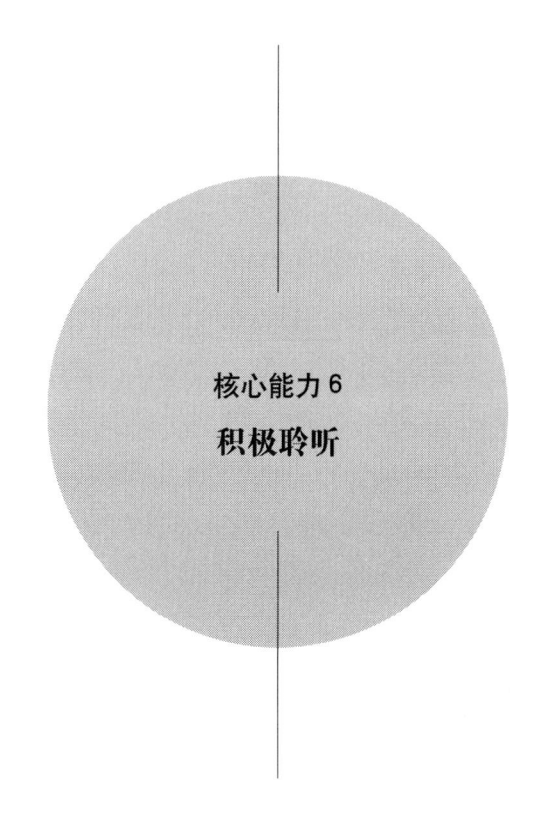

当聚精会神地、完全投入地听他人说话时,你听到的就不只是词句,还有其传达的感受。听到的是整体,而非片段。

——克里希那穆提

深度聆听对听者和说者来说都是神奇的。当有人开放地、无评判地、兴致勃勃地聆听我们时,我们的心灵就会得到拓展。

——苏·索勒

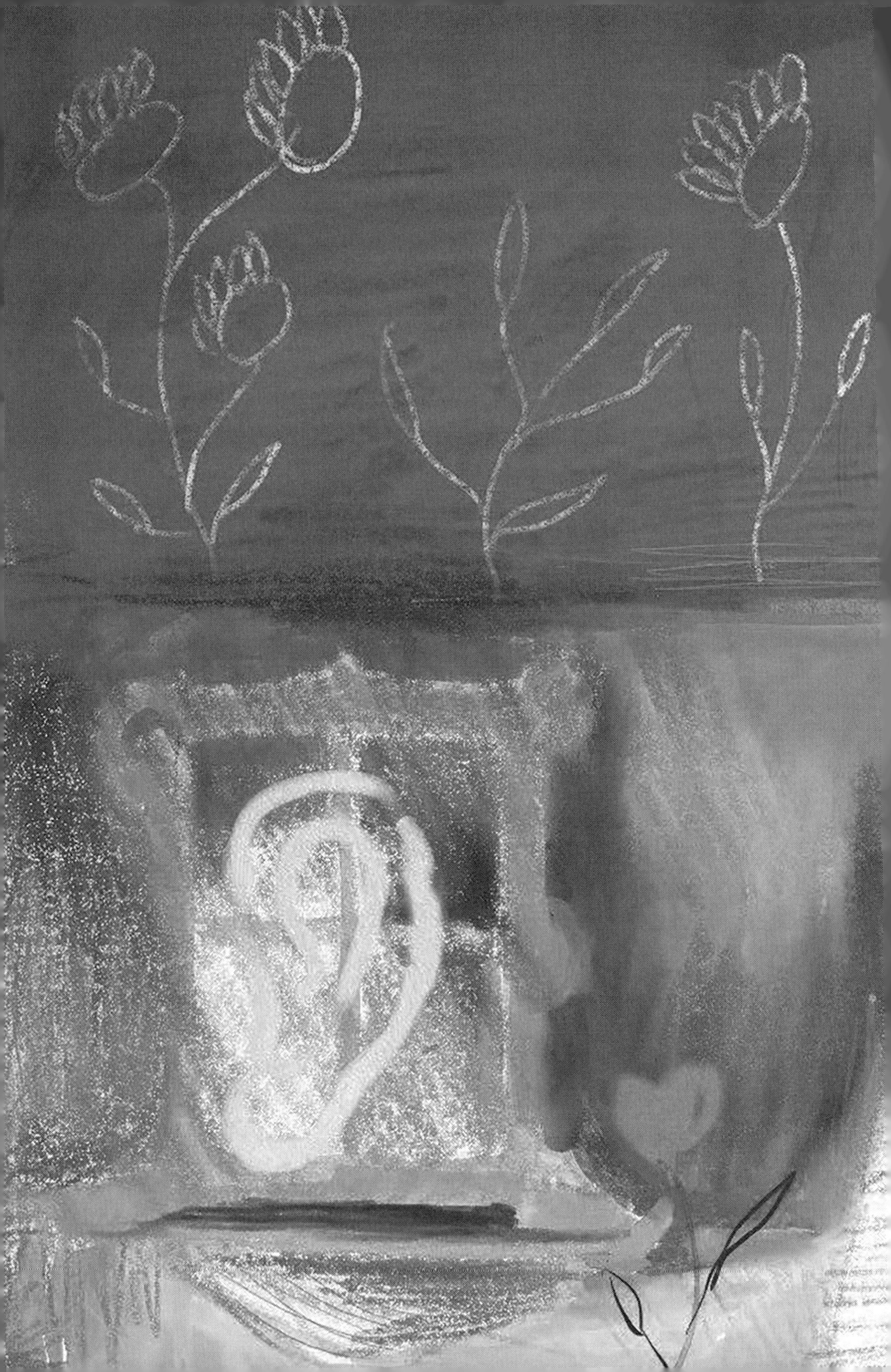

> **定 义**
>
> 关注客户在说什么以及没有在说什么，以此充分理解客户在其所处系统的背景下沟通的是什么，并支持客户的自我表达。
>
> 1. 考虑客户的背景、身份、环境、经验、价值观和信仰，以加强对客户沟通内容的理解；
> 2. 反映或总结客户的沟通内容，确保清晰和理解；
> 3. 识别客户沟通的内容背后是否还有更多内容，并进行询问；
> 4. 关注、认可并探索客户的情绪、能量转换、非语言提示或其他行为；
> 5. 整合客户的语言、语音、语调和肢体语言，以确定客户所传达内容的全部含义；
> 6. 关注客户在不同教练对话中的行为和情绪趋势，识别客户的各种主题和模式。

积极聆听是教练非常关键的核心能力，只有非常深入地聆听和理解客户，才能有效地通过教练的回应或开放式提问激发客户的深度觉察。觉察产生了以后，教练对话的转化才能发生。同时，深入聆听也可以让客户感受到教练正在关注他，是理解他的，这时候信任和安全感才能被建立起来。但是在对话的过程中，这个能力是难以被捕捉到或呈现出来的，因为考官无法直接观察到教练有没有听到客户所说的，所以在这个核心能力上，我们更多观察的是教练的回应方式以及教练的提问，以此判断教练的聆听在哪个层面。

积极聆听的定义讲到了专业的聆听应该是什么样子的。教练中的聆听，应该是关注客户说什么以及没有说什么，了解客户在其所处系统背景下沟通的是什么。教练不仅要听到客户在讲什么，更重要的是要聆听客户没讲什么，这可能是客户用其他方式所表达的内容。教练要带着更大的系统理解客户、聆听客户。如果用埃里克森三级聆听的结构理解，这里就是二级聆听和三级聆听。

> **专题17：三级聆听**
>
> 埃里克森三级聆听的结构跟"积极聆听"这个核心能力的具体要求结合得很紧密，是教练发展聆听能力非常重要的结构。一级聆听是自动化的聆听，是带着自己的内在结构、自己的标准聆听对方，本质上是在聆听自己。所以，教练在过程中会产生内在的评判，经常打断对方，而不是全然关注对方，自己的聆听也会支离破碎。自动化聆听状态不是在专业教练的过程中需要呈现出来的。
>
> 在专业教练的过程中，教练需要进入二级聆听和三级聆听的状态。二级聆听的状态更深入，我们放下了自己的内在结构，即个人的评判标准，把内在清空，全然关注客户。当教练全然关注客户的时候，就不仅能够听到他在讲什么，更能抓住客户通过不同渠道表达的内容，比如肢体语言、情绪、表情、能量状态。当教练聆听这些表达的时候，不仅能够理解客户在说什么，同时也能通过客户的非语言信息理解客户没有说的是什么。通过二级聆听，教练是在聆听客户整个人，在更深的层面理解客户的表达。
>
> 三级聆听也叫全息聆听。全息的概念是指，整个世界是由不同的部分构成的系统，每个人都是系统的一个部分，我们自己也包含着很多的系统，每个人都是背后系统的投射。我们是在系统中存在的，系统构成了我们的不同部分。全息聆听就是教练在系统中理解客户，理解客户所讲的内容。当教练可以带着这样的背景聆听客户的时候，对客户的理解就会更加深入、更加全面。更大的系统不仅是空间的概念，也是时间的概念。在全息聆听中，教练是在整条时间线上聆听，既可以聆听到客户现在的表达，同时也可以聆听到过去和未来更大的可能性。

积极聆听的目的还包含支持客户的自我表达。教练不仅要深度聆听，更重要的是让客户能够感受到他正在被聆听，帮助客户聆听自己的声音。我在课堂上讲三级聆听的时候，经常会邀请同学们去做聆听的练习。在这个聆听练习的过程中，大家最有感触的就是，当我们被对方积极聆听的时候，我们的体验是非常深刻的，很多同学都会在这个时候受到触动。当你全然被另一个人关注，而且对方对你的理解是非常深入、全面、整合的时候，我们就会感受到一种巨大的能量，感觉被理解、被关注、被接纳，会带来一种巨大的激励的力量。这就是聆听的魅力所在。

当教练全然在这个当下与客户在一起、完全地属于客户时，当教练可以在更深的层面、更大的维度上感知客户、理解客户，并且基于这个层面的感知和理解回应客户的时候，客户就可以经由教练聆听到自己内在深层的声音。当这个层面的信息被聆听到的时候，转化就会因此而发生，这正是教练在这个过程中带给客户的最大价值，所以说聆听是非常关键的核心能力。

1. 考虑客户的背景、身份、环境、经验、价值观和信仰，以加强对客户沟通内容的理解。

这一条指的是教练应在更大的背景中理解客户，更大的背景包含客户的环境、身份、过往经验、文化背景、内在结构、价值观、信念等等。比如客户带来一个议题，是要准备一个非常重要的考试。如果教练能够结合客户对自己人生的规划和期待理解这个考试对他真正的意义和价值，就可以更深入地理解客户、更好地支持到客户。同时，当教练在客户的整个人生规划、客户的未来这个背景中理解客户当下的需求时，教练的提问和对客户的回应也会在这样的维度上，教练可以站在更大的视角和更高的维度与客户同在，在这个层面发问，比如教练会问客户，如果他通过这个考试，那对他的人生旅程意味着什么、对他更远的未来意味着什么、他可以开启一个怎样的新篇章。这个时候，实际上，教练的提问可以支持客户站在更大、更广的视角看他当下所面临的议题，从而可以支持客户连接到更多的资源，也可以让客户打开更大的视角，当他获取了更多的资源、打开更大的视角时，就会获得更大的动力面对当下的挑战，也会获得不同的资源，以实现他的目标。

所以，当教练聆听客户的时候，一定要带着这个更大的背景和视角聆听客户，比如客户的价值观是活得自在轻松，教练就可以问客户，这份自在和轻松的状态会如何支持他更好地准备这场考试。当教练可以站在更大的视角陪伴客户的时候，就可以更深地理解客户。同时，基于这个层面的理解而提出的开放式问题，又可以非常有力地支持客户拓展自己、超越自己。这就是积极聆听的价值所在。对教练的要求就是，不仅要听到客户讲的具体信息、表面信息，而且带着更大的系统、更全息地跟客户在一起，聆听和理解客户。

2. 反映或总结客户的沟通内容，确保清晰和理解。

埃里克森在课堂中讲亲和技巧的时候，会讲到回放和扼要复述。对于客户沟通内容的一个总结和回放，教练可以让客户知道他真的被听到了，而且要让客户知道教练是理解他们的。通过这个过程，信任就被建立起来，教练可以更多地支持客户进行进一步的表达。

这种总结或回放在两种情境下特别常用、特别有价值。一种就是当教练需要更清晰地理解客户或进行澄清的情况下，可以把客户讲的内容进行总结或回放。比如客户讲到希望自己能够坚持运动，通过每天打卡督促自己，对话的目标成果就是找到方法能够坚持每天打卡。但是客户在对话中又提到，其实每天记录打卡这个过程并不难，很容易做到，可以每天定一个闹钟提醒自己或者在手机上做一些特别提示。这时候，教练就会有一些困惑，似乎这里有点矛盾，因为客户前面讲到自己的目标就是坚持打卡，可以督促自己，但是后面又讲到其实这个过程很容易。这个时候，教练就可以向客户做一个回放，进行澄清："我听你前面提到希望能督促自己每天坚持打卡，后面又讲到打卡其实并不难。我有一个困惑，我不知道我的理解是不是正确的，这好像有一点矛盾？"当沟通不够清晰的时候，教练可以用这样的方式和客户进行澄清，这种澄清有时候像"照镜子"的过程，可以支持客户进行更深入的思考。经过这样的澄清，客户就会发现，其实打卡不是问题，关键是什么可以带来持续的动力，让他能够坚持打卡；打卡做记录这件事情并不难，难的是有持续的动力可以坚持。这样的澄清可以给客户带来一些新的觉察和发现。

另一种经常使用这种回放和总结的情况，就是支持客户跳出来，站在更高的层面上进行更深入的思考，特别是在建立合约的阶段支持客户聚焦的时候。比如客户说他现在很忙，很多事情都不能按时完成，这样的情况让他的生活一团糟，造成了很大的负面影响，也给自己带来了很多麻烦，他希望这个情况有所改善，打算先换一份工作，也许就不会这么忙了，但是不知道怎样可以找到适合自己的工作。客户讲到了自己面临的很多挑战和很多现实问题，教练如何能更好地支持客户聚焦呢？就是通过"照镜子"的过程邀请客户跳出来，就好像把客户从泥潭中拉出来一样，让客户可以和教练一起站在岸边看这个情况。"你讲到了自己忙碌的生活，以及你遇到的很多困难、很多问题，你希望能够换一份工作。当你看到所有这些的时候，你自己发现了什么？你留意到了什么？对你来说真正重要的是什么？你内心真正想要的是什么？最关键的问题是什么？你最想解决的是什么？"这一系列问题都是邀请客户通过回放建立整体画面，然后进入更深的层面探索。

回放或总结客户沟通的内容，是教练在对话过程中经常采用的方式。回放能够展示出教练是在聆听和理解客户，同时通过这样的回放，也可以让客户和教练对于客户的现状、目标以及客户这个人有更清晰和深入的理解。如果再结合一些具有启发性的开放式提问，教练就可以让客户获得不一样的觉察和发现。

3. 识别客户沟通的内容背后是否还有更多内容，并进行询问。

如果要识别沟通的背后是否有更多内容，教练需要进行更完整、更深入的聆听，同时需要使用一些教练的直觉。

完整的聆听是指教练要聆听客户这个人的所有表达，包括语言层面的、非语言层面的、情绪上的、能量上的、系统层面的以及整个时间线上的，聆听不仅仅是在当下，也包含过去和未来，是在更大的时空上完整地聆听和理解客户。当教练这样聆听和理解客户的时候，可能会发现客户前后矛盾。比如，客户前面说希望能坚持打卡，后面又说打卡其实并不难，如果教练进行整体的聆听，就会留意到他的前后矛盾。我之前曾教练过一个客户，我们第一次对话的话题就是他每天会给自己找很多事情做，让自己陷入忙碌的状态中，别人邀请他做一些事情的时候他又没有办法拒绝。对话的成果就是他决定要做减法，可以让自己有更多空间思考真正重要的事情，选择真正重要的事情去做。但是在第二次教练对话结束的时候，客户给自己列出了十几条行动计划，又把自己排得很满。我进行了更完整的聆听，带着整体背景聆听和理解客户，在整个时间线上做累积式的聆听，留意到了这个矛盾。这个时候，我通过直接沟通的过程，把我的观察分享给客户，进行更深入的探索："之前你说要做减法，今天的行动计划又列了十几条，对此你的发现是什么？你注意到什么？"

有的时候，教练会留意到客户的语言信息和非语言信息表达不一致。比如客户讲到，如果目标实现了他应该会非常开心，但是客户的表情却看不到一点开心的迹象，反而若有所思，甚至很凝重，而且客户讲的是"我应该会很开心"。在这个过程中，教练留意到客户的语言表达和非语言表达是不一致的，这说明客户沟通的背后还有更多内容线索，教练可以基于这样的聆听进行更深入的探索。

有的时候，教练会听到客户用一种特殊的方式强调某一个词，比如客户说"我一定要做出改变"的时候，"一定"这个词特别用力，就好像为这个词注入了很多能量。如果教练进行整体的聆听，就会发现在这个词背后有更重要的内容，需要进行更深入的探寻。比如教练问他："我留意到你在讲'一定'的时候，语音、语调上有一些不一样，这个对你意味着什么？这个在告诉你什么？"通过这样的探寻，客户可能会意识到，自己讲到这个部分的时候，内心对这个改变非常渴望。有的时候，客户不断重复某个词，如"我真的特别想去看看我的未来，但是每次想到这个未来的时候，我的脑海总是一片空白，但是这个未来对我确实是非常重要的"，客户不断重复"这个未来"，教练就可以就"这个未来"展开一些探索："这个未来对你到底意味着什么？为什么它对你那么重要？你如果拥有这个未来又会有什么不同？"

有的时候，教练会留意到客户一些反复出现的习惯模式，比如每一次在谈到自己团队的时候情绪就变得非常沮丧、低落，或者客户每一次谈到落地行动的时候总是讲得很快，一笔带过，而且谈的都是非常抽象的行动，很难明确具体要做什么。当教练把客户当成一个整体进行比较完整的聆听时，就会注意到背后还有更多的内容。只有当教练全然地在当下，在一个更大的全息系统中聆听和理解客户时，才能够留意到客户给的这些线索，这些线索往往都是教练支持客户深入觉察的很重要的渠道和资源。

4. 关注、认可并探索客户的情绪、能量转换、非语言提示或其他行为。

5. 整合客户的语言、语音、语调和肢体语言，以确定客户所传达内容的全部含义。

这两条都与非语言表达有关，非语言表达包含语音、语调、肢体语言、情绪状态、能量转变等。"积极聆听"这个核心能力要求教练一方面关注到客户传达的信息，另一方面认可、探索和整合这些信息。所谓的关注就是教练要有意识地聆听，关注客户所有的表达。认可就是教练展现出他的看见，看见的具体表现就是教练的反馈和分享，也可以表现为积极的探索。基于这些内容的探索，可以支持客户看见更深层的信息，完成内在的整合。

人类的表达大部分是通过非语言信息传递的。所以，当教练进行完整的聆听时，才能够真正理解客户在讲什么，才能支持客户产生更深入的探索和挖掘，带来不一样的价值。

这两条要求教练关注、认可和探索客户的非语言表达，可以在整体上理解客户，整合所有的信息，结合教练的一些结构去促进转化的发生。

6. 关注客户在不同教练对话中的行为和情绪趋势，识别客户的各种主题和模式。

这一条讲到了趋势和模式，也是关于累积式聆听和整体的聆听。教练是一种长期的伙伴关系，是一段时间的陪伴，这段时间的陪伴其实是一个整体。这种陪伴不仅是教练与客户在一起的时间，两次对话之间的时间也是整个教练过程中的一个部分。在这个过程中，教练是持续发生的，客户内在的转化也是持续发生的。在两次对话之间的时间里，客户通过真实的行动投入真实的环境，应持续学习和探索真实的挑战过程，这个部分对于教练过程来讲是一个非常重要的环节。当教练把整个长期教练过程看成一个整体，把所有的教练对话连在一起的时候，有一些模式或是趋势就会凸显出来，这些地方就是最需要教练支持客户超越的地方。

比如我曾教练过一个高管，作为销售团队的领导，他的成果导向非常强，这让他的业绩非常好。但是当他开始负责亚太地区的团队时，就受到了一些挑战。因为亚太地区的团队成员各有不同，风格特点明显，而且有很多资深的员工，这使得他的很多事情推进得非常缓慢，没有办法很高效地达成成果，他非常苦恼。在刚开始进入教练过程召开三方会谈的时候，他谈到的就是要达成团队目标，每一次对话都聚焦在团队目标成果上。在这个过程中，我注意到他的模式就是成果导向非常强，特别想要看见成果。当留意到这个模式的时候，教练就基于这个部分展开了深入的探索："为什么这个成果对你那么重要？你想要实现的真正成果是什么？当你全然关注成果的时候，对这个团队的影响是什么？其他团队成员对成果是怎么看的？你对自己的观察是什么？你看到自己的这个风格和这个团队的成果之间是一个什么样的关系？"

通过这样的探索过程，这位高管逐渐意识到自己成果导向特别强的这个模式。他也注意到，其实每个人在这个方面的认知和看法都是不一样的，当他在更大的维度上看到这个成果的时候，会同时关注到隐性的成果和显性的成果，以及不同阶段的成果是如何显现的。通过这样的关注和探索，客户打开了一个非常关键的领域。通过这个模式的看见和探索，教练支持客户可以构建更强大、具备灵活性的领导风格。当客户在这个方面慢慢拓展了以后，他就具备了更多的资源、更大的灵活性，从而可以更好地达成自己的目标成果。

整体的聆听既包含客户整个人方方面面的表达，又包含客户不同系统的关注以及整个的时间线，是在更大的时空背景之下关注和理解客户。这时候就可以在重要的主题、模式和趋势上面做比较系统的拓展工作，这样，给客户带来的价值是至关重要的，带来的转化力量也是非常大的。

这些就是关于积极聆听的定义，积极聆听就是要教练听到客户在讲什么、没讲什么以及他更大的系统背景。积极聆听需要教练非常完整地理解和和聆听客户，包含客户所有的表达，如语言的、非语言的、能量的、情绪的、系统层面的信息，不同时间线上的信息都是需要被关注的。当教练在这个层面关注的时候，就会留意到很多重要的线索。基于这些重要线索的探索可以支持教练对话，能够给客户带来强有力的觉察，给客户带来价值。

PCC 行为标识

6.1 教练的提问和观察是基于教练对客户本人及其处境的了解而提出的；

6.2 教练询问和探索客户的语言运用；

6.3 教练询问和探索客户的情绪情感；

6.4 教练探索客户的能量转变、非语言线索和其他行为举止；

6.5 教练询问和探索客户目前如何理解他们自己和他们的世界；

6.6 教练让客户把话说完，除非出于特定的教练目的，教练不打断客户的谈话；

6.7 教练简洁地反映或总结客户表达的内容，以确保对客户的理解清晰准确。

"积极聆听"这个核心能力在 PCC 水平上表现的行为标识有七条，详细界定了在对话中教练需要关注的领域。这些领域的关注可以支持教练完整地理解客户在所处系统中的表达，包含关于客户这个人、客户的处境、客户的目标、客户的语言、客户的情感、客户的能量以及与这个世界的关系等。同时，行为标识中也提到了不打断客户和总结回放在聆听上的重要意义。

6.1 教练的提问和观察是基于教练对客户本人及其处境的了解而提出的。

这一条讲到了教练要将对客户及其情况的了解整合在提问和观察中，包括客户的生活经历、工作经历、个人成长、使用的词汇、语言及非语言信息的表达、风格偏好、使用的隐喻等等。这个整合的过程证明教练聆听到、关注了客户特定风格的表达。

"培养信任和安全感"这个核心能力提到,教练要关注客户的独特性,在这里,客户这些独特的表达就是独特性的一部分。教练关注并使用客户这些特定的表达,就是在这个层面聆听的一个证据,证明教练关注到这些东西了。就像我之前讲到的,"积极聆听"这个核心能力不能被直接观察到,只能从教练的回应和提问的过程中体现出来。

所以,这一条讲的就是教练要留意并使用客户独特性的一些表达,使用的过程是通过观察、反馈、分享以及提问呈现的。通过使用的过程,一方面,教练可以支持客户产生新的觉察;另一方面,教练也可以展示出他聆听、关注到了客户。

比如,教练留意到客户的生活背景、成长经历,就可以在对话中问客户:"你曾经提到过自己印象最深的这段成长经历,它带给你重要的学习是什么?这个学习如何支持你应对今天面临的这个挑战?"这样就是将客户的生活和工作经历整合到提问和观察中的。

有时候,教练也可以通过使用客户的词汇来展现这个行为标识。客户的词汇就是客户在表达的过程中特别强调的、不断重复的或者使用特别的语音、语调讲到的一些词。当教练留意到这些表达,并且分享给客户或者进行更深入的探索时,就是在展现这条行为标识。比如教练留意到客户的一个价值观关键词是"成长",就可以使用这个关键词:"你如何支持自己持续的成长?""不断成长的自己对你有什么重要的价值?可以带来什么新的可能性?可以为你创造什么?实现什么?"

教练还可以使用客户的语言表达和非语言表达做一个回应,比如客户在某些词上面不断重复,讲着讲着突然慢下来了、语音语调突然变快了,教练都可以基于这样的表达进行回应:"我注意到你的语速在这时候慢下来了,发生了什么?""你留意到了什么?""这个对你意味着什么?""这个变化对你产生的影响可能是什么?"等等。

还有的时候,教练可以聆听到客户的风格偏好,并基于此来调整提问和观察。比如,客户的后设程序是什么样子的?这个客户习惯的感官通道是哪个?

如果客户是视觉型的，教练就更多地用视觉型的体验去支持客户；如果客户的后设程序更多的是积极行动的，教练就可以支持客户更多地探索接下来的行动。

客户的语言模式也是非常好的资源，教练可以使用这些资源支持客户的觉察和发现。比如在教练一个亲子话题的过程中，客户说自己能像大树一样为儿子遮风挡雨。当客户使用这个隐喻的时候，教练可以问："这棵大树怎么样才可以更好地支持这棵小树也成长为一棵参天大树呢？"隐喻是非常好的资源，可以支持教练连接到潜意识层面比较深的一些信息，让这些信息浮现出来。当教练使用客户的这个隐喻探索的时候，客户看到了一幅画面，他发现小树要想长成参天大树，需要大树让出位置。如果小树一直处于大树的庇护之下，是没有办法长成参天大树的。这个过程就是通过使用客户的隐喻进入他的世界，为客户带来了很重要的觉察。

相反，不合格的表现包括教练没有使用客户的语言或非语言层面的一些特殊表达，只是使用一些通用的语言或通用的观察，并没有结合客户的表达发问或回应，或者说教练使用的是自己的语言或概念，而不是客户的。在这一点上，埃里克森也特别强调要使用客户的语言，比如客户说"我要承担起家庭的责任"，教练在回放的时候使用的是自己的语言："你如何尽到对家庭的义务？"这时候客户就会不认同，因为责任和义务是不一样的，这个义务让人觉得有一些被动和压力的感觉，而责任是中性的。每一个人对每一个词的理解都是不一样的。所以，在这个过程中，教练一定要留意客户的独特性表达，使用客户的语言和表达方式，否则信任和安全感就会被破坏。

所以，这条行为标识就是要求教练能够留意到客户关于自己及其所面临情境的独特表达，同时在教练过程中更多地使用这些信息，可以支持客户更深入地理解自己、看见自己，从而获得一些新的觉察和发现。在这个过程中，客户感受到了教练的关注与支持，信任和安全感也会被建立起来。

6.2 教练询问和探索客户的语言运用。

客户的很多关键词是客户内在结构的一个部分，比如愿景、价值观、身份层面的信息；也有一些关键词包括客户重复使用的词汇、使用特殊的语音语调表达的词汇、比较抽象的或与目标相关的关键词。有一些词可能是与客户这个人相关的，有一些可能是与客户的目标相关的，有一些是比较抽象的，有一些词对客户来讲是比较特别的，这时候教练需要与客户进一步探索。教练询问和探索的一方面是客户使用词汇的具体含义，另一方面是探索这些关键词对客户的意义和价值。比如客户提到自己在创业，希望能够另辟蹊径，独自开创一个新的领域，还提到这个新的领域有多么吸引人、为什么他想要选择这个新的领域。教练会留意到，客户在不断重复"新的领域"，或是讲到"新的领域"的时候使用了一些特殊的语音、语调，这个"新的领域"与客户想要实现的目标之间的相关性非常大。教练就可以支持客户进一步探索："这个'新的领域'为什么那么吸引你，这个'新的领域'对你的创业之路的价值和意义是什么？'新的领域'如何支持你在创业的过程中取得成功？"教练都可以尝试着探索这样的问题，支持客户进一步获得新的觉察。

相反的一些表现可能是，教练会对一些客户的词汇和概念做出假设，或者教练基于自己对这些词的理解提问，甚至教练没有跟客户确认就自行定义了词汇的概念。比如前面"新的领域"，有可能教练对这个新的领域的理解是"新的领域是不确定的"。基于教练自己的假设或自己的定义，教练就会问："这个新的领域对你来讲是不确定的，你如何应对这个不确定？"但其实对客户来讲，"新的领域"对他的含义是全新的体验，他关注的不是不确定，而是全新的体验带给他的兴奋，所以这是完全不同的理解。如果教练自己做出了这个假设或者自己做出了定义，并基于自己的这个方向引领对话，教练在这一条上的表现就会受到影响。

6.3 教练询问和探索客户的情绪情感。

在 PPC 水平的教练对话中，这个行为标识的具体表现可能是客户谈到自己所感受的一些情绪，比如现在感到非常焦虑，压力很大，或者客户在当下展现出了愤怒、焦虑或沮丧的情绪，这个时候教练就可以进一步与客户探索。在这个行为标识上的第一种具体表现就是，教练看到了客户的情绪，或者教练留意到客户讲了自己的一些情绪，然后询问或探索。

第二种具体表现是，客户并没有说出他们的感受或者没有展现出一种具体的情绪，但是教练可以通过一些非语言信息的表达（比如能量波动、语音语调、肢体语言）感受到客户当下有一些情绪。如果教练并不确定是一种什么情绪，就可以邀请客户为这个情绪命名，可以问客户："我留意到你的语音、语调有些不一样了/我发现你的能量有一些改变/我注意到你的两只手一直是紧紧地用力握在一起，我不知道在这个当下你感受到了什么，这个背后是一种什么样情绪？"

第三种具体表现是，教练注意到客户的语言和非语言的行为表现与客户表达的信息不符，比如客户讲到一些特别开心的事情时，并没有展现出开心，或者客户在讲一些自己曾经遭遇的困难情境时反而脸上是带着笑的。这些都是引起教练好奇的地方，也是值得进一步探索的地方。

相反的情况是客户谈到了一些情绪，但是教练忽视了这个情绪。比如客户可能很愤怒，或者他觉得自己压力很大、很焦虑，但是教练就是没有听到或者选择忽视，只关注自己的议程，没有探索客户当下情绪和情感的流动，或者教练注意到了客户的表达方式和内容不匹配，但没有进一步询问或探索，这些都会影响教练在这条上的表现评估。还有一种相反的表现是，教练留意到了客户表达的情绪，也希望探索客户的情绪，但是客户并没有准备好，或者不愿意在当下面对自己的这份情绪，但教练依然非常执着地想要继续探索，忽略了客户当下的语言或非语言的表达。此时，即使教练在探索客户的情绪和情感，也会影响他在这个行为标识上的表现，因为他忽略了客户更真实的表达，客户其实不太愿意探索，甚至可能客户已经表达了他的想法，但是教练依然朝这个方向探索。

6.4 教练探索客户的能量转变、非语言线索和其他行为举止。

这里包括客户的说话方式、表情、肢体语言等非语言行为，也包括客户能量上的改变、特定的行为等，比如客户说话方式或语调发生改变了，声音变得低沉了，讲话突然快了，或者语调非常高亢了，这些都是需要探索和留意的地方。

非语言的行为表现，比如嘴角上扬，或者本来坐得很放松，突然一下坐直了，或者嘴唇紧闭，或者突然抬起头向上看，或者突然看地板，都有可能是客户内在的表达，可以支持客户进一步的探索。探索的方向可以是从意义的层面挖掘，比如："我注意到你的表情有些不一样了，这个对你代表着什么？"也可以是非常开放的探索，比如："你留意到什么？你想到什么？我发现你讲话突然变得很快了，在当下发生了什么？你自己留意到什么？你自己的觉察是什么？"

能量是一个比较抽象的概念，是整体的感知，这种能量的变化不是指客户开不开心，或是情绪高或低，它其实是一种力量的表现。有时候即使客户表现得非常沉默，但是教练也能感知到他的能量非常高。重要的是教练会看到客户有一种能量状态的变化，这种变化是有意义的，伴随着内在的一些改变，是值得去探索的。

客户有时候会展现出一些具有特殊含义的行为，比如不断喝水或开始转笔等。但要注意的是，聆听和观察到的客户非语言层面的行为，有一些是有意义的，有一些不一定是有意义的。可能客户就是单纯地弄了一下头发，并不具备特定的含义，所以教练不是简单机械地留意这些动作或行为，而是要感知它是不是与客户的内在转变、正在谈的话题、正在经历的体验相关。教练需要探索相关的具有意义的表现，否则可能会弄巧成拙。

在这个行为标识上，还有一种具体的表现与累积式聆听相关，就是通过教练的累积式聆听，留意客户的一些模式，比如客户每次提到自己的家庭时，语音、语调都是很低沉的，情绪都很低落，或者每一次提到落地行动的时候都说自己很忙，或者一谈到行动就会说自己又有了新的想法，等等。类似于这样的规律性的或趋势性的模式，如果教练留意到的话，也可以通过直接沟通的方式向客户反馈，然后进行更进一步的探索。

最后一种具体表现是，客户表达希望进一步探索，教练就跟随客户进行更深入的探索。比如教练在问客户有什么资源可以帮助他更积极主动地采取行动时，客户想到自己会经常换不同风格的笔记本，并表示对自己的这个部分很好奇。这时候，教练就可以支持客户进一步探索，这个模式带给他的价值是什么、满足了他什么样的需要、对他意味着什么等等。这些都是展现出这一条行为标识的具体表现。

相反的一些表现是，这些东西流露出来的时候教练没有注意到，或者注意到了但没有进一步探索，包括表达方式、语音、语调、模式、行为、能量变化等，这样就是不合格的表现。

这些表现一方面与教练的聆听能力相关，就是教练能够去进行深度的聆听，能够留意到这些线索；另一方面也与教练的提问能力相关，就是教练知道怎样与客户进一步探索。在教练辅导的过程中，我经常发现有一些教练伙伴能够听到，但是不知道问题怎么问、问什么样的问题。在教练的过程中，当教练留意到客户具有意义的表达时，可以通过不同的形式支持客户进一步探索。首先教练可以呈现聆听到的内容，然后选择给客户留白，或者可以选择提出一些促进觉察的问题（比如留意到什么、想到什么、你的发现是什么），也可以提出意义层面的问题（比如意义是什么、对你的价值是什么），还可以与客户的目标连接，看到这个部分是如何支持客户实现自己的目标的，或者与跟教练在对话中探索到的一些重要内容连接，比如客户看到愿景画面时突然坐直了，这个时候教练就可以与客户直接沟通："我注意到，当你讲到这个部分的时候，你的坐姿不一样了，突然坐直了。"客户可能就会说："我发现，当我看到这个目标实现了以后，我觉得自己特别有力量。"这个时候教练可以支持客户与比较重要的东西连接，或者与他的目标成果连接，比如可以问："这份力量可以如何支持你实现你的目标？""这份力量对于内心的纠结意味着什么？"通过这样的连接和进一步的挖掘就可以让教练积极聆听到这些重要的线索，并且支持客户产生重要的转化。

6.5 教练询问和探索客户目前如何理解他们自己和他们的世界。

客户如何看待他们周围的世界，其实也是客户独特性的一个表现。每个人对自己、对这个世界都有独特的认知，这个部分包含了教练关于自己和这个世界的观点、信念、概念或假设，而且教练如何看待这个世界会影响他的体验，影响他对这个世界、对自我的感知，影响他的行为和选择，进而最终影响结果。

就像爱因斯坦曾问过的一个最重要的问题：这个世界是善意的还是恶意的？如果我们认为这个世界是善意的，就会建起互通的桥梁；如果我们认为这个世界是恶意的，就会筑起高墙。这种深层的假设会影响我们整个生命的体验。所以，探究客户对自己以及对这个世界的理解，对客户来讲是一种非常有价值和有意义的支持。

专题 18：爱因斯坦的故事

有一天，一个普林斯顿的学生接到一个任务：采访爱因斯坦。这位学生恰巧是物理系的，他非常激动，因为机会难得，他决定要问一个真正有意义的问题。他花了好几个晚上读完了爱因斯坦所有的书，终于有一个灵感出现在脑海中，他赶快把这个问题写在了纸条上面，折好，放到自己的口袋里。

第二天下午，他来到了爱因斯坦的门口。当爱因斯坦打开门后，他看到了跟照片里一模一样的爱因斯坦：爆炸头，孩子般充满好奇的眼睛。爱因斯坦请他进去，屋子里弥漫着咖啡的香气和烟斗的味道。学生坐下后问出他想了好久的那个问题，他说："爱因斯坦先生，我想知道的是，您作为全世界最聪明的科学家，您觉得这个世界上最重要的科学问题是什么？"爱因斯坦说："这是个好问题。"

爱因斯坦靠在椅子上，眯起眼睛，抽着烟斗，开始思考。大概过了十分钟，爱因斯坦睁开双眼："假如这个世界上有什么最重要的科学问题，那就是，这个世界是善良的，还是邪恶的？"

"如果一个科学家相信这个世界是邪恶的，他就会终其一生发明武器，创造壁垒，把人们隔得越来越远；如果他相信这个世界是善良的，他就会终其一生创造连接，建立沟通，发明那些能把人们拉近的东西。"所以，爱因斯坦认为这是最重要的科学问题。

这个答案带给我们的启示是：我们的假设决定了我们的一切。如果

> 你认为这个世界是邪恶的，你就会终其一生去防御、去抵抗；如果你相信这个世界是善良的，你就会终其一生去创造、去连接，热爱生命中一切美好的东西。这就是教练的假设，是教练的核心思维。

具体的做法就是教练询问或探索客户目前对自己或这个世界的看法，即教练会从这个视角去发问。比如：你对自己的看法是什么？你对团队的观点是什么？你觉得这个公司怎么样？你觉得你周围的环境是什么样的？你面临的这个挑战是什么样的？你最大的困难是什么？你觉得自己是一个什么样的人？你觉得你的长处是什么？你觉得自己的缺点是什么？等等。类似这样的问题，就是他对这个世界的一些想法、看法、探索。在教练对话的过程中，在聚焦这个层面探索的时候，就可以展现出这个行为标识。

教练还可以问客户一些目前的看法、信念或假设怎样影响他们与自己的关系以及与其他人/世界的关系。比如客户认为新的公司管理很僵化，这是他对周围世界的看法，教练就可以与客户就这个部分探索："你认为这个新的公司管理很僵化，这个想法会怎样影响你和团队成员的关系？"从这个例子可以知道如何从这个视角提问，探索客户的看法、观点怎样影响他们和这个世界的关系。

其他具体表现还包括探索客户的想法、看法对于他们实现目标成果会产生怎样的影响。比如，客户希望自己能够成为一个谦卑的人，教练就可以基于这样的观点提问："你希望自己能够成为一个谦卑的人，这是如何影响你和其他人的关系的？"通过探索客户对这个世界的理解和对自己的认知对于他实现目标有什么样的影响、产生什么样的作用或有什么样的关系，教练可以支持客户跳出来，照见自己。这些都是教练内在的结构，这些想法、观点就是构成我们是谁的一个部分，从这个部分探索，让客户看到这个部分对教练自己的影响是什么，对教练和其他人与这个世界的关系的影响又是什么，从而可以拓展思考。

在这条行为标识上还有一种具体的表现，就是教练要思索，他对自己的一些看法与他对这个环境、对这个世界的一些看法之间的关系是怎么样的，是不是协调一致的。因为教练和这个世界的关系实际上是他和自己关系的映射。比如我之前的一个客户，他妈妈对他的要求非常高，所以他对自己的要求也是特别严格，一直对自己不满意，这造成他感到压力很大，经常焦虑，而且他对家人、对团队成员的要求都很高，因而会产生很多矛盾。在这里，我们会看到，我们和自己的关系会影响我们和这个世界或周围人的关系。从这个视角探索，教练可以支持客户进行很好的自我觉察。

有的时候，我们对自己的认知和对世界的认知会产生一些矛盾。比如有些时候，我们会认为自己的能力很强，但在实现目标的过程中会发现困难重重，没有办法解决。这时候就展现出一个矛盾，我们认为自己是很强的，但当我们面对这个世界的时候又很无力。这时候我们可以看一下，我们对自己的认知和我们对世界的认知之间的关系到底是什么？中间的矛盾是什么？我们到底应该如何看待这个世界，如何看待周围的这个环境，如何看待我们自己，才是最有价值、最有力量的，才可以最大化地支持我们实现目标？这也是非常好的一个探索的视角。

在这个部分最主要的表现是教练支持客户探索他们对自己的看法、对于世界的看法、对于周围环境的看法，以及这些看法对他们的影响，特别是对于实现他们目标的影响，包括这个过程中出现的矛盾、对于自己的影响、对于自己和这个世界的关系的影响等等。如果教练在这些方面支持客户探索，在这一条上面就会有所呈现。

相反的表现包括：教练的探索与合约的相关性不大，与客户想要实现的目标或者想要去到的方向没有形成连接；教练对客户如何看待自己或这个世界做出了一些假设，或者表达自己的观点而没有询问客户的观点；教练分享了一些自己的看法、对这个团队的看法、认为客户是一个什么样的人，但是没有允许客户以他们想要的方式回应。前面讲过，教练在与客户分享观察和反馈的时候，很重要的是请求允许，并且以一种不确定的方式同时邀请客户回应，全然接受客户的想法。如果教练不允许客户做出回应，那么他在这个行为标识上的表现也会受到影响。

6.6 教练让客户把话说完，除非出于特定的教练目的，教练不打断客户的谈话。

这一条是关于打断客户的。这里强调的是让客户把话说完，一方面教练要给客户足够的空间，让客户反思或感受；另一方面教练要注意与客户对话的节奏，要给客户足够的时间思考问题、回答问题。就像前面讲到的，有一些教练问题提得很密、很快，客户更多地忙于回答问题，没有沉下来进行更深刻的反思，所以给出的都是想当然的答案或表面的答案，或者为了给答案而回答问题。这样，整个对话就会流于表面，对客户来讲没有什么真正的意义和价值。所以，教练能够给客户足够的空间找到一种合适的节奏，与客户共舞，是非常重要的。

当客户处在特别困难的情绪中、需要做一些工作的时候，教练是不是能够耐心地给客户这样足够的空间，让客户与自己对话，这也是一个非常重要的表现。这里强调的是，当对话朝着既定目标前进的时候，教练没有必要打断客户。打断客户一定要出于明确的教练目的，即打断是服务于客户或他的目标的。比如前面提到的谈话没有进展、在绕圈，或者客户陷入了自己的故事中，或者陷入了崩溃的情绪中时，教练为了客户的利益或客户的目标可以打断客户。在打断客户的时候，教练最好跟客户讲明原因，并且如果能够提前约定好，或者提前向客户说明，在对话中打断客户的时候就会更好地保持与客户之间的信任关系。

相反的表现包括：教练使用一些个人的口头语或一些语气词转移客户的注意力，让客户从自己内在的反思和体验中跳出来，不能继续进行内在的流动；教练没有明确的教练意图就打断客户，妨碍客户的表达；教练打断客户是为了满足教练自己的需求，而不是支持客户。比如，在对话的过程中，教练有的时候会有一些自己的意图，可能希望能够创建一个深层合约，或者希望客户能够落地一些具体的行动，或者希望给客户带来更深层的体验等。当教练有这样的意图时，或者聚焦在自己的目标上时，往往就会忽略客户在当下的一些表达，没有耐心留意客户当下流动出来的一些东西而去打断客户。这些都是教练在这一条上不合格的表现。

6.7 教练简洁地反映或总结客户表达的内容，以确保对客户的理解清晰准确。

最后一条行为表现是关于回放或总结的。这种回放或总结可以帮助客户感受到教练在聆听，培养信任和安全感。如果教练的回放或总结可以结合一些开放式提问，就可以支持对话更深入。回放或总结的作用一方面是与客户澄清、确认，另一方面可以邀请客户抽离出来，站在更大的视角聚焦、觉察，让客户看到整体的画面，然后聚焦。

有时候，教练会进行更简洁的回放，就是扼要复述；有时候，教练只是回放关键词；有时候，教练会把关键词编织在问题里，在问题中使用。比如客户讲到未来对他很重要，希望能够看到未来，教练就可以邀请客户看一下他想要的未来是什么样的，拥有这样的未来对他来讲意味着什么，这个未来如果真的实现了会带给他什么更重要的东西。通过把"未来"这个关键词重新整合到提问中，可以让对话更加深入。无论是回放还是扼要复述，使用客户的语言非常重要，就像前面举的例子，每个词在不同人的内在中的定义、意义和价值都是不一样的，所以教练在这个过程中一定要使用客户的语言。

同时，教练要避免过度回放，其表现可能是客户说的每一句话教练都在回放，逐字回放，像鹦鹉学舌一样。比如有的教练会习惯性地回放客户讲的最后一句话。很多时候，教练回放其实并不是为了客户，特别是对于一些新手教练来说，经常是因为自己需要一些反应的时间，可以梳理一下思路，考虑需要问什么问题。如果过度回放，反而会打断客户思维的流动，干扰客户内在反思的过程。所以，强调的是进行有价值、有意义的回放或总结，如需要澄清、确认的时候，需要邀请客户跳出来看的时候，或是通过扼要复述的形式支持客户深入的时候，而不是机械性地回放、逐字逐句地回放、过度地回放，这些是需要避免的，否则就会影响教练在这个行为标识上的表现。

这些就是积极聆听在 PCC 水平的教练对话中的七条行为标识，这些标识里提到更多的是探索的方向。通过探索的方向，教练就能够看到聆听的深度，通过探索的内容，教练能够评估聆听的能力。在 PCC 水平的教练对话中，教练更多的是聆听这个人，聆听他的背景、能量、语言或非语言的模式，聆听客户面临的环境、挑战、他想要实现的目标等等，所有这些聆听都是更全面、更完整、更系统的聆听。

ACC/MCC 最低技能要求

ACC 最低技能标准：
- 教练聆听客户就客户议程所传达的信息，回应客户所提供的信息以确保理解的清晰性，并整合客户传达的信息，以支持客户实现其议程；
- 教练在这一核心能力方面的行为可能包括聆听客户口头表达的内容，以及客户可能以其他方式表达的内容，如语音语调、能量转化或情绪转化以及肢体语言。

ACC 具体行为表现：
- 教练使用总结或释义来确保他们正确理解客户；
- 教练进行支持客户创建新的关联的观察；
- 教练与客户一起建立一个共同的愿景。

ACC 不合格表现：
- 教练没有关注和回应客户沟通的内容；
- 教练的回应与客户试图实现的目标无关；
- 教练所聆听的是与自己可以展示的议题相关的知识，或者告诉客户如何处理该议题的内容。

在 ACC 水平的教练对话中，聆听更多的是关注客户的议程，回应也是基于客户在议程方面给出的信息，并且确保理解清楚，同时能结合这样的信息进行整合，整合的最终目的也是支持客户实现他的议程。所以，在 ACC 水平的教练对话中，教练更多的是关注客户的议程，聚焦在这个上面聆听。

教练在聆听的过程中既关注客户口头表达的内容，也关注其他方式表达的内容，即语言之外的一些表达，比如语音语调、能量转化或情绪转化以及肢体语言。这个层面的关注只是一种可能，教练不会在这方面有过多的关注，或者主动聆听，更多的关注还是在信息层面的一些表达，关注其议程上面的一些信息。

ACC 水平的教练也会通过总结和回放来确保对客户表达信息的理解是正确的，同时也会创建一些新的关联，做进一步的探索。新的关联更多的是聚焦在议程上，比如客户的行动对于这个目标成果的影响、客户的情绪或状态对于达成目标的作用等。

从整体上看，ACC 水平的对话更多的还是在事情上，与议程相关，可以通过与客户建立共同的愿景支持客户达成目标。在 ACC 水平的教练对话中，教练所有的聆听，包括支持客户进行的一些整合，都是围绕着这个目标进行的。

如果教练没有关注和回应客户沟通的内容，如客户可能讲到他的议程、他想要实现的目标、他的行动，但是教练并没有在这个层面展示出教练听到了客户讲到的这些内容，没有基于这些内容进行回应，或者教练的回应与客户想要实现的目标无关，或者教练没有支持客户实现他的目标，而是关注教练自己的关注点，甚至教练更多的是在展示我知道这个事情怎么做、我之前的经验是什么、我告诉你应该怎么做。如果是这样的表现，就不能在 ACC 水平的教练对话中获得合格和通过的成绩。

总结一下，在 ACC 水平的教练对话中，积极聆听更多的是关注议程，基于与议程相关的内容回应客户，支持客户做一些整合，最终的目标就是支持客户实现他的议程。

PCC 水平教练对话行为标识：

6.1 教练的提问和观察是基于教练对客户本人及其处境的了解而提出的；

6.2 教练询问和探索客户的语言运用；

6.3 教练询问和探索客户的情绪情感；

6.4 教练探索客户的能量转变、非语言线索和其他行为举止；

6.5 教练询问和探索客户目前如何理解他们自己和他们的世界；

6.6 教练让客户把话说完，除非出于特定的教练目的，教练不打断客户的谈话；

6.7 教练简洁地反映或总结客户表达的内容，以确保客户理解清晰准确。

在 PCC 水平的教练对话中，需要展现出七个行为标识，大部分的行为标识都集中在客户这个人身上，如他所处的背景、语言的运用、情绪情感的变化、能量的变化、非语言线索的变化、如何理解自己、如何理解周围的世界和环境以及与其他人的关系怎样等等。所以大家会看到，在 PCC 水平的教练对话中，教练关注更多的是关于人的，关于客户内在的一些表达，这些表达或信息会通过非语言层面的表现来传递，教练可以通过这个层面的分享和提问去挖掘。一方面，教练留意到客户的一些表现，另一方面，教练会有意识地向内探索，使用更多 Being 层面的提问，以支持客户在这个方向上进行一些自我探索和挖掘。同时也更强调留给客户的空间，保持足够的耐心，不打断客户，要进行回放、总结，确保理解清晰。回放和总结也是基于关注的内容进行的，所以整体上聆听的深度更深了。

MCC 最低技能标准：

· 教练作为学习者聆听，并展现出同时在逻辑和情感层面上聆听的能力。教练的回应表明从多个层面了解了客户；

· 教练的回应表明，教练正在聆听客户的直觉能力、客户的能量、客户正在谈的重要事情、客户出现的新成长（这种成长与客户所述的目标和议程有何关系），以及客户正在发现、创造和使用的更强大的自我意识；

· 教练能够听到客户当前的想法和成长，并将其与客户试图创造的未来联系起来；

· 教练会听到客户的卓越之处、天赋才能以及突破限制性的信念和模式；

· 教练的聆听在每次教练对话中不断得以积累。

MCC 具体行为表现：

- 教练给予客户回应，鼓励客户深入探讨自己的思维和行为；
- 教练对客户的回应展现出对客户情绪、能量、学习和成长的理解，与客户的议程保持一致；
- 教练将客户视为一个整体，在此整体背景下反映出客户所交流的内容。

MCC 不合格表现：

- 教练没有展现出将客户看作一个整体并进行聆听的能力，以及在多个层次上聆听客户的思考、学习和感受的能力；
- 聆听经过了教练的思维、学习和创造方法的过滤，而非积极地听取和使用客户的思维、学习和创造方法；
- 客户语言的细微差别没有反映在教练的回应中；
- 教练没有回应客户交流的内容；
- 教练的回应与客户试图实现的目标无关；
- 教练的聆听主要集中在客户的问题或弱点上；
- 教练的聆听关注的是自己对该主题知识的掌握或告诉客户如何处理该主题。

在 MCC 水平的教练对话中，教练的定位不一样了，他是作为一个学习者去聆听的，不仅仅是一个合作伙伴，还是在向客户学习。当教练可以向客户学习的时候，这里面有一个假设，就是客户是有资源的，客户是值得教练学习的。在 MCC 水平的教练对话中，聆听是多个层面的，是最丰富的一种聆听，它包含了在 PCC 水平上的聆听。在 PCC 水平的教练对话中，教练可能会被某一点吸引，比如客户在某个当下流露出来的一些情绪、能量上的变化或非语言层面的表达，然后教练会经由这个点探索，看到客户 Being 的某一个部分。但是和 PCC 水平的教练对话不一样，在 MCC 水平的教练对话中，教练是把客户当成一个整体去聆听的，当教练可以把客户当成一个整体聆听的时候，就可以感知到这个人的本质存在，可以感知到他的天赋、他的卓越之处，他最亮的部分就会凸显出来,那就是客户的本质存在。这时,教练是与这个人的本原在一起的。所以,教练会在一个更接近本质的层面上聆听,这个聆听更完整。而且教练聆听的东西更精微,可能是不很明显的表情或肢体动作、客户的直觉能力、客户比较精微的部分以及能量上的变化。MCC水平的聆听的第三个特点是教练更关注客户的成长、客户的创造、客户的突破、客户的发现,更多的是关注客户超越当下的部分,是成长的部分,当然也包括他如何创造、如何实现,这些部分是在MCC水平的教练对话中要更多关注和聆听的。

这也跟教练在MCC水平的教练对话中呈现出的状态有关。教练与客户完全在一个旅程中,是完全合作的,对客户充分信任,完全在当下,享受"不知道"的状态,与客户一起朝向这个充满各种可能性的未来,并且对这样的未来充满好奇,这也是MCC水平的聆听的不同之处。

MCC水平的聆听更强调整体性和累积的聆听,不是在某个当下或某段对话中的聆听。教练是把所有的教练对话当成一个整体聆听,把客户整个人包括客户背后的所有系统当成一个整体聆听,与一个完整的全息的系统在一起,是共同存在的。具体的表现包括教练给出客户回应,鼓励客户深入探讨自己的思维和行动,展现出对客户的情绪、能量、学习和成长的理解,把客户视为一个整体,在更大的背景下理解,等等。

一些不合格的表现就是,当教练没有把客户当成一个整体,没有整合客户多个层面上的思考、学习和感受的时候,教练就没有展现出MCC水平的聆听。如果教练只听到了某个点,没有在一个更大的整体中聆听客户,或者说仍然带着自己的一些框架过滤,戴着自己的眼镜看客户,用自己的一些思维模式过滤看到的信息,也就是说看客户的时候会有自己的一些偏好或不完整性,包括没有留意到一些轻微的差别,回应与客户要实现的目标无关,或者大部分的问题都是在这个问题和弱点上面,没有关注客户的天赋才能,没有关注他的优势,或关注的是自己能力的展示、自己经验的展示,甚至告知客户一些东西,这些都会影响教练在MCC层面的积极聆听。

> **ACC/PCC/MCC 关键技能评估**
>
> 对于"积极聆听"这个核心能力在不同水平的教练对话中的表现，可以从以下四个方面（关键技能评估）进行区分：
> - 教练对客户以及与客户议程相关的沟通的关注深度；
> - 教练在多个层级上的聆听能力，包括在情感上的和本质上的内容；
> - 教练聆听客户潜在信念、思考、创造和学习的能力，包括识别语言、情绪和行动中的不一致性；
> - 教练聆听和整合客户语言并邀请客户进行更深入探索的能力。

第一个方面是教练对客户以及与客户议程相关的沟通的关注深度。在 ACC 水平的教练对话中，教练聆听的是客户关于议程所传达的信息，关注点停留在议程这个层面上。在 PCC 水平的教练对话中，教练对客户的关注深度要进一步拓展、加深。不仅关注客户所在的处境、他面临的问题、他要达到的目标，更多的是对客户本人的关注，所有的教练提问和回应都是基于教练对客户本人及其处境的了解而提出的。从 PCC 的行为标识中可以看到，更多的提问是回应客户这个人的，关于客户这个人内在深入的探索，通过非语言的表现、能量的变化、情绪上的表现、对于自己和世界的观点想法、信念上的表达探索这个人。所以，在 PCC 水平的教练对话中，关注更进了一层。在 MCC 水平的教练对话中，教练首先是作为学习者去聆听的，这意味着他关注的是客户的优势、天赋。教练对客户的关注是多个层面的，是从一个整体的视角与客户在一起的。当教练把客户当成一个整体聆听、理解的时候，就会发现他的独特性、天赋、优势，更接近本质的东西就会浮现出来。

比如，客户的议题是想写一本书，ACC 水平的教练对话的回应可能是关于他会如何写这本书、他怎么定计划、什么时候去写、怎么把这本书写出来。

PCC 水平的教练对话的回应可能是这本书对他的价值和意义是什么、他在写这本书的时候碰到了怎样的挑战、他如何应对这个挑战、他的愿景是什么、他的价值观是什么、他的价值观如何给他注入力量以完成这本书。MCC 水平的教练对话的回应会更关注整体，当教练在一个更大的系统上与客户同在的时候，他会关注这本书对于客户的生命意味着什么，它可能是客户对这个世界的一些表达或传承。所以，在 MCC 水平的教练对话中，教练会回应客户：他特别希望通过这本书向这个世界表达什么，这本书让他为这个世界留下了什么。不同水平的教练关注的深度是不一样的。

教练对客户以及与客户议程相关的沟通的关注深度

ACC	PCC	MCC
·教练允许客户至少在某些时候引领对话	·教练通过支持客户自行选择教练会谈所发生的一切与客户合作	·教练与客户保持全然的伙伴关系，与教练相比，客户对谈话和教练方向的贡献是相等的甚至更大。在 MCC 级别，教练和客户之间的对话是平等和轻松的，即使是在不舒服的时刻

第二个方面是教练在多个层级上的聆听能力，包括情感上的和本质上的内容。在讲到 PCC 水平的教练对话中的聆听时，教练提到了聆听的层面是多个层级的、丰富的，包含了对客户这个人的聆听，包括他的语言运用、情绪情感、能量转变、非语言线索、他对于世界的观点等等。相对来讲，ACC 水平的教练对话中的聆听就没有那么复杂，一般包括客户语言表达的内容，以及客户可能以其他方式表达的内容。区别是教练可能会注意到这个部分的表达，但如果客户在这个部分没有更深入的表达，比如没有讲自己的更多观点、没有展露出特别的情绪状态，ACC 水平的对话就不会在这个层面上进行深入的挖掘和展开。但是在 PCC 水平的教练对话中，教练就会在这个层面进行非常充分的探索，会进行非常深入的挖掘和互动。教练会更深入地聆听到非语言层面的表达、能量

层面的表达，而且更多的是通过对非直接表达的信息进行探索，支持客户获得更深入的觉察。

在 MCC 水平的教练对话中，这个部分的聆听会更精微，它包含多个层级，是更本质的层面，是更精微的，更关注无形的表达，包含客户的直觉和能量。MCC 水平的聆听更接近本质，因为教练与客户的整体在一起，更关注自我意识的发展，更关注卓越和天赋。

举一个例子。客户在对话中连接到自己的愿景目标，看到实现了目标的自己在能量上有了一些变化，在内心产生了一些转变，语音、语调和眼神都不一样了。在 ACC 水平的教练对话中，教练可能会注意到这个部分，也可能不会注意到这个部分。当他注意到这个部分的时候，他的关注点依然是支持客户实现他现实的目标，探索那样的自己如何实现自己的目标。在 PCC 水平的教练对话中，教练一定会注意到这个部分的转变，注意到这个非语言层面的表达，会就这个部分展开一些探索，会把教练观察到的东西分享给客户，然后邀请客户深入探索他在这个过程中发生了什么、注意到了什么。在 MCC 水平的教练对话中，教练会把客户愿景目标的实现、他在愿景目标中呈现出的状态、他看到愿景目标中的自己时连接到的能量当成一个完整生命体验的缩影，或者当成一个时刻。这就像个全息的概念，他在那一刻体验到的这份能量、动力，实际上是生命更大图景的缩影，或是他生命本质的呈现，教练会在这个层面上理解他体验的东西。

当教练与客户在这个层面上产生连接的时候，他问出的问题是不一样的。教练会问："在当下，我注意到你似乎感受到了……""在当下，你真的连接到了什么？"当教练在这个层面与客户在一起的时候，状态是不一样的，问出问题的力量也是不一样的。教练与客户在不一样的空间中产生这样的对话，所以即使问出的是同一个问题，客户产生的答案或客户连接到的东西也是不一样的，他会体验到生命的本源、生命的律动、宇宙的本源等更接近本质的东西，而且会有更强的感受和连接感。这是 MCC 水平的教练对话真正不同的地方。

教练在多个层级上的聆听能力，包括在情感上的和本质上的内容

ACC	PCC	MCC
·聆听客户口头表达的内容，以及客户可能以其他方式表达的内容，如语音、语调、能量、情绪转化或肢体语言	·教练询问和探索客户的语言运用 ·教练询问和探索客户的情绪情感 ·教练探索客户的能量转变、非语言线索和其他行为举止 ·教练询问和探索客户目前如何理解他们自己及其世界	·教练的回应表明教练正在聆听客户的直觉能力、客户的能量、客户正在谈到的重要事情、客户出现的新成长，以及客户正在发现、创造和使用的更强大的自我意识 ·教练会听到客户的卓越之处和天赋才能，以及限制性的信念和模式

第三个方面是教练聆听客户潜在信念、思考、创造和学习的能力是不一样的，包括识别语言、情绪、行动中的不一致。这个部分更多的是关于教练如何推动客户的进步，如何支持客户的超越和成长。在 ACC 水平的教练对话中，教练会支持客户创建一些新的关联，但这个关联更多的是停留在事情的领域中，比如用什么行动支持教练达成目标。在 PCC 水平的教练对话中，教练是通过 Being 层面或客户内在结构层面的探索作为通道支持客户思考、创造和学习的。在这个过程中，教练会更多留意到语言情绪和行动中的不一致。在 MCC 水平的教练对话中，教练已经完成了内在的突破，可以全然在当下，充满真正的好奇，对客户充分相信，支持客户突破、超越、跨越是这个阶段对话的主旋律。教练会更多地跟客户的未来连接，会更多地连接卓越和天赋，突破限制性的信念和模式。

比如，当客户讲到自己面临一个挑战时，ACC 水平的教练会更多地关注这个挑战如何影响他达成目标成果，客户如何应对这个挑战。PCC 水平的教练更多地关注这个挑战对客户意味着什么、他面对这个挑战时有什么感受、他与这个挑战对话的时候从中收获到的重要信息是什么、这个过程中他的体会和关注点是什么。MCC 水平的教练可能更多地关注系统层面，会把这个挑战当成生命

旅程中的一个部分，探索这个挑战为客户的生命旅程带带来了什么，它会如何支持客户超越自我的限制。教练会更完整地聆听客户，对客户的相信会更有力量，会更强有力地激发客户突破、成长、超越。

教练聆听客户潜在信念、思考、创造和学习的能力

ACC	PCC	MCC
·教练支持客户创建新关联	·教练询问和探索客户的语言运用 ·教练询问和探索客户的情绪情感 ·教练探索客户的能量转化、非语言线索和其他行为举止 ·教练询问和探索客户目前如何理解他们自己及其世界	·教练能够听到客户当前的想法和成长，并将其与客户试图创造的未来联系起来 ·教练会听到客户的卓越之处和天赋才能，突破限制性的信念和模式

最后一个方面是教练聆听和整合客户的语言、邀请客户进行更深入探索的能力。这里要做的不仅是聆听、关注不同的信息，更重要的是整合，整合的过程就是转化的过程。

在 ACC 水平的教练对话中，教练可以通过共同的愿景进行整合，支持客户实现他的目标，达成他的议程。在 PCC 水平的教练对话中，教练会留意到各个层面的不同渠道的表达，包括语言运用、情绪情感、能量转化、非语言表达以及客户对于这个世界的想法，教练通过这些信息的整合推动客户进行更深入的探索。在 MCC 水平的教练对话中，聆听是更完整、更系统的，体现在时间的累积上，不仅仅是一次对话，而且是所有对话。进一步地，当教练与客户在当下、在一起的时候，是与客户的整个系统和客户的完整性在一起的，是与客户这个整体同在的，进行整体的聆听和感知，经由这个整体就会洞悉本质。所以，从深入探索这个能力来看，因为教练与客户在这个层面是在一起的，所以教练的提问会更深入，更接近本质，探索也就会更加深入。

教练聆听和整合客户语言并邀请客户进行更深入探索的能力

ACC	PCC	MCC
·教练与客户一起建立一个共同的愿景	·教练通过留意客户的语言运用、情绪情感、能量转化、非语言表达和其他行为举止，以及客户如何理解他们自己及其世界，来深入探索并且整合	·教练的聆听在每次教练对话中不断得以积累 ·教练将客户视为一个整体，在此整体背景下反映出客户所交流的内容

总结与提高

- 聆听是教练的核心能力，指教练是否能够理解客户，从而可以展现出对客户的支持，培养信任和安全感。教练是不是能够通过深度的聆听与客户保持同在，并且在关键节点上通过直接沟通或者有力发问支持客户产生一些新的觉察和发现。

- 埃里克森的三级聆听是一个非常好的聆听方法论。这个聆听的结构与教练核心能力上的要求结合得非常紧密。所以，只要教练在二级聆听和三级聆听上呈现，就可以非常好地展现出这个核心能力。教练的聆听能力主要是展现出二级聆听和三级聆听，展现出对人的聆听，以及在全息的层面、系统的层面更深度地聆听和理解。

- 聆听能力的修炼可以通过教练对话的过程不断精进。在日常生活中，教练有很多机会可以练习聆听。首先是理解三级聆听，然后是有意识地练习。为了让这个练习更有效，教练可以结合对话结束以后与客户的复盘，检核教练是不是聆听到了客户的表达，这些可以对聆听能力的成长起到强有力的支持作用。

- 在聆听能力的成长上，比较容易出现的是对一些细节的关注，深度聆听是一个整体的聆听，需要教练在整体上理解客户表达的重点，带着全息系统的背景感知客户整个人的表达。

核心能力 7
唤起觉察

万物皆有缝隙,那是阳光照进来的地方。

——莱昂纳德·科恩

人们的体验只有在说出时才会显现。

——汉娜·阿伦特

任何想象鲜活的、热烈渴望的、真诚相信的并热切付诸行动的事……必然会实现!

——乔治·辛

人类的大脑一旦因为新想法而得到扩展,就再也不会回到原来的层面。

——奥利弗·温德尔·霍姆兹

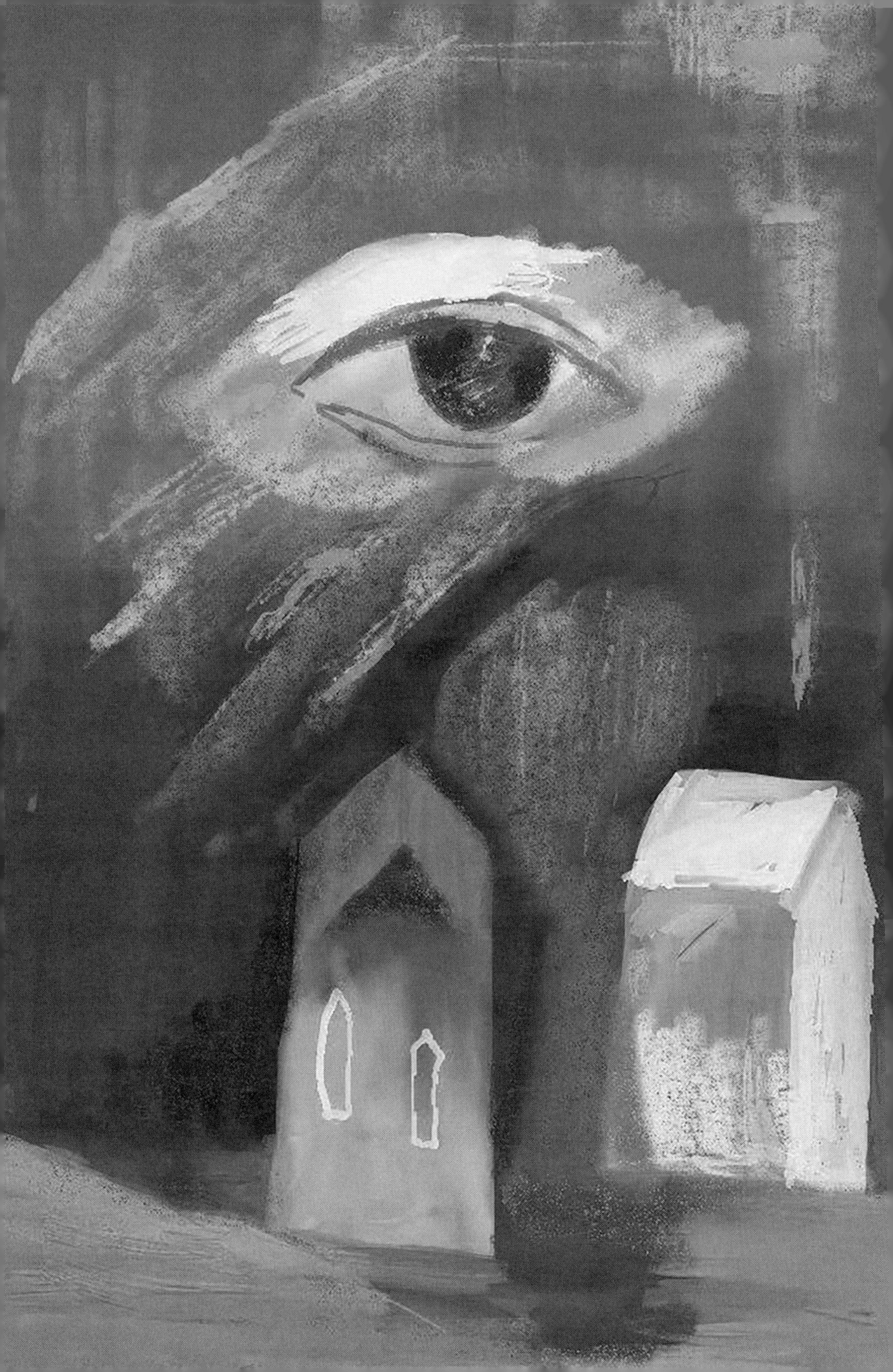

> **定　义**
>
> 通过使用强有力的发问、沉默、隐喻或类比等工具和技巧，引发客户的洞见和学习。
>
> 1. 在决定什么是最有效的方式时考虑客户的体验；
> 2. 通过挑战客户来引发客户的觉察或洞见；
> 3. 针对客户提出问题，比如思考方式、价值观、需求、期望和信念等等；
> 4. 提出有助于客户探索、超越当前思维的问题；
> 5. 邀请客户分享更多当下的体验；
> 6. 留意可以推动客户进展的有效方式；
> 7. 基于客户需求调整教练方式；
> 8. 帮助客户识别影响现在和未来的行为模式、思考模式和情绪模式的因素；
> 9. 邀请客户思考他们能如何向前推进，以及他们愿意、能够做什么；
> 10. 支持客户重新塑造自己的观点；
> 11. 不带额外附加地分享可能为客户创造新的学习的观察、洞见和感受。

在新版的核心能力中，"唤起觉察"是整合的核心能力，合并了旧版的三个核心能力（强有力发问、直接沟通和创建觉察）。所以，大家会发现，关于这个能力的定义以及 PCC 行为标识中的相关内容会有强有力发问和直接沟通的内容。

这次的调整还有一个变化，即之前的"创建觉察"改成了"唤起觉察"，因为觉察不是被创建出来的。在教练的过程中，教练不是要创建觉察，而是应具备创造可以让觉察升起的空间这种能力。教练不仅支持客户达成目标成果，同时还支持客户收获一些新的觉察，获得内在的转化。

唤起觉察不是一个独立的能力，没有一个唤起觉察的具体动作是教练要做的，但是在整个对话的过程中，教练做的所有事情都有助于打开这样的空间，支持觉察的升起。我们在解读不同核心能力的时候会发现，不同的核心能力之间有一些相关性和联系。比如"培养信任和安全感"和"教练同在"之间的相关性就很大；积极聆听同时是保持同在的一个关键通道，也在教练和客户之间培养信任和安全感方面起到重要的作用。

唤起觉察也是这样的，在教练的过程中，很多能力都跟唤起觉察的过程相关，如建立非常好的信任关系、和客户完全地保持同在、完全地在当下带着好奇跟客户探索、深度地聆听……这些核心能力，包括对于合约的好奇，对于真正合约的探索，都是让觉察升起的过程。其实，整个对话的过程都是在支持觉察的升起。

从这个能力的定义中可以看到，和唤起觉察的过程直接相关的是有力发问和直接沟通的相关内容；通过有力的发问，通过给客户沉默的空间，通过隐喻和类比这样的通道、工具和技巧，最终可以引发客户的洞见和学习，觉察就升起了。所以，在这个过程中，教练问什么样的问题、怎样问出问题、是不是给了客户足够的空间，以及教练对客户的分享、教练的观察、反馈和回应，都是能够直接激发觉察升起的重要方式或者方法。

专题19：隐喻

隐喻就是以一种物体或概念代替另一种物体或概念，从而暗示它们之间的相似之处。隐喻允许我们发挥想象力，通过创造新的视角超越障碍，看到各种可能性。当客户在脑海中创建图像时，他们挖掘了自己的创造力，并开启了无意识的智慧和感知。隐喻是在结构层面的相似，形式上可以有各种不同的表达，就像玛丽莲老师经常会讲到的一些隐喻故事，非常有价值的是它内在的结构，就像鱼骨头一样，故事的外形其实是可以完全不同的。比如英雄之旅的故事，故事的结构就是英雄突破万难取得胜利。但是它的外形可以放在各种不同的情境中，衍生为不同内容的故事。可以是工作中的故事，也可以是生活中的故事；可以是真实的故事、身边的故事，也可以是神话虚拟的故事；可以是小孩子的故事，也可以是大人的故事。在各种情境下，我们都可以讲出类似英雄之旅的故事，但是它的结构是一致的。

就像之前举过的父亲和儿子的例子，用大树和小树的关系比喻父亲和儿子的关系，两种关系的结构是一样的，但形式是不一样的。隐喻的好处是我们可以跳出来站在外面看，也就是进入抽离的教练位置看，能够看得更清楚。在父亲的角色中，我们看不到关系的本质，而当把父亲和儿子的关系比喻成大树和小树的关系时，我们就可以看到这两者之间关系的实质，这样一个隐喻就可以让我们跳出来。我们还可以通过对隐喻的探索，获得很多潜意识层面的觉察。

有的时候，如果我们直接讨论自己，则会被限制；或者有的时候，我们受到一些情感因素的限制，不愿意谈某个话题，但是当我们用隐喻的方式谈到其他的东西时就比较容易接受，而且能够看到同样的内涵。对于我们获得一种新的觉察和发现，这是非常有力的资源。

在教练的过程中，教练可以通过识别客户的关键隐喻和提出问题来支持客户，比如客户说"我的面前就像有一团雾，看不清选择的路径"时，教练可以邀请客户想象自己浮在空中，看到那团雾背后是什么，那团雾对于达成目标的旅程意味着什么。

教练也可以支持客户使用隐喻来描述他们的情况。比如，我们会问客户："当你这么说的时候，你会想到什么形象？""脑海中浮现出什么，这种情况就像……"有时候，教练也可以使用自己的直觉引入隐喻："这让我想起了……"使用隐喻有助于支持客户有意识地将注意力集中在自己的情境上，并且使用想象力来改变他们的观点，有助于激活客户的思维过程，在他们的头脑中建立新的连接，发现有关他们处境的新的觉察。隐喻画面有时候也可以成为非常有力的心锚，支持客户连接自己的资源状态。

1. 在决定什么是最有效的方式时考虑客户的体验。

5. 邀请客户分享更多当下的体验。

这两条是有相关性的，都讲到了体验。体验和学习的关系是非常紧密的，真正的学习是通过体验来获得的。认知上的学习只是头脑层面的理解和记忆，只能记住一些信息，并不能产生行为、得出结果。

真正的学习一定是通过真实的体验才能获得的。比如家长在教育孩子的过程中讲再多道理，孩子也不会听，因为没有经历过，他听不懂，也理解不了。我们讲的道理是从我们的经历总结出来的，对于我们来讲，这是我们的学习、我们的经验，但是孩子没有这些经验，他没有经历过这些，所以他不可能理解这些东西，也不可能相信这些东西，只有等他自己体验了、验证了，才能真正地学习，改变才能发生。所以，在唤起觉察的过程中，体验是非常重要的。

埃里克森的教练流程的最核心部分就叫创造体验，教练的过程其实就是教练创造一个体验的空间，邀请客户投入这个空间里探索、体验、尝试，超越自己的舒适区，拓展自己。教练通过激发客户的视觉想象进行 VAK 体验，使用开放式提问，进入不同的视角，并且通过"魔法师"的语音、语调，邀请客户投入这个体验中。客户正是在这样的空间中开始尝试，经过拓展和尝试，就会获得一些新的觉察和新的发现，这时候真正的学习就产生了，最后教练再通过后续的行动部分激发客户在真实的场景中收获真实的成果。

专题 20：感官通道 VAK

感官通道是人们获取、储存与运用经验的渠道，是人们所拥有的对于外在信息和内在信息的感知和收集系统。人们通过五个感觉器官来认识这个世界：视觉（Visual）、听觉（Auditory）、感觉/触觉（Kinesthetic）、嗅觉（Olfactory）和味觉（Gustatory）。几乎所有人生经验均是经由这五个感觉器官产生出来的。五感之中，我们主要依赖的感官是视觉、听觉、感觉/触觉（VAK），它们使我们认识了生活中的大部分因素，对我们的学习过程也有直接影响。充分调动这些感官，能够加速我们的学习过程。在教练过程中，教练可以借由这些感官通道重塑客户的人生体验，从而支持客户获得新的资源，实现不同的可能性。

在教练过程中，体验是关键。当教练跟客户在一起，支持客户投入教练过程中的时候，就要带着这样的视角支持客户：我不是在教练客户，而是抱持了一个最有利于客户体验的空间，陪伴客户投入这个空间中，就他想要的这个议题、他想要去的方向做各种各样的尝试、探索，体验这个过程。在这样的实验空间里，在这个拓展的空间里，客户建立了必备的技能，形成了确定的方案，准备好可以去实际的空间中真实地创造了。这就是体验的价值和作用。

2. 通过挑战客户来引发客户的觉察或洞见。

有的时候，客户会被卡住，或者陷入死循环中，他没有办法通过曾经的习惯或经验达成他想要的目标，没有办法继续前进了，这个时候就需要教练的支持。假如客户被卡住了，或者陷入内在的冲突中，或者进入无限循环的过程中，如果教练挑战一下客户，可能就会帮助他从这个圈中跳出来，冲破困局，获得一些新的觉察和发现。

教练可以挑战客户的场景包含客户会遇到的两难困境或内在的冲突。比如客户提到，他目前对工作完全没有动力，可能马上就要被开除，整个状况非常被动，所以他希望教练能够支持他。但是教练在与客户探讨的时候发现，他拒绝任何改变，不想改变自己，但是想改变结果。教练就可以把这个观察分享给客户："我注意到你完全拒绝任何改变，依然想按照过往的经验和习惯面对当下的问题，但是希望有不同的结果。当你看到这个部分的时候，你的想法是什么？你怎么看？"当客户遇到了这种两难的选择时，如果教练可以通过这种直接沟通挑战一下客户，就会让客户发现自己究竟想要的是什么，也许可以支持客户从这个过程中获得一些新的觉察。

客户在表达的时候也会有一些自我矛盾的地方，比如当教练完整地聆听客户的时候，就会注意到一些矛盾，如客户希望回归家庭，可以平衡工作和生活，但是下半年的计划中所有事情都和工作相关。如果教练通过直接沟通把这个矛盾呈现在客户面前，挑战客户，就可能激发客户进行更深入的思考。

有时候，客户会有一些限制性的信念，如果教练能够识别出这些信念或者邀请客户自己探索，就可以通过挑战客户来支持客户看到更多可能性。比如客户认为自己不够自律，控制不住地想要购物。如果教练能识别出来，客户认为自己不自律可能会限制他超越自己、实现自己的目标，就可以挑战一下客户，引发客户更深入的思考："你认为自己是不自律的，那你什么时候发现自己是自律的？在什么情况下你可以控制得住？"客户的一些固定模式也会阻碍他实现自己的目标，这时候也可以通过挑战客户的形式引发客户的觉察或洞见。

教练在挑战客户的时候需要注意，自己与客户之间的信任关系和连接是否足够强，如果不够强就会起到相反的作用，破坏信任和安全感。在挑战客户时，教练与客户并不是对抗的，也不是在否定或怀疑客户。在这个过程中，教练仍然保持着跟客户的信任关系，对客户的尊重和信任依然在，这种挑战更多的是一种好奇的陪伴客户的探索，是打开思路的过程。"你真的从来没有做到过自律吗？什么时候你可以有一些自律的表现？"在挑战客户的时候，教练一定要特别留意自己的状态和语音、语调，更多地表现出一种好奇的探索，而不是一种评判。

3. 针对客户提出问题，比如思考方式、价值观、需求、期望和信念等等。

在"唤起觉察"这个核心能力上，教练更多的是关注这个人，关注客户的内在结构，所以提出 Being 层面的问题是非常重要的。

> **专题 21：Being 层面的提问**
>
> "Being"层面的提问是关于存在状态的。不同于关于行为/行动层面的一些提问，它是支持教练向内探索的问题，可能是关于意义和价值的

探索，可能是关于逻辑层次上三层的探索，也可能是关于自我的内在想法、信念、觉察发现、直觉、深层的智慧等等，这些探索都是"Being"层面的提问。

"Being"本身就是一种存在状态，相对于"Doing"而言是比较抽象的。对于存在状态的探索，可以通过"体验"和"成为"进行。在对话的过程中，教练也会邀请客户通过体验连接自己的资源状态，成为想成为的人，投入愿景中，去体验，去感知，从而可以连接内在资源，获得新的觉察，这也是向内探索的形式。同时，教练也可以通过这样的过程锚定资源状态。

在对话的过程中，教练不仅支持客户实现目标，同时支持客户在实现目标的过程中对自己有一个更深入的认知。或者说，在教练的过程中，通过激发客户内在的潜能来调动外部的资源，教练支持客户实现目标。内在的潜能是怎样激发起来的？就是要支持客户把视线从聚焦在外面，调整到聚焦到内在：自己的一些想法、期待、信念、价值观、需求、思考方式等等。这些内在的部分整合好了，内在的资源就会形成合力，调动外部的资源。反之，如果我们没有整合好内在资源，只是看到外在的客观现实——而很多的客观现实是没有办法克服的——就会发现问题是没有办法解决的，从而感觉很无力。因为内在是没有力量的，如果内在没有整合好，就没有能力整合外在的资源。所以，在教练的过程中，邀请客户进入内在，与自己对话，探索自己内在的世界，整合内在的资源，这些都是非常重要的工作，特别是对于PCC水平及以上的教练对话而言，这个部分更是主要的关注点。

所以，这一条讲的是教练要关注客户这个人，关注他的内在结构，在Being的层面提出问题。内在结构即我们是什么样的人、我们是谁的部分，包括我们的信念、价值观、思维模式、行为模式、反应方式，还包含我们的文化背景、后设程序等，这些都构成了我们是谁的部分。教练要带着这样的意图聆听，就像在三级聆听的时候讲到的,要聆听这个人,聆听这个人全面的整体的表达,这些表达可能包含非语言层面的表达,包括它的能量状态、情绪状态等。同时,教练要在这个层面进行回应和发问,要针对客户的思考方式、价值观、需求、期望、信念等,在 Being 层面提问。

  4. 提出有助于客户探索、超越当前思维的问题。

  8. 帮助客户识别影响现在和未来的行为模式、思考模式和情绪模式的因素。

  10. 支持客户重新塑造自己的观点。

这三条有一定的相关性,"唤起觉察"更多的是关于超越、突破、学习的,所以这几条都是关于超越现有的思维方式、现有的观点、现有的模式的,是一个觉察和学习的过程。

ICF 特别关注客户的学习和成长,在更新的过程中,新版的核心能力有一个专门的能力叫"促进客户成长",属于促进客户的学习和成长这个维度,也是教练关注的非常重要的维度。教练重要的价值不仅仅是解决问题、支持客户实现目标,更重要的是通过教练过程促进客户的学习和成长。真正的学习和成长不是知道得更多,而是思维模式的升级和拓展。当教练的思维模式得到拓展以后,就可以获得更大的灵活性,就可以有更多的可能性,获得更多的资源,以支持我们实现目标。

为什么很多人会卡住?就是因为陷入了自己固有的模式或习惯性思维中。通常,我们都是用过往的成功经验、习惯和模式面对每一天的挑战,但是我们会发现,有一些新的挑战、新的问题或者更大的目标是没有办法通过以前的模式或过往的经验达成的,这时候就需要我们去超越、去突破。

教练的过程就是支持客户跳出来,看到自己的习惯、模式和过往的方式,通过聚焦于未来的成果,看到我们要成为什么样的人、使用什么样的模式、用什么样的策略,才能达成新的成果。可能这个新的策略是我之前不熟悉的,是我之前没用过的,甚至是我特别排斥的,但是为了达成这个不一样的成果,我需要拓展自己的灵活性,尝试所有的可能性,然后发自内心地做出当下最好的选择,选择最适合的路径或策略,或者建立一个新的模式。通过这个过程,教练就可以打开思维的框架，突破自己的模式，也会获得内在的成长，变得更强大。

所以，教练首先要做的就是支持客户看到自己的习惯、模式、观点、思维方式。教练可以通过与客户分享观察或者在这个方向上提问来实现，比如："你的观点是什么？""你的想法是什么？""你是怎么样看的？""你是怎样认为的？"通过这样的问题，教练可以聆听到客户的一些想法、信念、策略、路径。教练可以作为镜子，分享自己的观察、聆听到的东西；邀请客户跳出来看见自己，观察自己，也可以起到类似的作用。

跳出来看以后，教练就可以看到模式、规律和趋势，更容易知道这样的观点、思考、模式是在支持还是阻碍客户实现想要的目标，它对客户产生的影响是什么；如果要实现这个目标，他要成为什么样的人，应该如何思考，应该保持什么样的观点，有什么样的路径和策略。通过这样的打开，教练就可以邀请客户进行超越和突破，通过切换不同的视角，通过换框，通过时间视角的延伸以及更大的系统，支持客户拓展自己的模式。在这个过程中，觉察就会升起。比如客户特别想要坚持锻炼，但就是觉得自己是一个没有毅力的人，做什么事都不能坚持。首先，教练听到客户有这样的一个想法，也可能是他的一个信念，即认为自己是一个没有毅力的人。然后，教练就可以支持客户拓展，可以邀请客户看到他的优势是什么，他有哪些机会，有哪些资源，如何使用这些优势和资源支持他坚持锻炼，这就是成果导向的换框，换一个视角也可以支持客户达成目标。客户原来认为一定要有毅力才能坚持锻炼，没有毅力就做不到。通过拓展视角支持，客户意识到，即使没有毅力，通过激发兴趣也可能实现目标。

教练也可以从时间维度的延伸来激发这个动力，比如，如果他真的坚持了一段时间会发生什么？这就是从未来的视角支持客户看到更大的可能性。还可以支持客户看一下：没有毅力对他的价值是什么？没有坚持带给他的好处是什么？为什么会这样选择？在这个过程中，教练会留意到客户的想法是怎样限制住他的，他的模式是怎么样影响到他的，支持客户跳出来看，通过开放式探索来松动限制性的信念，支持客户进行拓展：在聚焦于当下时最好的选择是什么？接下来的行动是什么？在这个过程中，客户自己也会产生一些新的学习，通过思维灵活性的构建，客户的资源会得到拓展，变得更强大，拥有更多的选择，这些也会支持他实现更大的目标。

6. 留意可以推动客户进展的有效方式。

9. 邀请客户思考他们能如何向前推进，以及他们愿意、能够做什么。

这两条都与推动客户的进展相关。在教练过程中，客户的进展来自两个方面：一个是内在的进展，体现在观点、认知、信念、思维模式、行为模式、情绪模式等方面的松动、突破和拓展，客户会获得一些新的觉察、发现、学习，会产生一些不同的想法，形成不同的观点；另一个是外在的进展，更多的是关于客户想要实现的具体目标，比如找到新的方法、思路、解决方案，形成一些明确的行动方案，实现一些具体的目标，或是向前推进目标成果，达成一些阶段性的目标，等等。

第6条讲的是教练需要留意到，哪些对于推动客户在这个方向上的进展是有效的，这就是客户的资源。教练支持客户打开思路，拓展思考，以便推动客户的进展。第9条讲的是教练通过促进客户的行动来推动客户的进展，比如询问如何实现后续的行动、可能的解决方案是什么等等，这些其实也可以推动客户的进展。教练过程是一个整体，即使不在对话的过程中，在两次对话之间，在客户投入具体行动的这个过程中，持续的反思依然还是在继续的。在这个过程中，一方面，教练提出的激发客户思考的问题会在潜意识层面持续发酵，因为这个问题提出来就会不断引发客户的思考。另一方面，客户通过践行在教练对话过程中形成的行动方案，也会获得很重要的学习、成长、觉察和发现。所以，教练支持客户形成行动方案的过程，也是支持客户通过实践获得新的觉察的过程。

在下一次对话开始的时候，教练都会问上次的行动怎么样、过程中有哪些新的学习和发现。客户行动的过程可能很顺利，也可能不顺利，比如客户的话题是如何更好地面对青春期的孩子，他形成的计划就是要回去好好和孩子聊一下，了解孩子的内心想法和需求。但是孩子完全拒绝跟他对话，行动失败了。

即使这个行动失败了，甚至没有采取行动，这同样是一个体验和学习的过程，教练会把它转化成学习和发展的过程，与客户一起探索，邀请客户觉察他在这个过程中学到了什么、给他带来的发现是什么、他的体验是什么。所以，一切都是教练学习、拓展、发展自己的机会。教练的角色就是在这个过程中陪伴客户、支持客户、相信客户。

7. 基于客户需求调整教练方式。

每个人的学习和成长的方式是不一样的，教练需要了解客户适合的学习方式、他创造和实现的方式，并且使用客户的方式支持他。比如每个人习惯的感官通道是不一样的，教练可以从客户比较习惯的感官通道开始，再拓展到其他的通道，就可以更有效地支持客户的学习。每个客户的后设程序是不一样的，有的是程序化的，有的是可能性的，有的是深思熟虑的，有的是积极行动的，这也会影响客户的学习和成长过程。有的时候，客户的观点、想法、动力、价值观、信念等都是不一样的，教练需要留意到这些，并且有意识地使用这些资源，才能更有效地支持客户拓展自己。

拓展的过程是一个"先跟后带"的过程，通过匹配客户，教练可以留意到客户的学习方式是什么，客户的资源有哪些，对他比较有效的方式是什么。有一些客户比较习惯画面式思考，有一些习惯于边讲边思考，每个人的学习方式都不一样。"带"的过程就是支持客户进一步拓展，教练从客户比较习惯的模式开始，邀请客户尝试他不太习惯的方式，尝试他需要拓展自己的地方。需要注意的是，"带"的过程要匹配客户的节奏，就像"剥洋葱"的隐喻，最好的节奏就是领先一步（One Step Lead），匹配客户，再邀请客户往前走一步，这样慢慢匹配客户的节奏，支持客户的拓展。

基于客户的需求调整教练方式，教练要匹配客户的节奏，放下对表现的追求，放下特别想要支持客户的意图。教练要经常觉察在支持客户的过程中有多少是教练的期待，有多少是客户的期待，有的时候教练太想支持客户，会不自觉地对客户形成一些期待，这些期待会带给客户压力，让教练失去对客户的关注，也会破坏与客户之间的信任关系。

同时，教练需要进行深度的聆听，超越内容的层面，在结构的层面聆听客户，感知客户这个人。如果客户是感觉型的，教练就可以先邀请客户留意自己的感觉，然后慢慢邀请客户拓展："带着这个感受，想象那个画面是什么样的？当你感受到这一切的时候，你会对自己说什么？"如果客户是偏向深思熟虑的，就可以先邀请客户进行一些反思，然后慢慢邀请客户开始一些行动。

所以，这个过程是"先跟后带"的过程，教练要留意客户比较合适的或习惯的方式，包括客户的资源，然后在这个过程中使用这些资源，同时教练也可以尝试，在匹配客户的节奏之下慢慢做一些拓展。最重要的就是，在这个过程中，教练要放下自己的期待，匹配客户的节奏，否则可能会过犹不及，起到反作用。

11. 不带额外附加地分享可能为客户创造新学习的观察、洞见和感受。

在教练的过程中，教练本身就是一个最大的资源和工具，特别是当教练完全清空自己，在这个当下成为一个管道的时候，因为教练与客户在同一个时空中，可以与客户完全同在地连接，关于客户在发生着什么，关于客户想要去的地方，教练可以感知到一些非常重要的信息。

这里特别强调的是不带额外的附加，如果教练的自我修炼不够的话，对自己的一些模式和倾向没有完全觉察到，没有放下自己的内在结构，没有清空自己就进入教练的这个空间，教练对于客户的这种觉知就是片面的，依然通过自己的内在结构的滤镜在看客户，这个时候教练就没有办法真正支持到客户。

比如客户讲到，经过不断的纠结、调整，他最终决定走一条很少有人走的路。这个时候教练给到客户的反馈是"我在这里似乎感受到了一丝孤独"，客户的回应是："我在这里是非常有力量的，因为经过不断的纠结，我已经做决定了，而且我在这个纠结的过程中获得了很大的力量。我其实是非常坚定的，现在我是非常确定的，我充满了勇气，要开始这样一段路，即使是一条少有人走的路。"

通过这个过程教练就会发现，其实这份孤独是教练的，是教练在面对这种情境时会感受到孤独，但并不是这个当下客户所感知到的。这个例子就是教练依然在自己的结构里理解客户，需要教练清空自己。清空的过程其实是教练更多地自我觉察，需要强化教练与客户的连接，保持全然的临在。如果教练能够完全清空，放下自己的内在结构，带上教练的结构进入教练位置，就意味着没有任何假设、预设，完全是空的。

教练的注意力应百分百聚焦在客户身上，对客户的关注是全方位的，是与客户连接的，可以真的成为一个管道，教练的直觉就会在当下这个时空升起，支持他连接到一些非常重要的信息，这些信息来自当下的真实。这些信息被分享出来的时候，就可以强有力地支持到客户，会把对话带入更深的层面。

不带额外附加还意味着教练是没有期待的，并不期待分享的东西一定是对的，即使教练完全与客户在当下，客户也有可能并没有准备好面对这些。在开始的时候，教练可以更多地分享自己直接的观察，因为观察是比较客观的，注意到什么就跟客户分享什么。教练可以想象自己是一台摄像机，摄像机是没有内在的想法、观点的，只是客观地观察。当观察到客户的一些表现后，教练可以邀请客户进行解读，这是一种比较安全的方式。

随着教练直觉的升起，如果教练与客户的信任关系非常好，也可以尝试分享一些自己的想法、反馈、感受。在分享的过程中，教练以不确定的方式分享，并且邀请客户进行回应。教练接受客户所有的回应，因为教练是没有任何附加的分享，只是好奇的探索。整个对话是非常开放、非常真诚的，也是非常舒服自在的。教练的分享和教练的直觉是教练过程中非常重要的资源，也是教练对话特别有价值的部分，能够在唤起觉察的部分支持客户进入更深层的探索。

PCC 行为标识

7.1 教练提出与客户相关的问题，比如他们目前的思维方式、感觉、价值观、需求、渴望、信念和行为；

> 7.2 教练通过提问帮助客户超越他们目前的思维或者感觉，探索关于他们自我的新的、更广的思维与感受（我是谁）；
>
> 7.3 教练通过提问帮助客户超越他们目前的思维或者感觉，探索关于他们处境的更新的、更广的思维与感受；
>
> 7.4 教练通过提问帮助客户超越他们目前的思维、感受和行为，探索他们想要的成果；
>
> 7.5 教练分享自己的观察、直觉、评论、想法和感受，但并不坚持他们是正确的，同时通过语言和声调邀请客户对此进行探索；
>
> 7.6 教练提问明确、直接，以开放性问题为主，一次问一个问题，以适当的节奏给客户思考、感受和反思的空间；
>
> 7.7 教练的语言总体上是清晰、准确的；
>
> 7.8 教练让客户占用大部分的交谈时间。

"唤起觉察"这个核心能力在 PCC 水平的教练对话中的表现同样包含了与提问和直接沟通相关的内容。前 4 条讲到提问的方向和聚焦，最主要是通过提问支持客户在不同的维度上进行拓展，也包含对现状的认知。第 5-7 条是关于直接沟通的，包含两个方面的内容：一是在教练过程中的沟通应该是直接的，关乎教练如何提问；二是教练如何通过分享观察、直觉、评论、想法和感受来支持客户进行更深入的觉察。最后一条是关于对话整体的时间安排。

7.1 教练提出与客户相关的问题，比如他们目前的思维方式、感觉、价值观、需求、渴望、信念和行为。

在这里，教练提出的是与客户相关的问题，也就是教练聚焦的是客户的想法，而且是客户目前的想法，包括他们的思维方式、需求、渴望、信念。实际上，这里讲到的是教练了解客户的现状、思维方式、感觉、价值观现在是什么样的表现，这里重点强调的是客户目前的想法。目前的想法、感受、价值观、信念可能是关于客户的目标和衡量标准的（比如他认为目标很难达成，或者面对这个目标感觉很无力），也可能是客户关于目前环境的一些想法、感受、信念等（比如他认为团队的凝聚力不够，在项目上感觉压力很大）。或者这些相关感受、信念、行为是关于客户自身的，他认为自己是什么样的人、他对自己的期待等等。

这一条支持客户就目标和衡量标准、面临的情境以及客户自身这三个方面进行探索，探索的内容就是客户对于这三个方面内在的想法、感受、需求、价值观、信念等等。比如，他关于自己想要达成目标的想法是什么？他看重的是什么？他的需求是什么？他正在采取的一些行动是什么？他的感受是怎样的？关于他目前面对的这个情况，挑战是什么样的？面对这样的挑战时，他的感受是什么样的？他是怎么考虑的？他的观点是什么？他看中的价值是什么？他的需求是什么？他的渴望是什么？关于客户自身，他的想法、感受、需求、渴望以及目前采取的一些行动都是什么？当教练就这个部分展开一些探索的时候，就是在展现这一条行为标识。

在这一条上相反的表现包括：客户谈到了自己目前的一些想法、状态、感受、价值观、信念等，但是教练没有进行进一步的探究；客户谈到他目前生活中的一些行为模式、问题的时候，教练也没有进一步去探究。如果是客户谈到了这样的内容，教练忽略了，没有进行一些探索，那么他在这个行为标识上的表现就会受到影响。

7.2 教练通过提问帮助客户超越他们目前的思维或者感觉，探索关于他们自我的新的、更广的思维与感受（我是谁）。

从本条开始，教练就聚焦在如何通过提问帮助客户超越。7.2、7.3、7.4 这三条具有一定的相关性，都涉及如何通过提问帮助客户超越他们目前的思维和感受。超越部分就是刚刚提到的这三个方面，可能是关于客户自身的，可能是关于客户目前面临的情境的，也可能是关于客户的目标和衡量标准的。7.2 是关于客户自身的，即教练如何通过提问帮助客户拓展关于他自身的一些思维或感受。

这个部分的具体的表现是什么呢？首先是教练提出的开放式问题，如客户关于当前他自己的想法和感受的一些拓展。或者教练可以邀请客户展望未来，看到那个更好的自己的未来，看到自己想成为的那个样子，拓展以后的那个自己的想法和感受是什么样子的。教练也可以邀请客户从不同的视角看自己。教练经常在身份层面邀请客户看到自己：同事眼中的自己是什么样的？孩子眼中的自己是什么样的？教练支持客户超越目前他们的一些认知，拓展新的或更广的关于自己的认知。

这里重点强调一下，这种挑战和拓展首先不是为了挑战而挑战，不是为了超越而超越，也不是为了改变而改变，这种挑战和拓展要服务于客户想要实现的目标，就是对话合约或长期的合约。那个更好的自己一定是有助于客户实现目标的，并不是漫无目的地支持客户的拓展和突破。

教练邀请客户的这种超越和拓展是带着尊重、好奇的探索，而不是否定或怀疑。教练要留意到自己的意图是什么，是带着好奇与客户一起探索更多的可能性，而不是认为客户在当下是不好的，或是怀疑客户在当下的一些想法或呈现，这也是需要特别提醒大家的。

不符合这条行为标识的具体表现包括：教练引导客户对自己的看法；教练忙于分享自己对客户的看法、想法和感受；客户讲了对自己的认知，但是教练没有听到、忽视了或否定、评判；客户对于拓展自己没有兴趣，教练单方面想要在这上面支持客户继续拓展；等等。

7.3 教练通过提问帮助客户超越他们目前的思维或者感觉，探索关于他们处境的更新的、更广的思维与感受。

7.3 是客户对于他们的处境及所在情境的拓展、超越。关于他们所在的情境，客户会有一些想法，比如认为自己的组织是什么样的、自己的团队是什么样的、这个世界是怎么对自己的，这些都是人们对于所在环境的一些认知或感受。这一条讲到的是，对于这些认知和感受，教练怎么样支持客户在这个方面超越或拓展。同样，在支持客户在这个方面进行拓展、突破或者超越的时候，教练依然要服务于客户想要去的方向，这是一个大的前提。

在这一条上的具体表现包括，邀请客户从多个视角看他面临的环境或者处境，或者进行换框，从问题导向换框到成果导向，或者从问题/障碍导向换框到机会和优势，或者拓展客户在系统中的角色。比如客户对新工作不是很满意，觉得新公司没有活力，死气沉沉，让他感到非常压抑。这是他对这个组织或对当下这个处境的认知。如果要支持客户超越当前的思维或感受，教练尝试支持客户从问题导向聚焦到成果导向，可以问客户："什么可以让你享受这份工作呢？""如果你真的可以享受这份工作，可能需要什么样的转变？"教练也可以尝试支持客户从问题/障碍转化到机会的视角："这个环境以及你在这个环境中的感受带给你的思考是什么？背后的礼物可能是什么？"也可以邀请客户从多个视角看，比如把它放到更大的时间视角中："未来的你会如何看待这段经历？""从公司或团队、组织的视角怎么看你现在面临的情境？"这些都可以支持客户拓展他关于当下所在情境和处境的一些思考和感受。通过这种打开和拓展，就可以支持客户产生新的觉察。

客户的处境或情境有两个方面的内容是需要关注的。一是客户所面临的挑战和问题，比如公司的环境、客户碰到问题。二是周围的环境和系统是什么样子的，客户对这个环境和系统的认知、感受、想法、观点、期待是什么样子，等等。

相反的表现包括：教练引导客户对这个情境的看法；更多地聚焦于客户目前对环境的感受、想法，没有支持客户看到未来，或是在不同的层面上打开、换框；客户对这个方面的探索不感兴趣，但是教练仍然按照自己的想法希望能够在这个地方展示出这个能力；客户通过语言或者非语言的表达显示出他不想在这方面探索、拓展，他关注的是其他东西，但是教练依然邀请客户继续探索。这些都可能影响教练在这个行为标识上的表现。

7.4 教练通过提问帮助客户超越他们目前的思维、感受和行为，探索他们想要的成果。

这里提到的客户想要的成果，不仅包括对话中的成果、长期合约中的成果、长期目标，还包括不同层级的目标和衡量标准的想法、感受、行为的拓展。

在客户想要的成果上，教练如何支持客户超越、拓展、打开？可以通过视觉想象去描述或感受目标成果实现以后的成功景象，或是连接理想的未来，然后回到当下。教练支持客户想象可以支持他达成目标成果的不同情境，支持客户进行头脑风暴，想象他怎样一步步达成目标，对话结束以后的具体的行动是什么，这些行动如何支持他达成这个成果。教练支持客户探索对话结束以后可以进一步支持他决定或是展开行动的一些反思和思考。这些都是可以拓展客户关于他们想要的成果的方向的思考、关于这个部分的一些感受以及行为或行动。

相反的表现包括：教练引导客户关于想要达成的这个成果的一些想法、感受以及行动；教练用自己的想法代替客户的想法；客户表达了对这个方向的探索不感兴趣，教练依然在这个方向上继续探索。

所以，前面 4 条都是关于教练自身、关于面临的情境、关于想要达到的成果的一些探索。这些探索有助于教练了解现状，并在这个基础上超越、突破、拓展。

7.5 教练分享自己的观察、直觉、评论、想法和感受，但并不坚持他们是正确的，同时通过语言和声调邀请客户对此进行探索。

在对话的过程中，教练支持客户唤起觉察，最直接的方式就是提问和分享自己的观察、直觉、反馈、感受等。在分享的过程中，最重要的是教练完全在当下成为一个管道，放下自己的内在结构。教练在这个过程中的分享是没有附加内容的，不会期待客户的反应一定是认同的、肯定的，只是好奇地探索，并不是做判断或者怀疑、否定，只是通过这样的分享打开探索的通道。所以，教练在分享之前会与客户确认是不是可以分享，在分享的过程中使用的是不确定的分享方式，分享之后邀请客户进行回应，对于客户任何的回应都保持一种开放和接纳的态度。

具体的表现包括：教练分享以后邀请客户回应是否同意，同时接受客户的回应；教练分享以后向客户表明他是可以拒绝的，或是在分享之后明确告诉客户他可以同意也可以不同意。

相应的不合格表现包括：教练分享之后没有邀请客户进一步探索或回应；

教练以绝对正确的方式分享，而不是仅供客户参考；教练的分享与客户的议程无关；教练不允许客户以任何他们选择的方式回应。这些都会影响教练在这一条行为标识上的表现评估。

7.6 教练提问明确、直接，以开放性问题为主，一次问一个问题，以适当的节奏给客户思考、感受和反思的空间。

从这条开始是关于如何问问题的，即在教练的过程中如何沟通，是与直接沟通相关的内容。这里的要求是教练展示出清晰、明确的表达。教练的提问要明确、直接，以开放式问题为主，一次问一个问题，并且给客户空间去思考、感受和反思。这些都是比较直接的具体描述。

相反，如果教练一次问了多个问题，或者教练的问题特别复杂、非常绕，或者增加了很多修饰性的信息，或者添加了过度的回放，这些表现都证明教练的问题不是直接的。提问后没有给客户留空间反思，一个问题接着一个问题，非常快，或者问出引导性的问题，都会影响教练在这个行为标识上的一些表现。

7.7 教练的语言总体上是清晰、准确的。

7.7 跟 7.6 非常相关，教练与客户沟通时的语言应该是清晰、准确的，问题不能有太多的回放，应该简洁有力，包括教练对客户的回应，不能非常啰唆或非常复杂，或者附加很多装饰。如果增加了过多装饰，可能会让问题过于冗长或复杂，这个时候就会影响客户的反思空间，客户可能就会从自己内在的流动中被打断，开始思考教练的问题，开始关注教练，就会影响客户觉察的升起过程。所以，教练的问题需要非常简洁、清晰、精准。这样的提问过程可以留给客户更干净的探索空间。如果教练在这方面做得非常好，客户会沉入非常沉静的空间里，教练好像是在的，又好像不在，意味着教练与客户思维的流动融为一体，问题、回应不会干扰或者打断客户思维的流动。

如果教练过于啰唆，或者一次问两三个问题，对于客户来讲，他就不知道要回答哪个问题，思维流动也会被打断。如果教练使用过多的装饰，或者用一些无法理解的复杂语言，都会影响教练在这一条上的表现评估。

新手教练在组织自己的问题时，经常会出现问题过长、有一些口头语吸引客户的注意力、连续问两三个问题等现象。随着教练不断的觉察和刻意的练习，这个能力可以得到提升。在开始的阶段，教练可以特别留意不同的结构化提问都可以有哪些不同的问法，比如合约的问题、证据流程的问题、不同层级的逻辑层次问题以及假如框架等。当教练熟练掌握了这些基本素材以后，就可以回到当下，关注客户，让最合适的问题以最自然的方式流动出来。

7.8 教练让客户占用大部分的交谈时间。

最后一条是总结性的通用描述，是一个比较表象的标准。这个表象的标准背后实际上包含了教练的位置和角色。教练更多的是提出问题，并不会给出很多参考意见、答案或解决方案，更多的答案实际上是客户填充进来的。这个过程就是确保教练让客户站在台前，更多地邀请客户引领对话，与客户一起合作共创，客户表达的时候才能生成觉察，教练也更容易留意到客户给到的线索，支持客户更深入地探索，从而获得新的觉察。这一条的具体表现也是比较直接的，就是客户大部分时间在讲话，教练更多的时间在听，总体要比客户说的少得多，表现出来更多的好奇心。

相反的表现就是教练说得比较多，更多的是在教学、在指导，或在分享自己的一些想法。或者教练表现出其他可能妨碍客户表达的一些行为，这个部分与很多内容都有可能相关。比如客户在某个过程中表现得少言寡语、能量不高，也许是与教练在不同的核心能力上的表现相关。也许是教练与客户的信任关系没有建立起来，客户觉得不安全，没有完全放松地投入进来；也许是在教练的过程中，教练有一些评判，影响了客户的表达；也许是教练和客户的能量水平不匹配，让客户觉得尴尬或不舒服，比如客户的能量状态非常高涨，而教练的能量水平非常低沉，没有匹配客户，就会影响客户的表达；也许是教练对客户表现得比较冷淡，没有给予客户积极关注和回应；也许是教练的聆听能力不够，没有听懂客户真正的表达，从而妨碍客户做更多的表达。

"唤起觉察"这个核心能力在 PCC 水平上的表现，主要还是邀请客户通过开放式提问，超越他们目前的一些思维、感受和行为模式。这些模式可能是关于客户自身的（他是谁），可能是关于客户所面临的处境或环境的，也可能是关于客户想要达成的成果的。唤起觉察的另一个重要通道，就是教练分享自己的一些观察、直觉、想法和感受。教练应该学习在这个过程中怎样跟客户沟通、构建这样一个适合觉察升起的空间。这些都跟"唤起觉察"这一核心能力相关。

ACC/MCC 最低技能要求

ACC 最低技能标准：
- 教练使用询问、探索、沉默和其他技巧来支持客户实现新的或更深入的学习和觉察。

ACC 具体行为表现：
- 教练询问或探索客户与期望的成果相关的想法、信念、思维、情绪和行为；
- 教练支持客户从新的或不同的角度看待情境；
- 教练认可客户对期望成果的新觉察、学习和行动。

ACC 不合格表现：
- 教练始终专注于指导客户或分享自己的知识、想法或信念；
- 教练的大部分问题是引导性的，或包含教练预先确定的答案；
- 教练的问题和探索涉及的议程或问题不是由客户设定的，而是由教练设定的。

在 ACC 水平的教练对话中，"唤起觉察"这个核心能力在整体上表现为，教练使用询问、探索、沉默或其他技巧来支持客户实现新的或更深入的学习和觉察。在整体定义上，ACC、PCC 和 MCC 的范畴是一致的。"唤起觉察"这个能力就是通过这些方法和技巧支持客户的学习和发展。它包含了三个方面的具体表现：第一个是教练询问，探索客户与期望成果相关的想法、信念、思维、情绪和行动，这里强调教练的探索应围绕着客户期待的成果展开；第二个是教练支持客户从新的或不同的角度看待客户所面对的一些情境或处境，关注的是情境或处境，会邀请客户从不同的视角打开、拓展；第三个是教练认可客户对期望成果的新的觉察学习和行动，这里提到了教练对客户的支持和认可，认可的是对成果的新的觉察、学习和行动。在 ACC 水平的教练对话中，更多的是关注目标和情境，对客户自身并没有过多探索。唤起觉察的关注点更多的也是在客户的情境以及客户期待的成果上打开与拓展，同时在这个方面产生新的觉察，学习和行动也需要教练鼓励、认可和支持。

相反的不合格的表现包括：教练专注于给建议、分享自己的想法；教练在对话过程中引导或预判；教练探索的方向不是客户想要的，是教练自己关注或者感兴趣的方向。如果有这样的表现，就没有办法达到 ACC 水平的教练认证的合格标准了。

PCC 水平教练行为标识：

7.1 教练提出与客户相关的问题，比如他们目前的思维方式、感觉、价值观、需求、渴望、信念和行为；

7.2 教练通过提问帮助客户超越他们目前的思维或者感觉，探索关于他们自我的新的、更广的思维与感受（我是谁）；

7.3 教练通过提问帮助客户超越他们目前的思维或者感觉，探索关于他们处境的更新的、更广的思维与感受；

7.4 教练通过提问帮助客户超越他们目前的思维、感受和行为，探索他们想要的成果；

7.5 教练分享自己的观察、直觉、评论、想法和感受，但并不坚持他们是正确的，同时通过语言和声调邀请客户对此进行探索；

7.6 教练提问明确、直接，以开放性问题为主，一次问一个问题，以适当的节奏给客户思考、感受和反思的空间；

7.7 教练的语言总体上是清晰、准确的；

7.8 教练让客户占用大部分的交谈时间。

在 PCC 水平的教练对话中，"唤醒觉察"这个核心能力更看重的是超越目前的思维、感觉和行动去探索，而且这个探索是更全面的，有关于客户自身

（我是谁）的部分，有关于客户面临的处境，也有关于客户的目标成果，这个成果包含了单次对话的成果、长期对话的成果以及衡量的标准。所以，在整体探索的范围上，PCC水平的教练对话包含的范围更广，更强调教练要支持客户超越他目前的思维和感觉，需要拓展和超越。

同时，在PCC水平的教练对话中，教练可以更多地分享自己的观察、直觉、评论、想法和感受，需要与客户进行有效的沟通，包括怎么样对客户回应、怎么样提出问题、与客户之间互动的关系什么样等。教练需要更有能力地抱持一个可以支持觉察升起的环境。

MCC最低技能标准：

- 教练对探索重要问题的邀请先于且明显大于解决方案；
- 教练的状态总是充满好奇的；
- 教练愿意安住于"无知"，并允许遵循客户的思考、学习和创造进行探索；
- 教练提出的大部分问题（不是所有）都是直接的、有启发性的，这些问题在当时对客户及其议程、既定目标做出了充分的回应，需要客户进行重要思考，或将客户带到一个新的思考高度；
- 教练经常且充分地利用客户的语言和学习风格来构思问题、见解或观察，为客户提供一个空间，以发挥和扩展他们自己的思维、学习和创造风格，并发现他们的力量、天赋和优势；
- 教练给予足够的空间和鼓励，让客户整合和使用新的意识来辨认出思维或行为模式，解决当前的挑战，实现当前的目标，并思考如何在未来使用新的意识。

MCC具体行为表现：

- 教练与客户合作，探索客户支持成长和学习的故事、隐喻和意象；
- 教练通过最少却精确的问题激发客户新的洞见；
- 教练通过提出的问题邀请客户进行更为深入的探索或超越当前的思维和感受；

- 教练分享来自客户言行的流动性见解、观察或提问,以此提升觉察。

MCC 不合格表现:

- 教练没有展现出一种能力,表明他使用了问题、见解、沉默或其他技巧,鼓励客户在与客户议程相关的更大、更具反思性的空间中深化思考;
- 教练经常提出问题,使客户停留在过去或当前情况的细节上,而不是前瞻性思考;
- 教练没有充分探讨可能存在的、会帮助客户获得圆满解决方案或成果的重要问题,而是急于推动客户寻求解决方案;
- 教练没有为客户充分参与唤起觉察提供足够的空间,教练的沟通反映的是任何自己的议程或指示;
- 教练没有证明经常使用客户的语言、学习、思考和创造风格;
- 教练没有经常为客户创造容易进行更深入思考、学习和探索发现的空间;
- 教练的沟通限制了客户的思考和学习方向,没有与客户进行具体的互动、讨论并获得客户的同意。

在 MCC 水平的教练对话中,"唤起觉察"这个核心能力特别强调的是教练对于探索重要问题的邀请,先于且明显大于解决方案,不像 ACC 水平的教练对话那样特别看重解决问题和达成目标成果。在 MCC 水平的教练对话中,更多地会关注重要问题是什么、最关键的是什么,通过这个层面的探索,对于客户的议题、情境、目标成果理解就会更加深入。

"唤起觉察"这个能力最大的不同在于教练的状态,教练会放下很多东西,呈现出类似于"以退为进"的状态,没有特别想要推动觉察的升起,没有特别想要达成成果。因为 MCC 水平的教练更加安住在当下,更加相信客户,只是在当下抱持着那个空间。教练退出来,客户就会展现得更多。教练会更多地看到聚光灯下的客户,使用客户的方式方法,遵循客户的学习、思考和创造的模式,然后看见客户,让客户的力量显现,发挥客户的天赋优势,充分利用客户,觉察自然而然就升起了。

另外的不同是，MCC 水平的教练提出的问题是直接的、有启发性的，允许客户对于自身、议程以及目标做出充分的回应。通过这些直接的、有启发的问题，包括做出的充分回应，教练可以引发客户更深层的觉知，将客户带到一个新的思考高度上。

MCC 水平的教练在唤起觉察上的另一个特点是给客户足够的空间，更多地把这个舞台让出来，让客户展现。教练更多的是关注客户，是跟客户有连接的观察者，是向客户学习的学习者。

所以，在 MCC 水平的教练对话中，一些具体的表现包括：更多地通过故事、隐喻和意象支持客户的成长；使用最少、精确的问题激发客户，相较于 PCC 水平的教练，要求沟通清晰、准确；要求教练与客户完全同在，更深层、更精微地聆听。同样，MCC 水平的教练也需要通过提问以及分享自己的观察、见解支持客户进行更深入的探索，超越当前的思维和感受。

如果教练没有鼓励客户进一步深化思考，提出的问题都停留在过去或当前的细节上，没有支持客户拓展、超越，没有充分探讨各种可能性，只是急于推动实现解决方案，MCC 水平的教练对话表现就会受到影响。

整体来看，MCC 水平的教练支持客户觉察的深度更深，这个深度一方面是通过精确的提问和分享实现的，更关注深层的探索；另一个方面就是 MCC 水平的教练状态更稳，更相信客户，可以在一个更深的层面支持客户。所以，对于 MCC 水平的教练的要求就是觉察力和问题的精准，对于使用隐喻、故事、意象或者其他方式支持客户成长的能力都有更高的要求。

ACC/PCC/MCC 关键技能评估

对于"唤起觉察"这个核心能力在 ACC、PCC、MCC 不同级别的教练对话中的不同表现，我们可以从以下五个方面（关键技能评估）进行区分：

> - 教练使用询问、探索、沉默和其他技术来支持客户达成新的或更深入的学习和觉察；
> - 教练与客户探讨并激发客户对其语言背后的情感和实质意义进行探索的能力；
> - 教练与客户一起探索并激发客户探索自己潜在信念、思考、创造以及学习方法的能力；
> - 教练支持客户探索新的、拓展性视角或思维方式的能力；
> - 教练激发并整合客户的直觉、思维和语言，将其作为教练过程中的关键工具。

在"唤起觉察"这个核心能力的呈现上，关键的呈现包括：教练是不是能够使用询问、探索、沉默、隐喻等技巧，支持客户形成一些新的学习和觉察，包括教练能不能深入支持客户探讨语言背后更实质的意义，或者激发客户探讨潜在的思考，然后创造一些新的学习和方法，或者支持客户探讨新的视角，支持客户做整合，拓展客户的内在地图，让思维升级。

这就是唤起觉察这个工作可以开展的几个不同的方面。因为在 ACC、PCC 和 MCC 不同水平的教练对话中，在这几个方面体现出来的区别是类似的，并且有一定的相关性。所以，这里把这几个方面放在一起进行总结，从整体上看一下，在"唤起觉察"这个核心能力上，不同级别的教练表现的特点和区别在哪里。

在 ACC 水平的教练对话中，探索和拓展更多的是与期望的成果、当下面临的具体情境相关。在 PCC 水平的教练对话中，探索和拓展的维度就更宽、更多维了，包含了客户自我、具体情境以及实现的目标成果。在 MCC 水平的教练对话中，教练进行更接近于本质、更深入的探索，关注的是要达成目标成果、找到解决方案、发现真正的问题和关键节点是什么。在探索的过程中，教练提的问题更具启发性、更精确，其效果就是支持客户达到新的思考高度，而不仅仅是产生新的学习、觉察和发现。

另一个区别就是支持客户探索的方式不一样。在ACC水平的教练对话中，主要以询问、探索和沉默的方式为主。在PCC水平的教练对话中，除了询问、探索和沉默的方式，分享教练的观察、直觉和感受也是非常重要的方式，可以支持客户产生新的觉察，更强调语言上的清晰、准确以及提问和回应的精准、简练。在MCC水平的教练对话中，除了询问、探索、沉默、分享直觉、感受观察以外，更强调探索支持客户成长和学习的故事、隐喻和意象，这个层面的信息不像外在目标、具体成果、行动方案这么显化，更多的是潜意识中的深层信息，这些信息往往是通过隐喻画面或意象这些无形的东西呈现的。所以，在MCC水平的教练对话中，教练更多的是在这个领域与客户展开探索和互动，更多的是通过这样的渠道支持客户觉察的升起。同时，在MCC水平的教练对话中，唤起觉察的这个部分更强调教练给客户足够的空间和鼓励。MCC的对话看起来没有特别明显的成果导向，更多的是在这个空间里进行更深入的探索和挖掘、互动和觉察。

教练的状态不能非常激进，要有空间感，要能安住在当下，安住于"无知"，是非常稳的，也是充满好奇的，所以才能护持住这个场域。在这个场域中，教练更多的是发挥客户的资源，遵循客户的模式，充分利用客户的语言和学习风格，发现客户的力量、天赋和优势。所以，MCC水平的教练的工作方式、侧重点和特点是不一样的，看起来就像以退为进，不那么费力了，是自然而然的，教练不会"做"很多东西，不会"想要"很多东西，但是在整个过程中，更深的觉察就会升起，更好的结果就会发生。这是一个特别有意思的过程，教练似乎放下了很多东西，但正是因为他的放下，很多东西就因此而升起了。这个升起来的东西就是特别重要、特别有价值的东西。这就是MCC水平的教练对话与ACC、PCC水平的教练对话不一样的地方。

唤起觉察关键技能评估标准

ACC	PCC	MCC
·询问、探索和拓展与期望成果以及当下面临的具体情境相关	·探索和拓展的维度包含了自我（我是谁）、处境/情境、期待的成果（单次对话成果、长期对话成果、衡量标准）	·教练对探索重要问题的邀请先于且明显大于解决方案 ·教练提出的大部分问题（不是全部）都是直接的、有启发性的，这些问题在当时对客户及其议程和既定目标做出了充分的回应，需要客户进行思考，或将客户带到一个新的思考高度
·以询问、探索和沉默的方式为主	·除了询问、探索、沉默的方式，还包括分享观察、直觉、感觉 ·强调语言上清晰、准确以及提问和回应的精准、简练	·探索客户支持成长和学习的故事、隐喻和意象 ·教练给予足够的空间和鼓励 ·教练的状态总是充满好奇的；教练愿意安住于"无知" ·遵循客户的思考、学习和创造进行探索，经常且充分地利用客户的语言和学习风格，发现他们的力量、天赋和优势

总结与提高

·"唤起觉察"这个核心能力代表着教练过程的主要价值和意义。支持客户在不同层面上产生一些新的觉察，基于这些觉察产生行动、创建成果。这个核心能力是一个整合的能力，与其他几个核心能力都相关。可以说，在教练过程中，教练所做的一切都是在支持觉察的升起。

- 与这个核心能力直接相关的是有力发问的能力和直接沟通的能力。在教练过程中，主要就是通过教练的提问分享对于客户的某些观察和教练的直觉，支持客户产生新的觉察。
- "唤起觉察"这个核心能力的关键在于支持客户的超越，主要是对现有结构和认知的觉察，包括对自己的认知、对环境的认知、对情境的认知、对自己目标的认知等等。通过切换视角、视觉体验、挑战、换框等支持客户，超越当下的认知和结构。
- "唤起觉察"这个核心能力的发展首先跟聆听相关，对客户的感知、对客户内在状态或内在结构的感知非常关键。其次是提问的能力以及挑战客户的能力。埃里克森很多非常经典的结构化提问是重要的基础，包括逻辑层次、假如框架、开放式问题等。还有很多教练工具，比如迪士尼策略、导师桌等等，其实也是在教一些结构化提问的思路和方向。提问能力的构建关键在于怎么能把这些结构化的提问变得更自然。在对话的过程中，教练需要不断关注怎么用自己的方式把这些提问很自然地说出来，特别是在面对真实客户的时候，要让客户能够理解这个问题。这些提问是非常自然地流动出来的，而不是非常僵化的。
- 提问的力量不仅在于问什么问题，更在于以什么样的状态问出这个问题。视教练与客户在哪个层面的同在中提出这个问题，提问的力量也会不一样。所以，提问的过程和积极聆听、教练同在是同一个过程，真正有力的提问是在当下流动出来的。教练以不同的状态提出那个问题，那个问题的力量就不一样。教练与客户在不同的层面同在，提出来的问题的力量也是不一样的。
- 挑战客户需要教练进行整体的、更深度的聆听。当教练进行整体聆听、在系统的层面进行全息的聆听、超越时间线聆听的时候，就会有一些教练的直觉升起，就会留意到一些矛盾，就会有一些好奇产生。这个时候，教练就可以与客户进行直接的沟通，与客户分享，邀请客户跳出来，超越自己的惯性思维。

- 唤起觉察的修炼需要教练不断培养和强化教练的直觉，可以在与客户的信任关系比较好的情况下，大胆尝试，相信自己的直觉，只要教练在与客户分享的时候保持一种不确定的状态、邀请客户的反馈、对客户的反馈保持开放的态度就可以。很多时候，教练的直觉不一定准确，但是确实可以在更深的层面引发客户的思考，慢慢地，教练就可以相信自己的直觉了。
- 除了教练对话的过程，通过静心、冥想练习不断提升自己的注意力品质，更多地对自己的内在进行觉察，增加感官上的练习，都可以培养直觉能力。

核心能力 8
促进客户成长

知者，行之始也；行者，知之成也。

——王阳明

成长就是改变，改变需要冒险，从已知踏入未知。

——齐克果

每一分钟都是崭新的开始。

——T.S. 艾略特

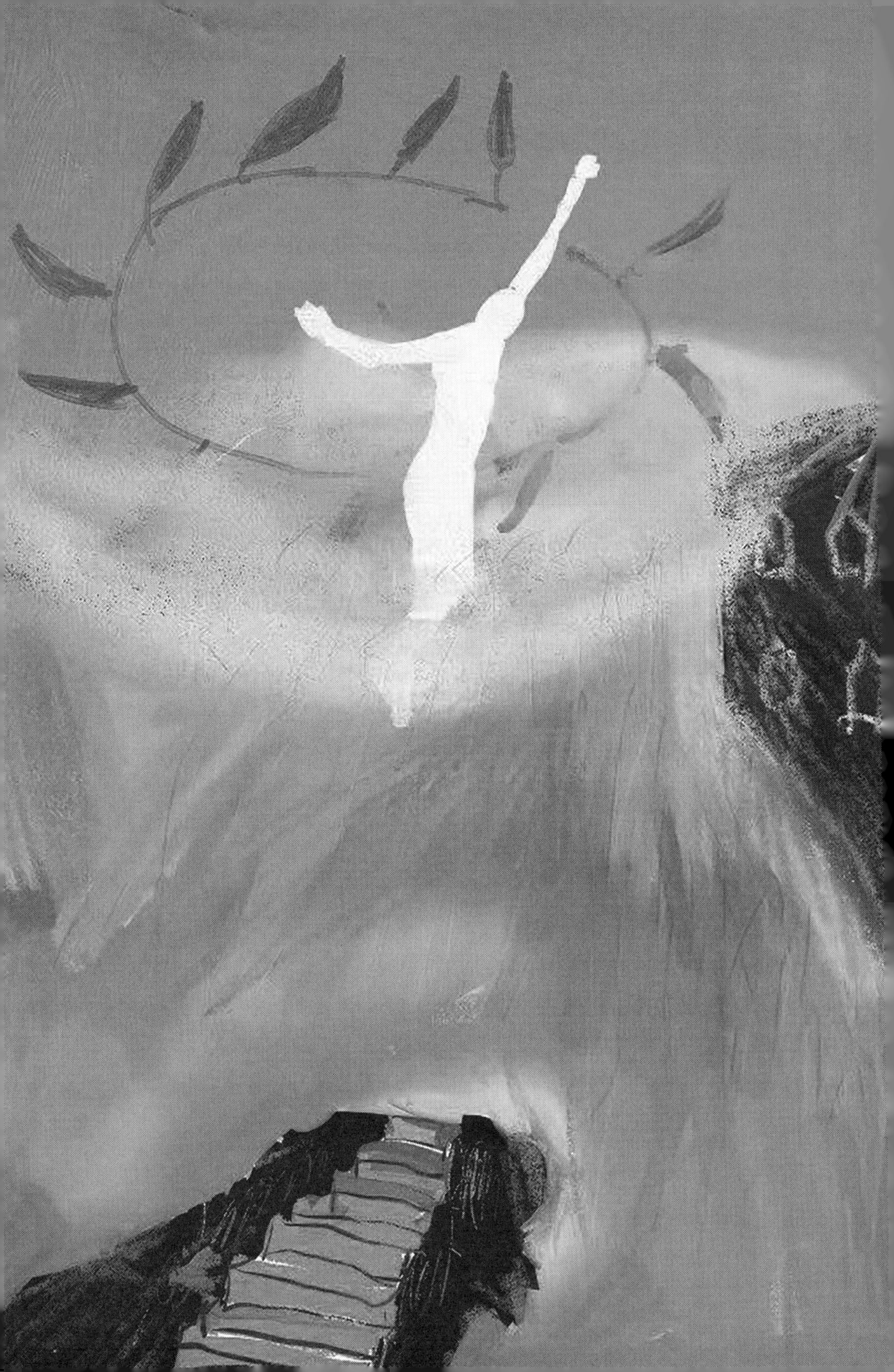

> **定 义**
>
> 　　与客户合作，将学习和洞见转化为行动，在教练过程中提升客户的自主性。
>
> 　　1. 与客户一起工作，将新的觉察、洞见或学习整合进他们的世界观和行为中；
> 　　2. 与客户合作，设计目标、行动和担责措施，整合和扩展新的学习；
> 　　3. 认可和支持客户在设计目标、行动和担责措施时的自主性；
> 　　4. 支持客户明确可能获得的结果，或者从确认的行动计划中学习；
> 　　5. 邀请客户考虑如何向前推进，包括资源、支持和潜在障碍；
> 　　6. 与客户合作，总结单次教练对话内或两次教练对话之间的学习和洞见；
> 　　7. 庆祝客户的进步和成功；
> 　　8. 与客户合作，结束教练对话。

　　"促进客户成长"这个核心能力同样是一个整合的能力，在新版的核心能力中，这个核心能力整合了旧版的三个与行动相关的核心能力，包括设计行动、设定计划与目标、管理进步与承担责任。

　　从定义中可以看到，这个定义一共包含八条，提到了与客户合作，将学习和洞见转化为行动，促进客户的成长。这个核心能力和行动的相关性非常大，因为行动是把教练的成果转化为实际成果的必经之路，所以，行动在教练的过程中至关重要。同时，行动与学习和成长的过程相关性也非常大，因为只有在真正的实践过程中，通过行动实现了目标以后，教练才能完成真正的学习和成长。仅仅是知道、理解或明白，不是真正的学习。知道和理解不是真正的学习，也不是真正的成长，只有通过具体的行动实践了，达成想要的成果了，才是真正的学习、真正的成长。

在投入实践和行动的过程中，教练往往会产生很多发现和觉察。只有真的下水游泳了，才能真正学会游泳。这就是行动的重要性，这就是成长和行动的关系。所以，促进客户的成长，与把教练对话中产生的一些觉察、学习和洞见转化为行动是息息相关的。

同时，定义中也提到了另一个方面，就是在教练的过程中提升客户的自主性。因为自主性是确保行动展开的必要条件，只有客户的自主性足够强了，动力足够强了，才能确保在没有教练的情况下，在两段对话中间，客户可以采取行动，从而达成目标成果。自主性本身也是教练重要的成果，教练的目的就是激发客户的潜能，支持客户掌握自己生命的自主性。当客户掌握了这个自主性，真的活出了自己理想的状态，客户生命的热情就被点燃了，这其实也是教练的宗旨或价值所在。所以，促进客户成长其实是最终的整合部分。

另外，这个核心能力也和如何结束教练对话相关。如何与客户合作共创、有力地结束教练对话、支持客户的成长也是这个核心能力的一部分。所以，教练支持客户成长是贯穿在整个教练对话过程中的。在整个对话中，教练一直在关注客户的觉察、收获、学习、成长，关注客户如何将教练过程中获得的学习和洞见转化成行动，创造真实的成果，同时培养自己的自主性，教练需要带着这样的视角去看待整个教练对话。

1. 与客户一起工作，将新的觉察、洞见或学习整合进他们的世界观和行为中。

2. 与客户合作，设计目标、行动和担责措施，整合和扩展新的学习。

这两条有一些相关性，都是关于整合的。在教练的过程中，教练的工作主要是支持客户进行两方面的整合。一方面是世界观的整合，通过在教练过程中升起的新觉察或是发现、洞见，教练实际上在支持客户构建自我意识，使其更加清晰、更加完整。当客户的自我意识清晰、完整了以后，客户整体的世界观就得以完善或是升级。比如，客户通过教练的过程收获了一个新的觉察，发现贡献和价值对他特别重要，是他一直追寻的，这个时候，他的整个世界观就会得到更新，而且这个更新和升级会影响到他的未来，影响到他如何看待这个世界。通过这样的过程，教练就支持客户把他获得的这些新的学习、觉察和洞见整合到他整体的世界观中，这就是教练支持客户进行的第一个整合。通常教练会问客户："这个发现和觉察对你意味着什么？""你有什么新的学习？""这个对你未来有什么样的影响？"通过这样的探索，教练可以支持客户把教练对话中产生的一些新的觉察和发现整合进客户的内在，建立更完整的自我意识与世界观体系。

另一方面是行动的整合。当教练带着在对话过程中获得的新的觉察、学习和感悟，去采取后续行动的时候，这些洞见和觉察会为教练的行动注入灵魂，同时会带来动力。通过这些行动的体验，教练又会进一步整合世界观，在行动过程中，其实教练又产生了新的整合，又有一些新的体悟、觉察、发现，这些又会被整合到教练的世界观系统中去。整个的过程就是一个理论联系实践的过程，经由这个过程，教练就形成了更完整、更坚定、更合一的人格。

所以，当教练留意到客户有了一些新的觉察、产生了一些新的转化时，就会支持客户整合，一方面是在意识层面的整合，另一方面就是行动上的整合。比如教练会问客户，当他带着这些觉察看接下来的行动时，他会采取什么样的行动、会具体怎么做、会如何开始等等，其实这些都是教练把新的觉察和行动整合起来的过程。

关于行动，教练是从三个方面整合的，即目标的设计和管理、行动的设计和管理以及承担责任。这三个方面与旧版核心能力中的三个核心能力一一对应，新版核心能力是整合了旧版核心能力中的一些要素后进行升级的。

3. 认可和支持客户在设计目标、行动和担责措施时的自主性。

在这个核心能力的定义中，我们也提到了自主性这一点。教练的一个重要目标或者角色，就是激发客户的潜能，点燃他生命的热情。在对话的过程中，教练如何支持客户提升自主性？其实大家会发现，教练在对话过程中做的所有事情几乎都与自主性的激发相关，比如当教练不是给客户答案而是提出问题的时候，客户的自主性就会被激发起来。教练好奇的状态、"无知"的状态，其实都是在激发客户的自主性，教练与客户的合作共创也是在自主性这个方面做工作。

认可和支持一方面是积极的关注，即教练留意到客户在设计目标、行动以及担责措施；另一方面是教练表现出正向的探索。比如教练会问客户："采取这样的行动会给你带来什么样的正向结果？""这样的担责措施对你的价值和意义是什么？""如何支持你实现更大的目标？"这些都是正向的探索和积极的关注。

当然，在这个过程中，教练的认可和支持也包含呈现的状态：教练是积极的、认可的、支持的，还是表示怀疑、否定、拒绝或负面的态度。所以，教练要通过积极的关注、正向的探索支持客户设计行动和担责措施。通过这个过程鼓励客户的自主性，认可和支持客户的自主性，与客户合作共创。除非是客户邀请或者提出这样的需求，同时教练也愿意承担这个责任，否则不建议教练成为客户担责系统的一部分。有教练可能会问"你怎样确保这个行动一定会达成"，甚至有教练主动提出来"你做完了行动，要告诉我""什么时候我要检核一下，看看行动有没有做，是不是达成"，这样，教练就成了客户担责系统的一个部分，剥夺了客户为自己设计担责措施的权利，也降低了客户的自主性，并没有起到认可和支持客户自主性的过程。教练的目的是支持客户自主性的建立，提升客户的自主性，这也是教练的价值和意义所在。

4. 支持客户明确可能获得的结果，或者从确认的行动计划中学习。

5. 邀请客户考虑如何向前推进，包括资源、支持和潜在障碍。

这两条也具有一定的相关性。在推进客户行动的过程中，教练如何促进客户的成长都与推进客户的行动相关。一方面是教练探索采取这个行动会给客户带来什么样的成果，可以提问客户，如果他按照计划实施了，他会取得什么样的成果？如果他持续地坚持做了，又会有什么不同？会给他的人生带来什么样的转机？这个部分对于整合和自主性的提升其实都是很有帮助的。

另一方面，教练可以探索这个行动计划中可能会给客户带来的学习。教练通常会使用假如问题："假如真的成功实施了这个计划，你可能会从中收获什么？你有哪些新的学习？"使用类似的提问支持客户在这个方面进行思考。这些探索可以提升客户的行动力，也可以更好地支持客户的成长。

探索行动计划中需要的资源、支持和潜在障碍，不仅可以帮助客户夯实行动计划，使其准备更加充分、成功率更高，还可以为客户带来一些新的学习和发现，使其产生不一样的觉察和发现，如客户可能会发现自己的阻碍在哪里、自己的资源在哪里、自己需要什么样的支持、可以如何突破障碍等。当客户的行动准备得更加充分的时候，其行动力会更强，对客户会起到正向激励的作用，从而提升他的自主性。

6. 与客户合作，总结单次教练对话内或两次教练对话之间的学习和洞见。

这里需要注意的是，教练对话中的学习和洞见是与客户合作总结的，不是教练自己总结的，这也是支持客户学习和成长的一个重要部分。当教练邀请客户总结他自己的学习和洞见的时候，可以支持客户将学到的一些东西在意识层面显化，客户就可以转化为行动了。

另外，总结学习和洞见的过程也可以提升客户的自主性，当客户把学习、洞见、价值总结出来的时候，就会看到这个过程对他的意义和重要性，从而提升投入教练过程和行动的动力。所以，总结学习和洞见也是可以促进客户的自主性提升的。

有的时候，教练也会问客户这个过程中他收获最大的是什么、价值是什么。当教练这么问的时候，不是邀请客户对教练或教练过程进行评价，而是邀请客户总结自己的学习和洞见。在这个过程中，教练要特别注意的是，邀请客户总结的目的是促进客户的学习，而不是让客户评价教练。在教练的过程中，客户并不一定会有很重要的学习和洞见，即使他觉得没什么特别的价值，反馈本身也是一个很好的学习机会，教练可以通过这个过程进一步支持客户产生一些新的发现和学习。"在这个过程中，即使没有获得任何的学习和价值，我们能够从中学到什么？"任何的发生都是有价值、有意义的。只要从这个视角聚焦，教练总是能够产生一些新的学习和发现的。

我记得，有一次在课堂上，在最后的分享环节，有一个同学站起来说："在这个过程中，我好像没有什么新的学习和发现，这些东西我好像都知道。"只要我不抱有任何额外附加期待，就很容易接纳这个学员的反馈。没有任何的学习和发现本身就是一个学习的过程。经过这样的反思，这位同学发现，因为他在这个过程中有太多的期待，所以没有完全地投入体验，让自己丧失了真正的学习机会，这反而是一个更重要、更深层的学习。只有当教练不带任何额外附加期待的时候，才能给客户带来真正的价值和意义。

这种学习和洞见的总结既可以是对话过程中的，也可以是两次教练对话之间的。教练是一个长期陪伴的过程，客户的学习和成长是一个持续的过程，无论是在教练对话的过程中，还是两次教练对话之间，客户的内在体验是不断生发的，客户也在不断地学习和总结。在对话的过程中，教练陪伴客户通过开放式提问投入体验，客户也在经历着学习。在两次对话之间，客户投入真实的实践和行动中，这个学习依然是持续的。所以，教练就是不断支持客户体验、看见，支持客户总结他的学习和洞见。所以，教练是一个长期的伙伴关系，是一个持续的支持过程。

7. 庆祝客户的进步和成功。

庆祝的意义和价值很多时候会被忽视。其实，当教练真正为自己庆祝的时候，能感受到完成和满意。这份完成和满意会为重新出发、挑战更大的目标和成果带来动力。教练庆祝客户的进步和成功，一方面是对客户的认可和支持，另一方面也为客户的学习和成长带来了动力。但需要注意的是，并不是教练为客户庆祝，而是教练邀请客户为他自己庆祝。当客户完成庆祝的时候，内心会感受到圆满，就像四个计划问题中最后一个问题："怎么知道你完成了？"当教练真的确定自己完成了、开始庆祝成功的时候，就会感受到内心的满足，这份满足会带来持续的动力。

专题22：四个计划问题

我们做任何事情，达成任何目标，都会经历四个阶段。第一个阶段是启发和激励阶段，在这个阶段，我们形成了一个目标，有了一个愿望，明确了一个方向，即我们想要成为什么样的人、我们想要做什么、我们想要实现什么。第二个阶段是计划和实施阶段，我们开始投入行动，开始做计划，努力实施。在这个阶段，我们可能会碰到一些挑战，遇到一些问题，需要我们不断连接内在的智慧、动力的源泉，也就是我们的核心价值观，了解对我们真正重要的是什么。通过连接内在最重要的价值观，我们就完成了价值整合的部分。通过价值整合的部分，我们进入第三个阶段，最终完成和满意的阶段。经由这样的实现过程，我们不仅达成了外在的目标，也完成了第四个阶段，即对自己内在的超越和整合阶段，从而可以获得力量进入下一个阶段的循环。这是一个螺旋式上升的过程。通过这样的过程，我们就实现了人生丰富的体验，在每个阶段，我们都要回答一个重要的问题，这就是四个计划问题。

在第一阶段，我们回答的问题是我们想要的是什么；在第二个阶段，我们回答的问题是如何达成我们想要的目标；在第三个阶段，我们回答的问题是这个目标为什么重要；在第四个阶段，我们回答的问题是我们怎样知道自己达成了想要的目标。这是我们在实现任何目标的时候都需要考虑清楚的四个要素或四个重要的方面，所以叫四个计划问题。只有当我们在这四个方面都考虑清楚了以后，才能顺利地达成目标。在教练的过程中，我们也支持客户超越这四个阶段，最终进入完成和满意阶段，为下一个阶段的新目标做好准备。

在对话的过程中，教练会邀请客户探索"你特别想嘉许自己的是什么"，有时候也会分享这个过程中看见的一些东西和感触。需要注意的是避免啦啦队式的表扬，因为表扬本质上也是一种评判，是一种高处的俯视，而教练和客户是平等的伙伴关系，没有权利表扬对方，只需要单纯地看见和表达，教练是与客户在一起的。另外，教练的看见是具体的、有内容的。教练可能会注意到客户取得的具体进步、不同的表现、对话取得了什么样的进展，也许是客户在整个教练过程中让人印象特别深刻的独特性，也许是在教练的过程中客户带来的一些感动、触动。啦啦队式的表扬比较抽象、比较空洞，也许就是简单的"太棒了""太好了"等，这样的表达并不能起到庆祝的作用。所以，教练更多的是邀请客户看见自己的进步和成功。教练也作为一面镜子，可以照见客户的这份进步和成功。这份照见对客户来讲就是一份认可和支持，要避免的是带有评判性质的表扬。

8. 与客户合作，结束教练对话。

本条特别强调的是与客户的合作，即在结束对话的时候，教练要与客户合作进行，而不是突然的、非常突兀的结束。教练需要支持客户准备好结束这段对话，可以与客户确定：现在是不是结束对话的合适的时候？我们是否可以在这里结束这次对话？或者可以提前几分钟提醒客户，做一个过渡。比如：我们还有 5 分钟的时间，如何更好地利用剩下来的这几分钟的时间？时间到了以后就可以很自然地结束对话。

通常，在结束对话的时候，教练会对整个过程做一个总结，或者对未来做一个展望。这些都可以支持客户获得一些持续的、深化的体验，以这样的方式结束对话，包括落地比较扎实的行动、对接下来的进展做一些规划、带着承诺与动力结束对话等等。这些都是教练在结束对话时可以关注的领域，都可以在结束对话的环节依然可以持续地支持客户的学习和成长。

PCC 行为标识

8.1 教练鼓励、允许客户探索达成本次教练目标的进展情况；

8.2 教练邀请客户陈述或者探索在教练过程中取得的对自己更深入的理解（我是谁）；

8.3 教练邀请客户陈述或者探索在教练过程中取得的对事情更深入的理解（是什么）；

8.4 教练邀请客户思考如何应用本次教练会谈中的新习得；

8.5 教练与客户合作，设计会谈后进行哪些思考、反思，采取哪些行动；

8.6 教练与客户合作，思考如何推进教练成果，包括有哪些资源、支持以及潜在的障碍；

8.7 教练与客户合作，为客户设计最佳的担责措施；

8.8 教练庆祝客户的进步和学习；

8.9 教练与客户合作，探讨如何结束本次教练会谈。

本核心能力在 PCC 水平的教练对话中的表现一共有 9 条行为标识，其中前三条是关于对话成果进展的，包括在目标达成上的进展、客户对于自身理解上的进展以及对事情理解上的进展。从第 4 条开始就进入如何应用对话成果的部分了，包括对话后的行动，其中 8.5、8.6、8.7 这三条全面界定了落地行动部分需要探索的内容，如反思、行动、资源、支持、障碍以及担责措施。最后两条进入对话结束的部分，包括如何庆祝学习和进步、如何结束对话。

8.1 教练鼓励、允许客户探索达成本次教练目标的进展情况。

这一条的具体表现就是教练邀请客户探索或者询问目标进展的情况。比如教练会开始复述："在对话开始的时候，我们希望改善和领导的关系，想要找到三个实用的方法，让你有行动的动力。"在这里，客户的目标成果就是找到三个实用的行动方法，当他有动力采取行动的时候，目标就达成了。接下来，教练可以通过提问来鼓励或者支持客户探索进展，比如"你现在找到想要的方法了吗？""实现想要的成果了吗？""现在的进展如何？"等等。通过这样的形式，教练可以邀请客户在这个方向上做一些探索。其他具体表现包括：客户找到了一些方法，收获了想要的成果，达成了目标；教练的确认和回放也能够展示出教练有意识地跟进客户目标的进展情况；教练先分享，然后邀请客户回应；教练在询问进展的过程中，使用的是与客户的目标相关的词汇和概念。这些不同的表现形式都可以证明教练在这个过程中展现出了这一条行为标识。

相反，不合格的表现包括：教练没有在这个方面邀请客户探索；客户分享了进展，总结了收获，但是教练不认可或不承认客户的进步；教练分享或总结进展之后，没有询问客户的意见。这些表现都会影响教练在这一条行为标识上的表现评估。

8.2 教练邀请客户陈述或者探索在教练过程中取得的对自己更深入的理解（我是谁）。

这一条同样是在关注对话的进展，不同的是，它关注的是客户在自己学习上的进展，也就是"我是谁"的部分。关于"我是谁"的部分，我曾经多次提到，这个部分是关于自我认知的，即我们认为自己是什么样的人，包含了我们与自己的关系、我们与世界的关系、我们的价值观、我们的存在状态和思维模式等等。通过对话的过程，教练获得了对自己的不一样的认知，也许对自己的认知得到了进一步的拓展，也许更加清晰了。比如，客户一直认为自己是一个特别不自律的人，通过跟教练的探索，他建立起了信心，认为自己是可以改变的，是可以更自律的，所以客户的限制性信念就被突破了，对于自己的理解就有了新的进展。

教练可以邀请客户总结"关于自己，我学到了什么"，也可以具体到关于客户的身份、价值观、风格、文化背景等新的学习（比如"通过教练的对话，对于你的身份定位，你产生了哪些新的想法""对于个人风格，你有了哪些新的了解"），或者教练会跟客户分享自己的观察（"我注意到你在这里对自己有了一个不一样的认知"），或者客户会分享在这个过程中他对自己的不一样的认知，教练对此表现出认可和支持。

这里特别强调的是，这样的邀请和探索不仅仅会在教练对话结束的时候做，在整个对话的过程中都可以有意识地关注客户在这个方面的进展，从而可以从这个角度关注和支持客户的学习。只要教练支持客户探索他对自己的认知和了解上有哪些进展，就展现出了与这条行为标识相关的证据。

相反的一些表现就是：教练没有问客户对于自己他学到了什么，对自己的认知有了什么样的进展或者突破，客户没有在这个方面进行探索；或者教练是基于自己的一些假设理解这个部分的，并不是客户表达的，这是教练自己的认知；客户提到自己在这个地方有了一些不一样的进展，有了一些发现或者学习，产生了一些新的认知，但是教练进行了否定、评判或者选择忽视，没有进行回应、表达认可和支持。这些都是不合格的表现，都会影响教练在这条行为标识上的评估。

8.3 教练邀请客户陈述或者探索在教练过程中取得的对事情更深入的理解（是什么）。

"事情"这个部分包含面临的问题、挑战、现状、周围的环境、想要达到的目标等等。本条关注的就是客户在这些方面产生的新的理解。在 PCC 水平的教练对话中，教练会邀请客户就这个部分进行更深入的探索，邀请客户总结在这个部分产生的一些新的理解、新的进展。

同样，这个部分的探索也是在整个对话过程中持续进行的，包括在合约的阶段、创造体验的阶段以及探索行动的阶段，教练都可以邀请客户在这个方面做一些探索。

具体表现包括：教练邀请客户陈述关于情境和目标有哪些新的洞察和新的学习；在这个过程中，教练就这个部分提出一些问题，邀请客户探索，比如："关于你面临的情况，你产生了哪些不同的理解？""关于你和老板的关系，你有了怎样新的觉察和发现？""关于我们这次对话的目标，你有了什么不同的认知？"类似这样的问题，都是展现这一条行为标识要求的证据。

相反，不合格的表现包括：教练没有提出相关的问题，邀请客户就"事情"方面的新理解进行探索。如果客户说"我本来觉得这家公司不太适合我，但通过这个对话我发现，我之所以选择这家公司，其实就是希望在这个方面有所成长，所以我应该建立起这样的信心，勇敢去面对"，客户表达自己对于这个环境产生了一个新的认知和理解，如果教练进行一些评判、忽视或否定，那他在这一条上的表现评估就会受到影响。

8.4 教练邀请客户思考如何应用本次教练会谈中的新习得。

本条是关于如何应用所学的，就是支持客户思考，基于这些学习和不同方面的新理解，接下来他该如何应用，与后续的行动相关。这个部分在对话的不同阶段都可以发生。

具体的表现包括：基于客户在关于自身、情境、目标以及不同方面新的理解、觉察和发现，教练可以支持客户进一步探索："对话结束以后，你准备如何应用这个新的认知？""通过对话，你收获到了什么？你的这个收获会如何支持你达成长期的目标？"也可以支持客户探索："你如何在不同的情境中应用这些新的发现和觉察？"这里的应用可以从两个方面实现，一是外在的，即如何把觉察和学习应用在实际的项目或者具体的情境中；二是内在的，即如何把这个觉察或学习应用在内在的改变中。所以，这里强调了在不同的情境中如何应用，或者说如何应用在客户整体的存在方式的改变中，如具体可以做什么、产生什么样的结果；或者对于客户内在的触动，自己有了哪些不一样的改变，支持客户产生了哪些不一样的变化。比如教练可以问类似的问题："在接下来的互动过程中，这个新的觉察会如何支持你更好地跟团队成员互动？""你如何把这个应用在你生活的不同方面？""在你的职业发展领域，如何应用这个学习？""这个发现和觉察对你的价值是什么？""这个学习对于你内在的影响是什么？对于你未来的状态有什么不一样的影响？"这样的提问可以在不同的领域中支持客户探索和发现如何应用对话中的新学习。

相反，不合格表现包括：教练没有提问，而是直接告诉客户怎么样应用；客户分享了接下来怎么应用，但是教练做出了一些评判、否定或拒绝。类似这样的表现都会影响教练在这一条行为标识上的评估。

8.5 教练与客户合作，设计会谈后进行哪些思考、反思，采取哪些行动。

这个部分是旧版核心能力中"设计行动"的部分，讲的是教练与客户合作，支持客户设计教练对话结束后的行动，不仅包含一些具体行动，比如具体要做什么、一些行为上的改变、完成的具体任务、做一些新的尝试、建立一个新的习惯等；同时也包含客户持续进行的一些思考和反思，比如用不同的方式记录自己的一些感受，写反思日志，给自己留出一些空间，就某一议题做一些持续的思考等。

具体的表现包含：教练通过提问探索接下来要采取哪些行动、有什么打算、怎么安排、从哪里开始；也可能是客户自己讲到后续的行动，然后教练可以与客户进行确定，或者进一步地探索。这样的表现都可以呈现教练在这一条行为标识上展现的证据。

相反的一些表现就是：教练给一些建议，或者引导客户需要做哪些行动。在 ACC 水平的教练对话中，教练可以给一些建议、提供一些可选的资源或一些建议的行动；教练不认可客户提出来的行动方案；教练从来没有探索过关于对话结束后与行动相关的内容。这些都会影响到教练在这一条上的表现评估。但是这里要特别强调的是，客户是可以自由选择的，而且教练给出建议和资源的时候也需要向客户表明，客户可以选择接受或拒绝，他只是给出一个供客户参考的建议，教练给出的建议和资源需要与客户的议程相关。在 PCC 水平的教练对话中，教练是不能给建议的，需要与客户合作来共创这个部分。

8.6 教练与客户合作，思考如何推进教练成果，包括有哪些资源、支持以及潜在的障碍。

这里需要教练支持客户从两个方面进行探索，一是资源和支持，二是潜在障碍。比如客户想要每天坚持一个小时学习英语，教练可以问："你有什么样的资源可以支持你真的做到每天坚持一个小时学习英语？"客户可能会想到，他有一个 App，这个 App 会定计划，也会定期提醒，这个 App 就可以让他按照计划坚持每天学习英文。

教练也可以从潜在障碍的角度支持客户进一步探索。比如可以问客户："什么会阻碍你做到坚持每天学习一个小时的英语？"客户可能会想到，有的时候上一天班太累，晚上就不太想继续学习了。然后教练可以继续支持客户进一步探索："你有什么样的方法、可能性或资源，可以帮你超越这个阻碍，克服这个障碍？"客户可能会想："如果我太累了，晚上我可以选择看英文电影，这样就既坚持了计划，也能够用适合我的方式坚持。"

具体的表现包括：教练询问有什么样的资源和障碍，包括探索成果达成的可能性，或者客户采取行动的意愿程度。

相反的一些表现包括：教练引导客户考虑教练认为的资源或者障碍；教练

自己提出了一些潜在的障碍和资源，而不是询问客户；客户讲到了一些支持的资源或者障碍，但教练并不认可，进行否定或者评判。这些表现都会影响到教练在这一条行为表示上的评估。

8.7 教练与客户合作，为客户设计最佳的担责措施。

教练支持客户设计担责措施可以让行动的部分更有力、更扎实，也可以提升客户的自主性。在这个过程中，教练要特别注意的是跟客户合作设计，而不是教练主动承担。有一些教练会主动承担起问责的角色，要求客户在完成行动的时候通知教练，或者教练提醒客户采取行动。当教练这么做的时候，实际上就是把自己变成了客户担责系统中的一个重要因素，对客户的自主性建立会起到负面的影响。

所以，这里特别强调的是教练要与客户一起合作设计这个部分。教练与客户一起探索："你在这个行动上的意愿度怎么样？动力如何？承诺度有多高？你如何承诺采取这样的行动？"之前也提到过，只有在客户和教练事先约定好，教练愿意承担这部分责任，并且在客户发出邀请的情况下，教练才可以承担这个部分的责任。

相反的一些情况包括：教练在没有客户邀请的情况下，将自己置于客户的担责系统中；教练告诉客户应该采用什么样的承担责任的方法，而不是与客户合作；客户确定自己的承诺度非常高，但教练依然继续探索这个部分。如果教练与客户做长期教练，就会留意到，有一些客户的风格行动力很强、对行动的承诺度非常高，这个时候就可以不对这个客户继续追问了。

8.8 教练庆祝客户的进步和学习。

教练应认可客户的努力、在过程中的投入、承诺度以及一些成长或变化。这些努力、投入、成长、变化等有可能是在本次对话中产生的，也可能是在整个教练过程中呈现出来的，所以，庆祝客户的进步和学习有的时候也会涉及整个教练过程。

教练的庆祝表现为一种认可，其形式就是教练分享一些观察，比如："你在整个教练过程中的开放和投入让我们的对话非常深入。在今天的对话中，我们朝目标迈进了一大步。"类似这样具体的看见和认可的描述，就可以起到教练庆祝的作用。

不合格的表现包括："啦啦队式表扬"，它不是基于事实的看见，本质上是高人一等的姿态，即使是正向的表扬，也是一种评判；教练通过言语或肢体语言展现出一种失望或者批评，比如认为客户在过程中没有什么改变和成长，从而产生一些情绪，如焦虑、抱怨等。这些表现都会影响教练在这一条上的评估。

8.9 教练与客户合作，探讨如何结束本次教练会谈。

在结束对话之前，教练需要与客户检核一下，确保对话结束之前没有需要讨论的东西被忽略掉或被遗留下来。一般的做法是，教练在结束之前或者提前几分钟问客户："我们还有几分钟的时间，还有什么需要讨论或者分享的吗？"或者与客户确认一下："你觉得我们在这里结束对话可以吗？""这里是不是我们结束对话的合适的时机？"或者总结一下已经完成了哪些，接下来还有什么需要进一步讨论。类似的表现都能够展现出这一条行为标识。

不合格的表现是：客户已经表明想要结束对话了，没什么想要进一步探索的，但是教练仍然继续追问客户打算怎么样结束；或者教练没有对客户讲，比较突兀地没有预兆地就结束教练对话。这样，教练在这一条上的表现就会受到影响。

ACC/MCC 最低技能要求

ACC 最低技能标准：
- 教练支持客户探索如何将客户的学习和觉察在教练对话之后应用到相关客户的既定议程中，并推动客户的思维、学习或成长的潜力；
- 在这个层次上，教练也可以推荐资源来帮助客户实现他们的目标，只要这些资源不是强加给客户的。

ACC 具体行为表现：
- 教练通过提问，支持客户将觉察转化为行动；

- 教练与客户合作制订或确认具体行动计划；
- 教练支持客户结束对话。

ACC 不合格表现：
- 教练坚持要求客户执行教练规定的具体行动；
- 教练向客户建议与客户所述议程没有明确关系的行动或步骤；
- 教练没有邀请客户确定或探索如何将客户的学习应用于支持客户议程的未来行动或活动中；
- 教练不支持客户结束教练对话。

"促进客户成长"这个核心能力在 ACC 水平的教练对话中的表现是，教练要支持客户探索如何将学习和觉察在教练对话之后应用到相关的既定议程中，并推动客户的思维、学习或成长的潜力。这里也提到了要应用对话中的学习和觉察，应用的关键领域就是客户的既定议程。所以，在 ACC 水平的教练对话中，教练仍然是关注在既定议程上的。同时，教练也会尝试着推动客户的思维、学习或成长的一些潜力，在这个方面保持好奇的探索。

值得注意的是，在这个层面上，对于应用客户在对话中的学习和觉察，包括后续的行动，教练是可以推荐资源的，以帮助客户实现他们的目标。这些资源不是强加给客户的，只是建议，比如有一些练习、任务、作业、工具、流程等，可以帮助客户朝自己想要的最终目标前进。但是教练只是建议客户，客户可以选择接受或是不接受。

"促进客户成长"这个核心能力在 ACC 水平的教练对话中的具体表现可能还包括，教练问一些问题，以支持客户形成具体的行动方案，比如"带着教练对话中的一些发现或成果，你接下来准备具体采取什么样的行动达成目标"，通过类似这样的问题支持客户制订和确认具体的行动计划。

不合格的表现主要是：教练建议了一些资源或可以采取的行动，然而客户不一定想要采用，但是教练坚持要求客户采取这些行动；教练向客户建议的行动或资源与客户的议程没有明确的关系；教练没有邀请客户探索怎样把教练过程中学习到的应用于未来的行动和活动中；教练不支持客户结束教练对话。这些表现都会影响"促进客户成长"这个核心能力在 ACC 水平上的表现。

PCC 水平教练行为标识：

8.1 教练鼓励、允许客户探索达成本次教练目标的进展情况；

8.2 教练邀请客户陈述或者探索在教练过程中取得的对自己更深入的理解（我是谁）；

8.3 教练邀请客户陈述或者探索在教练过程中取得的对事情更深入的理解（是什么）；

8.4 教练邀请客户思考如何应用本次教练会谈中的新习得；

8.5 教练与客户合作，设计会谈后进行哪些思考、反思，采取哪些行动；

8.6 教练与客户合作，思考如何推进教练成果，包括有哪些资源、支持以及潜在的障碍；

8.7 教练与客户合作，为客户设计最佳的担责措施；

8.8 教练庆祝客户的进步和学习；

8.9 教练与客户合作，探讨如何结束本次教练会谈。

在 PCC 的行为标识中，关于"促进客户成长"这个核心能力包含了三个方面的内容。第一个方面是教练支持客户从对话中看到进展，包括目标上的进展、客户对自己内在探索新的理解、对事情产生的深入理解。这个进展有外在的进展，也有内在的进展，内在的进展就是教练会获得一些关于人、关于事、关于情境及目标的一些新发现、新觉察、新学习。外在的进展就是展现出一些具体的成果，比如教练有了一个行动计划、明确了第一步想要做什么、找到了一个策略和方法等。在长期教练的过程中，教练可能会把一个长期目标分解成几个小目标，在某一次的对话过程中，达成一些阶段性的目标，这些都是进展的部分。

第二个方面就是教练要与客户合作，探索教练过程中学到的新东西、获得的新觉察，在教练对话结束后怎样支持客户形成一个行动，最终支持客户达成想要的真实目标。具体的行为表现包含：教练邀请客户思考怎样应用这些新的学习，与客户一起设计行动，这个行动不仅包含具体的行动，也包含一些思考和反思。行动的探索还包括对于资源、支持以及潜在障碍的探索，以及担责措施的设计，这些都是需要教练与客户一起合作共创的。

第三个方面是关于庆祝和结束的，就是在对话结束的时候，教练要与客户一起庆祝进步和学习，与客户一起合作探讨怎样结束这次对话会谈。

MCC 最低技能标准：

- 教练与客户充分合作，探索客户对其情境和自身的了解，以及如何应用新觉察支持客户的议程、预期目标和未来成长。
- 教练在整个对话中与客户合作，探索客户的进展和学习，支持客户反思自己的发现。
- 教练信任客户能够制定反映客户议程和客户希望获得的更广泛学习或成就的行动和担责措施，整合客户的优势以及客户的最佳学习和创造方法。

MCC 具体行为表现：

- 教练在整个对话中以自然和自发的方式与客户核实他们的进度、学习和见解。
- 教练邀请客户感知并反思他们对于自己的了解与学习。

MCC 不合格表现：

- 教练没有邀请客户全面参与或不鼓励客户在规划战略、行动和担责措施方面发挥领导作用，或者教练以任何方式主导所创建的学习行动或应用。
- 教练没有邀请客户或与客户合作，探索客户对自己的了解与学习以及该学习的可能性应用，或者学习的应用没有反映出推动客户议程、预期结果或客户定义的成长所必需的其他向前发展的潜能。
- 设计的计划和目标或讨论设计的行动只涉及身体活动，而没有关注客户的思维、学习、存在状态和创造性结构。

ACC、PCC 和 MCC 不同水平的教练对话，一个重要的区别就是教练与客户合作的水平是不一样的。在 MCC 水平的教练对话中，首先强调的是在这个过程中教练与客户充分合作，这种充分的合作基于教练对客户的充分相信。相较于 ACC 和 PCC 水平的教练，MCC 水平的教练更相信客户，更关注客户的天赋和才能，鼓励客户超越、突破。同时，MCC 水平的教练对于不确定和未知更加笃定，更加安住在当下，所以才可以对客户完全打开，充分信任客户，与客户充分合作，在当下共舞。

同时，MCC 水平的教练也支持客户探索对情境和自身的了解，即客户对情境和自身有哪些新的认知、发现、觉察、了解。当然，这部分的探索依然需要与客户一起合作，支持客户的议程，达成客户的预期目标和未来成长。在这里，应用觉察的范围会更广一些，不仅是支持客户的议程，同时也支持客户达成预期的目标，这个觉察对于客户未来的成长有什么样的支持作用。在 MCC 水平的教练对话中，教练探索对话产生的学习和觉察可以应用的背景和范围要更大，不仅是教练对话的议程，同时包含更大的、长期合约的目标。

在 MCC 水平的教练对话中，教练在支持客户制定行动和担责措施的时候更加信任客户，所以会带着更广泛的学习或成长意图支持客户。教练在做工作的时候，背后始终有一个更大的背景。虽然教练看到的是当下的客户，进行的是当下的对话，讨论的是接下来的行动，但是在教练的意识中，总是聚焦在客户作为一个完整的人的存在上，包括客户整个生命的旅程、背后更大的系统。所以，教练当下在做的、在谈的行动和担责系统，会整合客户这个系统的全部资源。

因为 MCC 级别的教练更相信客户的资源，更多的是激发客户的资源，所以 MCC 水平的对话更加轻松、不费力。这样的效果反而是更好的，因为教练更多地激发了客户的潜能。教练放下了，往后退了，空间让出来了，客户站到前台以后，他的潜能就会被激发起来，这也会让对话成果更加丰盛。

具体表现就是教练与客户检核对话的进展、觉察和学习的时候，会用一种自然、自发、流动的方式。这也是 MCC 水平的教练对话的特点，即它的流动性和艺术性。教练会邀请客户反思对自己的了解和学习、有哪些觉察和收获。通过对客户的邀请，教练支持客户有意识地运用教练过程中的学习来实现更大的目标。

不合格的表现包括：没有邀请客户在行动和担责的设计方面发挥领导作用，没有与客户进行合作，在学习和应用的探索上也没有邀请客户合作；学习和应用的讨论没有与客户想要达成的结果和客户的成长连接；设计的行动只涉及身体活动，没有关注客户的思维学习的存在状态和创造性结构。在 ACC 水平的教练对话中，更多的是讨论一些具体的行动。在 PCC 水平的教练对话中，提到对话结束以后设计行动的部分，不仅包含具体要做什么，也包含了一些思考和反思。在 MCC 水平的教练对话中，维度又得以扩展，不仅包括一些具体的动作或活动，也包含这个客户的思维学习、存在状态以及创造性结构的发展。

ACC/PCC/MCC 关键技能评估

对于"促进客户成长"这个核心能力在 ACC、PCC 以及 MCC 不同级别的教练对话中的表现，我们可以从以下五个方面（关键技能评估）进行区分：

- 教练支持客户探索对自己和情境的了解，然后将探索过程中新的学习应用于实现客户目标；
- 教练是否能与客户合作，根据新的觉察支持客户设计一些行动；
- 教练如何支持客户设计可衡量的成果，支持客户朝向既定的目标或结果；
- 教练和客户合作，探索并认可客户在整个教练过程中取得进步的能力；
- 教练在结束对话时与客户合作的深度。

第一个方面是关于学习应用的领域，即教练支持客户探索对自己和情境的了解，然后将探索过程中新的学习应用于实现客户目标。在 ACC 水平的教练对话中，教练支持客户探索如何把对话过程中的学习和觉察在教练对话之后应用到相关的既定议程上，并且推动客户的思维学习和发挥成长的潜力。在 PCC 水平的教练对话中，教练会支持客户进行更深入的探索和理解，更多地邀请客户探索、表达。同时，这个探索和表达既包含人的部分，也包含事情的部分。相较于 ACC 水平的教练，PCC 水平的教练在探索的广度和强度上都要更大。ACC 水平的教练在这个部分会尝试着探索，有一个初步的探索。PCC 水平的教练必须邀请客户在这个方向上进行深入的探索，而且这个探索既包含人的部分，也包含事情的部分，探索是更全面的。在 MCC 水平的教练对话中，首先强调的是与客户的充分合作，即探索过程中更多以客户为主；其次是教练会鼓励客户进行深入探索，教练做的工作更多的是在鼓励上，应用觉察和学习的支持的范围也会更广，不仅支持客户的议程，也支持长期目标的达成和客户未来的成长。

教练支持客户探索对自己和情境的了解，然后将探索过程中新的学习应用于实现客户目标

ACC	PCC	MCC
·教练支持客户探索如何将客户的学习和觉察在教练对话之后应用于相关客户既定议程，并推动客户的思维、学习或发挥成长的潜力	·教练邀请客户陈述或探索在教练过程中取得的对自己更深入的理解（我是谁） ·教练邀请客户陈述或探索在教练过程中取得的对事情更深入的理解（是什么） ·教练邀请客户思考如何应用本次教练会谈中的新习得	·教练与客户充分合作，探索客户对其情境和自身的了解，以及如何应用新觉察来支持客户的议程、预期目标和未来成长 ·教练在整个对话中与客户合作，探索客户的进展和学习，并支持客户反思对自己的发现

第二个方面是关于设计行动的，即教练是否能够与客户合作，根据新的觉察支持客户设计一些行动。在 ACC 水平的教练对话中，教练通过提问支持客户把觉察转化成行动，同时也支持客户制订明确、具体的行动计划。在这个层级上，不同的是，关于设计什么样的行动，教练可以推荐一些资源或者给一些建议。当然，这些资源是不能强加给客户的。在 PCC 水平的教练对话中，教练要与客户合作，其内容既包含了思考和反思，也包含了具体采取什么样的行动，还需要探索资源、支持、潜在的障碍以及担责措施。所以，在 PCC 水平的教练对话中，推进客户行动的维度得到了一些拓展。在 MCC 水平的教练对话中，不同的地方在于，教练更相信客户能够制定反映客户议程和客户希望获得的更广泛的学习和成就的行动和担责措施。基于这份更深刻的信任，教练会与客户有

更充分的合作，更多地邀请客户引领教练对话，同时也更强调整合客户的优势、最佳的学习和创造的方式，更多地用客户的方式制定这些行动。在考虑后续行动的时候，MCC 水平的教练考虑的是更广泛的学习和成就，带着更大的目标和更大的意图支持客户考虑后续的行动，所设计的行动不仅基于对话的成果来支持客户达成项目目标，而且带着支持客户整个生命的意图设计行动。

教练是否能与客户合作，根据新的觉察支持客户设计一些行动		
ACC	PCC	MCC
·教练提问，支持客户将觉察转化为行动 ·教练与客户合作制订或确认具体行动计划 ·在这个层次上，教练也可以推荐资源来帮助客户实现他们的目标，只要这些资源不是强加给客户的	·教练与客户合作，设计会谈后进行哪些思考、反思和采取哪些行动 ·教练与客户合作，思考如何推进教练成果，包括有哪些资源、支持以及潜在的障碍 ·教练与客户合作，为他们自己设计最佳的担责措施	·MCC 教练信任客户能够制定反映客户议程和客户希望获得的更广泛学习或成就的行动和担责措施，整合客户的优势以及客户的最佳学习和创造方法

第三个方面是关于教练如何支持客户设计可衡量的成果，支持客户朝向既定的目标或结果。这个部分更多的是与长期教练相关，关于长期目标成果的分解，与旧版核心能力中"计划与目标的设定"这个核心能力相关。教练关注的是能否有效地支持客户设定一些可衡量的阶段性成果，支持客户实现最终的目标成果，能否把每一次的教练对话和长期的更大目标相结合。在 ACC 水平的教练对话中，关注的是这个对话当下的客观既定的议程。在 PCC 水平的教练对话中，除了关注既定的议程，教练也会关注整个教练的过程，不仅仅关注客户在对话中达成的成果，也会关注长期合约怎样达成。教练会鼓励和允许客户探索整体目标的进展情况，这个进展也是计划目标的设计，包含反思思考和具体行动两方面的内容。在 MCC 水平的教练对话中，首先依然是强调更多地信任客户，更多地整合优势，可衡量的成果设计也会更广泛，这个成果不仅涉及反思、

思考和行动，还包含了存在状态和客户的创造性结构、创造性策略等，这些都是设计目标可能会涵盖的范围，所以在 MCC 水平的教练对话中，目标的维度会更丰富。

教练如何支持客户设计可衡量的成果，支持客户朝向既定的目标或结果		
ACC	PCC	MCC
·可衡量成果的计划更多地与客户既定议程相关 ·教练可以建议资源	·教练鼓励、允许客户探索他达成本次目标的进展情况 ·计划目标的设计包含反思、思考和行动	·教练信任客户能够制定反映客户议程和客户希望获得的更广泛学习或成就的行动和担责措施，整合客户的优势以及客户的最佳学习和创造方法 ·设计的计划和目标不仅涉及身体活动，同时关注客户的思维、学习、存在状态和创造性结构

第四个方面讲的是和客户合作探索并且认可客户在整个教练过程中取得进步的能力。在 ACC 水平的教练对话中，教练更多的是基于既定的议程或目标，尝试着发挥客户进步的潜力，但是这个部分的工作并没有那么充分。在 PCC 水平的教练对话中，教练认可客户在整个教练过程中取得的进步，会从人和事两个方向上认可。教练要邀请客户探索在自我认知、对事情的理解、整体目标上有什么样的进展。教练认可客户取得进步的维度会更丰富，教练需要认可客户在这个过程中取得的进步，这些进步不仅包含内在的部分，也包含外在的部分。在 MCC 水平的教练对话中，重点是强调以自然和自发的方式与客户核实他们的进度学习和见解。与其他两种教练对话不一样的地方是以更自然、更流动的方式检核进展、学习和见解。另一个侧重点是更多地邀请客户感知，反思他们对自己的了解和学习，这一点也体现了跟客户充分的合作与信任。

\multicolumn{3}{c}{教练和客户合作，探索并认可客户在整个教练过程中取得进步的能力}
ACC	PCC	MCC
・教练支持客户探索如何将客户的学习和觉察在教练对话之后应用到相关客户既定议程，并发挥客户的思维、学习或成长的潜力	・教练邀请客户陈述或者探索在对话过程中取得的对自己更深入的理解（我是谁） ・教练邀请客户陈述或者探索在对话过程中取得的对事情更深入的理解（是什么）	・教练在整个教练对话中以自然和自发的方式与客户核实他们的进度、学习和见解 ・教练邀请客户感知并反思他们对自己的了解与学习

最后一个方面是关于结束对话的。在不同的教练对话中，教练在结束对话时与客户合作的深度是不一样的。在 ACC 水平的教练对话中，教练支持客户结束对话，这个过程中没有更多的合作部分。教练可能与客户有一个确认的过程，或者客户表现出了结束对话的意愿，教练配合客户结束这段对话。在 PCC 水平的教练对话中，更多的是强调教练与客户合作探讨如何结束本次对话。相对于 ACC 水平的教练支持客户结束对话，PCC 的教练对话会有一个空间被打开，教练和客户可以一起探讨，怎样结束对客户来讲是最好的、最有价值的。这样就给客户一个机会，可以把对话结束的部分变得更加有力、更有价值。在 MCC 水平的教练对话中，教练与客户在结束对话时的合作深度表现在，教练会在一个更广泛的背景中与客户合作。教练在对话结束时可能会带着更大的背景，即长期的合约和客户整体未来的成长。教练会把这次对话的结束变成长期教练过程中的一个篇章甚至客户整体发展旅程中的一个时点来看，邀请客户跳出来，在这个当下，在这个时刻，什么才是最好的、最合适的。所以，它是在一个更广泛的背景中与客户合作的。在这个过程中，教练对客户的优势、最佳的学习和创造方法会有更多的关注，也会更多地相信客户。在关注对话结束的时候，不同级别的教练对话的区别就在于，对话结束时的力量是怎样的，教练是否能够支持客户充满力量地离开教练对话。

教练在结束对话时与客户合作的深度		
ACC	PCC	MCC
・教练支持客户结束对话	・教练与客户合作探讨如何结束本次对话	・教练在更广泛的背景中与客户合作，包含对议程、预期目标和未来成长的关注 ・更相信客户，更关注客户的优势以及客户的最佳学习和创造方法

总结与提高

- "促进客户成长"这个核心能力与支持客户的行动相关性非常大，因为行动的部分是成长的一个通道。要特别注意的是，促进客户成长是贯穿在整个教练过程中的，而不仅仅是在对话结束的部分。教练需要有意识地支持客户的成长，不仅仅是一次对话，而且是在整个教练关系存续的过程中，都需要把客户在教练对话中的觉察、发现转化成真实的行动，并在这个过程中支持客户进行反思，促进客户内在及外在的整合。
- "促进客户成长"这个核心能力包含几个部分：一是关于对话进展的探索和总结；二是关于行动的展开，包括行动的承诺度以及客户自主性的构建；三是关于强有力的结尾，与客户庆祝，与客户合作结束对话。
- "促进客户成长"的要求相对来讲比较直观、比较容易理解，在实际的教练过程中，只要能够理解这个核心能力的要求和内涵，就可以比较容易地在对话中呈现出这个能力。教练不断培养自我反思、自我成长的意识，在更强有力地支持客户上是非常有价值的。

- 在教练的旅程中，教练不仅仅支持客户实现目标，而且带着一个更大的意图。教练是在支持客户这个人、支持客户的成长，而不只是为了支持客户达成目标。

后 记

到这里，对新版ICF八项核心能力的解读就结束了。我主要从核心能力的定义、PCC水平的教练表现、ACC及MCC的最低技能要求三个方面进行了详细的解读，希望能够支持大家从不同的视角对新版ICF的核心技能有一个更清晰、更全面、更系统的理解。

对于专业教练的核心能力，ICF制定了非常清晰、全面的说明文件。这些说明文件不仅可以让认证的过程更加标准化，也为专业教练的成长提供了系统的支持。这些详细的说明文件可以帮助我们在教练的过程中相对容易地达到专业教练的具体要求，更有利于我们进行专业教练认证的申请。

但是在实际教练过程中，我们不可能逐条对应打钩。事实上，如果按照要求逐条考虑，教练是没有办法完成一段对话的，因为这里有太多的细节和内容需要记住。如果要在对话里记住这些内容，我们就没有精力和注意力关注客户了。所以，解读这些文件的内容并不是要大家完全遵循程序、机械地做教练，而是希望我们在深入和全面理解这些具体要求以后，形成整体的认知，更好地理解教练的精髓。更为重要的是，我们要理解每个核心能力在教练过程中起到的作用、带给客户的价值、需要呈现的品质。这样的整合可以让我们"成为"一名教练，"成为"之后，相应的能力就会自然呈现。

所以，希望大家不要割裂地看这些核心能力的具体说明，而是通过这些具体说明进行更系统的整体上的认知，透过这些具体信息理解教练的本质，从这里出发去做教练。

教练成长是一个持续的过程，仅仅知道这些能力的具体要求、了解这些内容是远远不够的，这只是教练成长的第一步。更重要的部分是从"知道"到"做到"，它需要教练不断练习和实践，并且在这个过程中领悟、整合，最终才能拥有这些能力。

　　教练不仅仅是能力的修炼，同时包含了我们作为一个人的修炼，教练本身就是教练过程中最大的工具，你是谁决定了你如何教练（Who you are is how you coach）！这正是教练的迷人之处。教练思维的背后蕴含着巨大的智慧，如果我们能够把这些智慧进行整合并且运用到我们的人生经验中，我们的生命一定会绽放出不一样的光彩。衷心希望这本书成为大家教练旅程上的一块重要基石，支持大家在未来的路上成就更好的自己！